독서의 뇌

초등 읽기/쓰기의 힘

독서의 뇌
초등 읽기/쓰기의 힘

1쇄 발행 2023년 2월 3일
3쇄 발행 2024년 3월 5일

지은이 김영훈
펴낸이 유해룡
펴낸곳 ㈜스마트북스
출판등록 2010년 3월 5일 | 제2021-000149호
주소 서울시 영등포구 영등포로5길 19, 동아프라임밸리 1007호
편집전화 02)337-7800 | **영업전화** 02)337-7810 | **팩스** 02)337-7811
홈페이지 www.smartbooks21.com
원고투고 www.smartbooks21.com/about/publication

ISBN 979-11-90238-89-2 03370

독서의 뇌
초등 읽기/쓰기의 힘

김영훈(가톨릭대 소아청소년과 교수) 지음

책을 읽을 때, 글을 쓸 때,
내 아이의 머릿속엔 무슨 일이 벌어질까?

스마트북스

초등 아이들의 '읽기 뇌와 쓰기 뇌'를 위하여

최근에 학습 부진 아이들이 많아졌다

코로나 이후 학교 현장에서 학습 부진 아이들이 많아지고 아이들의 전반적인 문해력 저하에 대한 우려 섞인 목소리가 높아지고 있다. 그런데 이들의 공통적인 특징으로 흔히 어휘 부족 현상이 나타나고 있다.

읽기가 느린 대부분의 아이들은 또래보다 적은 수의 어휘를 사용하고, 나이에 비해 짧고 간단한 문장으로 말하며 이해력도 부족하다. 누군가가 조금만 길게 말해도 뜻을 이해하지 못해서 멍한 표정을 짓고 쳐다보기 일쑤이고, 사회나 수학 문장제 문제를 읽어도 의미를 제대로 파악하지 못하는 경우가 많다.

특히 초등학생의 경우 상급 학년으로 올라갈수록 다양한 교과에서 중요한 개념들이 등장하기 때문에, 어휘 지식 부족은 학업에 심각한 영향을 미칠 수밖에 없다. 우리가 알고 있는 어휘의 약 70% 정도는 우연히 학습된 것들이다. 학습 부진 아이의 경우 다양한 이유로 평소에 다양하고 풍부한 어휘를 접하고 활용할 여건을 갖지 못하는 경우가 많다. 따라서 부모가 중요하고 핵심적인 용어나 개념을 직접 가르치는 것이 좋다.

아이들의 읽기와 쓰기를 점검해야 하는 이유

지난 수십 년 동안에 아이들의 학습문제를 설명하기 위해 무수한 '학교병'들이 제시되었다. 여러 해 동안 의사들은 아이들의 ADHD와 난독증을 진단해왔다. 그래야 부모가 자녀의 학습부진을 설명할 수 있기 때문이다.

요즘 ADHD 진단서가 늘어나면서 어떤 아이들은 일찍부터 스스로를 환자로 여겨 자기가 특별히 보호받아야 하는 존재라고 생각하기도 한다. 부모는 교사의 배려를 받기 위해 ADHD와 난독증 검사를 하고 아이의 학습 부진을 병 탓으로 돌린다. 교사들은 학교병에 맞추어 조심스레 이들을 다룬다. 그러나 학습 부진아들 중 많은 아이들이 학교병이 아니라 문해력에 문제가 있다. 아이의 읽기와 쓰기를 점검해야 하는 이유이다.

학력 격차가 학년이 올라갈수록 커지는 이유

우리 부모들은 대개 읽기와 쓰기는 말과 글을 익히고 나면 별다른 노력을 하지 않아도 된다고 생각한다. 하지만 그렇지 않다. 제대로 된 읽기와 쓰기 능력을 키우는 데는 많은 시간과 노력이 필요하다. 또한 읽기와 쓰기는 사고력과 의사소통 능력과 밀접하게 관계되는 만큼 평생 배우고 익혀야 한다.

읽기 능력이 떨어지면 논리력, 판단력, 문제해결력이 부족해지고, 기억력과 집중력이 저하되며, 심지어는 수리력조차 떨어지는 것으로 알려져 있다. 따라서 읽기와 쓰기에 대한 관심과 투자는 초등학교 내내 지속적으로 이루어져야 한다. 이런 의미에서도 아이들의 문해력에 대한 부모들의 관심은 더욱 높아져야 한다.

능숙하게 읽을 수 있는 아이와 그렇지 않은 아이의 격차는 학년이 올라갈수록 더 커진다. 캐나다의 응용 심리학자 키스 스타노비치(Keith E. Stanovich)에 따르면, 읽기에 익숙하지 않은 초등 고학년 아이들은 1년에 약 10만 단어 정도를 읽고, 평범한 아이들은 100만 단어 정도를 읽지만, 유창하게 잘 읽는 아이들은 약 1,000만~5,000만 단어까지 읽을 수 있다고 한다.

일반적으로 책 속에 약 5만 단어가 들어 있다고 가정하면, 읽기에 익숙하지 않은 아이들은 1년에 책을 고작 2권 읽지만, 평범한 아이들은 20권, 유창하게 잘 읽는 아이들은 200권에서 1,000권을 읽는다고 볼 수 있다. 읽기에 익숙하지 않은 아이와 잘 읽는 아이의 지적 능력은 시간이 갈수록 차이가 날 수밖에 없다.

초등 매일 읽기/쓰기의 힘

읽기와 쓰기의 힘은 문해력뿐만 아니라 제대로 된 학력을 갖추는 데 필요한 기초가 된다. 또한 다른 사람을 이해하고 자신을 표현하며 사회와 대화하기 위한 수단으로 지적 활동과 감성, 정서의 기반이 되기도 한다.

읽기와 쓰기를 잘하는 아이들은 자신의 요구를 분명하게 전달하고 다른 사람과 쉽게 의사소통을 할 수 있기 때문에 주위 상황을 쉽게 파악할 수 있어 정서적, 사회적, 인지적 발달이 빨라질 수밖에 없다. 이러한 읽기와 쓰기의 힘은 학교에서 이루어지는 모든 교육활동의 기본이 되며, 아이들 삶 전체에 광범위한 영향력을 발휘한다.

초등 문해력을 높이기 위한 6가지 질문과 답

아이들의 문해력을 높이기 위해서는 초등학교 시기에 독서가 중요하며, 읽기와 쓰기를 중점적으로 가르쳐야 한다.

이 책은 다음과 같은 6가지 질문들에 대한 답변이다.

첫째, 4차 산업혁명 시대에는 정보활용 능력이 중요하다. 정보활용 능력을 높이는 읽기와 쓰기의 방법은 무엇일까?

둘째, '읽기 뇌'와 '쓰기 뇌'를 효율적으로 다루는 방법은 무엇일까?

셋째, 읽기에서 중요한 어휘력과 추론력은 어떻게 키우고, 쓰기에서 중요한 사고력은 어떻게 향상시킬 수 있을까?

넷째, 초등학교 학년별로 읽기와 쓰기를 어떻게 구체적으로 가르쳐야 할까?

다섯째, 아이들이 읽기와 쓰기가 부진한 이유는 무엇이며, 기억력·집중력·실행기능 등 각각의 문제는 어떻게 해결해야 할까?

여섯째, 난독증은 학습 부진과 무엇이 다르고, 책을 읽자고 하면 기겁하거나 글씨도 엉망이고 글도 못 쓰는 난독증 아이들을 돕는 방법은 무엇일까?

이 책을 읽으면서 이 6가지 질문들에 대한 답변을 얻었으면 한다.

아무쪼록 이 책이 초등 아이들의 '독서의 뇌'를 이해하고, 배움이 느린 아이들이 '읽기 뇌와 쓰기 뇌'를 만들어가는 데 작으나마 도움이 되었으면 한다. 전체 원고를 아이를 키운 경험과 엄마의 시각으로 검토해 준 아내 송미경에게 고마움을 전한다.

가톨릭대학교 의정부성모병원에서
2023년 1월　김영훈

2 읽기 뇌와 쓰기 뇌

3 읽기와 쓰기를 습관화하라

4 학년별 읽기와 쓰기 교육

5 읽기와 쓰기의 부진

6 난독증

■일러두기: 이 책에 나오는 아이들의 연령은 모두 만 나이를 기준으로 했습니다.

1장

. . .

정보활용 능력

4차 산업혁명 시대에는 정보활용 능력이 중요하다.

초등학생들의 정보활용 능력을 높이는

읽기와 쓰기의 방법은 무엇인지 알아본다.

4차 산업혁명 시대의
정보활용 능력

두뇌발달의 기본은 언어다

요즘 아이들은 독해력이 부족하고 서술형 문제에 취약하다. 이로 인해 학력이 저하되는 아이들이 나날이 많아지고 있다. 이런 학력 저하를 극복하기 위해 가장 강조해야 하는 것이 바로 '언어의 힘'이다.

언어의 힘은 아이들이 제대로 된 학력을 갖추는 데 필요한 기초이다. 또한 다른 사람을 이해하고 자신을 표현하며 사회와 대화하기 위한 수단으로 지적 활동과 감성, 정서의 기반이 된다. 아울러 학교에서 이루어지는 모든 교육활동의 기본으로 광범위한 영향력을 발휘한다. 이런 의미에서 아이들의 읽기 능력에 대한 관심은 더욱 높아질 것으로 보인다.

유아기는 언어의 시냅스 수가 절정에 도달하며, 언어를 전달할 최적의 신경회로를 고를 수 있는 기회이기도 하다. 이 시기 아이들은 많은 어휘를 접하면 접할수록 언어발달과 관련된 뇌의 신경회로가 더 정교하게 형성되고 활발하게 활동한다. 하지만 그렇지 못한 아이들의 뇌에서는 언어와 관련된 시냅스가 떨어져나가 신경회로 자체가 없어질 수도 있다. 늑대인간처럼, 사회적으로 격리되는 등 모국어에 노출될 기회가 없는 경우에는 말을 배울 수 있는 결정적 시기를 놓치게 된다.

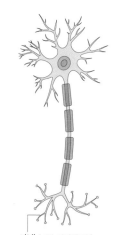

시냅스(한 신경세포에서 다른 신경세포로 신호를 전달하는 연결 지점)

아이들의 뇌가 논리력·수리력·사회성·지능 등 여러 인지기능을 폭넓게 발달시키려면, 무엇보다 모국어에 충분히 노출되어야 한다. 충분한 노출에 필요한 시간은 대략 5,000시간 정도이다. 아이들이 모국어에 5,000시간 정도 노출되려면 약 2~3년이라는 시간이 필요하다. 만약 그 중간을 조기 영어교육을 하는 데 할애한다면, 이 2~3년이라는 시간은 더 길어질 수 있다.

또한 아이들의 뇌에서 논리력·수리력·사회성·지능 등이 잘 발달하려면 전두엽이 잘 성장해야 한다. 모국어에 충분히 노출되어야 전두엽의 주의집중력, 자기조절력도 높아진다. 이를 통해 정보활용 능력도 크게 키울 수 있다.

아이들은 모국어를 습득할 때, 일부러 단어를 암기하거나 문법을

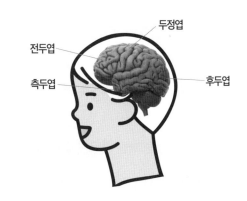

대뇌피질의 구성

배우지는 않는다. 단지 호기심을 가지고 눈으로 특정 사물에 주의를 집중하고, 귀로 특정 소리에 주의를 기울여 들을 뿐이다. 그러면 아이들의 뇌는 시각적 자극과 소리와의 관계를 파악하여 수용언어로 인지하게 된다.

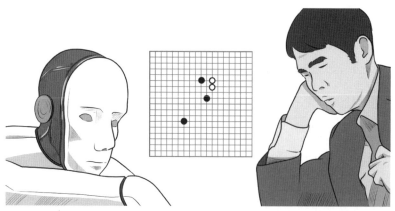

삽화 김주성(출처: 『5분 뚝딱 철학』 2, 김필영, 스마트북스, 2021년, 458쪽)

아이들은 이러한 방식으로 그 짧은 시간에 수백 개의 단어를 사용하여 모국어를 정확하고 유창하게 말하게 된다. 뇌가 모국어에 선택적 주의집중을 하기 때문이다.

　연구에 의하면, 유치원에 들어갈 때까지 언어적으로 빈곤한 가정에서 자란 아이와 풍부한 자극을 받고 자란 아이 사이에는 이미 3,200개 정도의 어휘 격차가 벌어진다고 한다. 부모가 그림책을 읽어주는 양이 몇 년 후 그 아이가 성취할 독서 수준을 예언해 주는 좋은 지표이다.

정보활용 능력을 키우는 독서

천재 바둑기사 이세돌을 이긴 알파고의 특징은 스스로 '학습'을 하고 '협업'을 할 수 있다는 것이다. 이제 우리 아이들은 밤새 잠도 자지 않고 먹지도 않고 정보를 끌어모아 스스로 학습하는 인공지능과 공존해야 하는 시대에 살고 있다. 따라서 수많은 콘텐츠를 우격다짐으로 집어넣는 것은 경쟁력이 없다.

　인공지능 시대에는 정보가 널려 있다. 구글 검색을 하면 바로 찾을 수 있다. 이제는 정보를 많이 긁어모으는 것이 중요한 것이 아니라, 정보를 의미

있게 가공하고, 스토리를 만들고, 다른 사람들을 감동시킬 수 있도록 활용하는 능력이 필요하다.

인공지능 시대에 우리 아이들은 수많은 정보의 핵심을 파악하고, 거기에 다른 생각을 덧붙여 새로운 생각을 만들어내야 한다. 아이가 정보를 활용하여 '나만의 콘셉트'를 가지고 '나만의 스토리'로 다른 사람들에게 감동을 주려면, 모국어에 통달해야 하고, 모국어를 기반으로 정보를 활용하는 역량을 키워야 한다. 그러기 위해서는 독서가 필수적이다.

책에는 스토리가 있고, 감동이 있으며, 재미와 유머가 있다. 무엇보다도 아이들은 독서를 하면서 '맥락'을 파악하고, 나만의 콘셉트를 가질 수 있어서 정보활용 능력을 크게 키울 수 있다.

또한 독서는 뇌의 '예측' 과정을 촉진시킨다. 아이들은 책을 읽음으로써 미래를 계획하고 상상하게 된다. 과거를 재구성하는 것이 가능하듯, 우리가 미래에 벌어질지 모르는 일을 다르게 바꾸어 보는 일도 가능하다.

우리는 때때로 자신이 무기력하다고 생각한다. 그러나 우리 인간은 그렇게 무기력한 존재가 아니다. 미래를 위한 독서는 아이들이 자신의 삶을 스스로 그려나갈 수 있는 매개체가 되어줄 것이다.

정보를 창의적으로 활용하라

4차 산업혁명 시대에는 모든 정보와 상황이 수시로 바뀌며 시도 때도 없이 새로운 문제가 발생한다. 우리 아이들이 미래를 살아가면서 사회에서 맞닥뜨리게 될 수많은 문제들에는 정답조차 존재하지 않을 것이다. 학교 시험처럼 친절하게 시험 범위를 미리 알려주지도 않는다. 온통 생전 처음 접해본 문제들이다. 이 문제를 푸는 데 필요한 정보와 공식이 교과서처럼 적혀 있지도 않다. 내가 가진 지식을 바탕으로 해결해 나가는 도중에 생각지도 못한 변수들이 속속 튀어나온다.

시간도 충분하지 않기 때문에, 짧은 시간 안에 빠르게 문제를 재구성하고, 자신만의 기준을 세워 계속해서 해결해 나가는 능력, 즉 창의적 문제해결력이 필요하다. 하루에도 몇 번씩 맞닥뜨리게 될 다양한 종류의 문제들을 빠르게 해결하지 못하면, 계속해서 생기는 새로운 문제들과 해결하지 못한 기존 문제들이 뒤엉켜 삶 자체에 지장을 줄 수도 있다.

창의적인 생각은 가지를 치며 뻗어나가 생각의 흐름을 바꾸고, 그런 생각의 흐름을 결정짓는 수많은 합류점을 만든다. 다시 말해 창의적인 생각은 망처럼 연결된 생각들이 끊어지지 않고 이어지는 확산적인 사고이다.

확산적 사고란 고정된 틀을 깨는 사고, 논리적 질서의 궤도를 벗어나는 사고를 말한다. 또한 본래 창의적이고 독창적이며 의외성을 띠는 경우가 많고, 기대되거나 요구되었던 바를 대부분 비껴간다. 아울러 여러 갈래의 다양한 길을 열어주고 새로운 사고를 도입하고 남다른 사고를 창조한다.

창의적인 아이들의 사고는 새롭고 창의적인 아이디어를 내고 시각적, 감정적 측면에서 강력하고 풍요롭지만, 언어로 명확하게 설명하고 추론으로

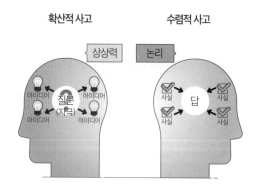

창의성과 확산적 사고

논리적인 증명이 가능한 사고는 아니다.

이러한 확산적 사고는 아이들이 깊은 확신을 가지고 자신의 분야에 몰두해야 빛을 발한다. 따라서 아이들이 창의력을 발휘하려면 어떤 분야의 덕후가 되어 뇌가 변해야 가능한 것이다.

컴퓨팅 사고력으로 정보가 작동하게 하자

스티브 잡스는 애플 1, 2와 매킨토시 컴퓨터를 개발하는 과정에서 '혁신은 예술과 같다'는 사실을 깨달았다. 예술가가 자신의 생각을 작품으로 풀어내는 방법이나, 컴퓨터 공학자가 기판에 전선을 연결하는 방법 모두 창의력이 요구되기 때문이다. 창의력은 이 세상을 얼마든지 더 좋게 만들 수 있다.

그러나 사고력이 같이 동반되지 않는다면, 창의력만으로는 어려움이 많다. 창의력이 형식의 틀에서 벗어나 창의적인 생각을 밖으로 확산하는 활동이라면, 논리적 사고는 창의적인 생각을 형식의 틀 안으로 수렴하는 활동이다. 그런 의미에서 애플의 공동 창업자이자 컴퓨터 천재인 스티브 워즈니악의 역할은 시사하는 바가 크다.

스티브 잡스가 애플 1,2를 개발하는 과정에서 자신의 직관과 통찰을 끝까지 추구했다면, 스티브 워즈니악은 스티브 잡스의 창의성을 컴퓨터 기판에 논리적으로 구현해냈다. 창의력이 있다고 하더라도 현실감각이 없으면 사상누각에 불과하기 때문이다. 창의적 문제해결을 위해서는 문제와 사실을 발견하는 단계, 그리고 문제해결법을 찾아 적용하고 피드백하는 데 논리적 사고력이 반드시 필요하다.

언어의 힘을 컴퓨팅 사고력으로 확장하려면

앞으로 우리 아이들이 자라서 살아가야 할 세상은 인공지능과 로봇이 일반화되는 세상일 것이다. 이때 가장 필요한 것이 바로 창의성과 문제해결력이다. 이 문제해결력을 현장에서 구현해 줄 수 있는 것이 바로 컴퓨팅 사고력이다. 컴퓨팅 사고력은 다음과 같이 4단계로 구성되어 있다.

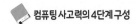 **컴퓨팅 사고력의 4단계 구성**

문제 분해하기	패턴/규칙 파악하기	추상화하기	알고리즘 만들기
복잡한 문제나 자료, 과정을 해결할 수 있는 가장 작은 단위로 쪼갠다.	복잡한 현상 속에서 유사성, 인과관계 등의 패턴이나 추세, 규칙 등을 파악한다.	모델을 만들어 일반화한다.	최적의 솔루션을 설계한다.

카네기멜론대학의 자넷 윙(Jeannette M. Wing) 교수는 이 4가지 역량을 '컴퓨팅 사고(Computational Thinking)'라고 한다. 4차 산업혁명 시대에 컴퓨터 과학자뿐만이 아니라 우리 아이들이 갖춰야 하는 기본적인 역량이다.

📖 **언어의 힘을 컴퓨팅 사고력으로 키우는 6가지 부모 길잡이**

컴퓨팅 사고력을 확장하려면 언어의 힘이 필요하며, 부모가 아이를 이렇게 이끌어 주는 것이 좋다.

1. 과정과 결과를 강조하라.

사실 창의성의 개념도 과정과 결과에 방점이 찍혀 있다. 창의적 과정이란 문제를 감지하거나, 새로운 가설을 만들거나, 기존 가설을 변화시키는 과정이다. 이러한 과정을 거쳐 기존의 것을 변형시켜 새로운 것을 창출하거나, 사물을 다른 방식으로 볼 수 있는 능력이나 개념 간에 새로운 관계를 만드는 것을 창의적인 결과라고 한다. 컴퓨팅 사고는 이처럼 논리수학과 과학을 과정과 결과로 보는 관점이다. 이를테면 『백설공주』 그림책을 읽다가 "만약 백설공주가 독사과를 먹지 않으려면 어떻게 했어야 할까?"라는 질문을 주고, 구체적인 해결책을 제시하게 하는 식의 대화법이 도움이 된다.

2. 문제를 해결하는 구체적인 독서를 하게 하자.

컴퓨팅 사고력을 구체화하려면, 평소에 어떤 문제의 현상만 보지 않고 지속적인 질문으로 본질적인 문제를 찾고 정의하는 습관을 들이는 것이 중요하다. 그러려면 책을 많이 읽고 새로운 경험을 쌓고 뭔가를 만드는 일도 중요하지만, 문제를 정의하고 분석하며 해결하는 과정에서 좀더 구체적인 독서를 하도록 이끌어 주어야 한다.

이를테면 "우리집 베란다에서 딸기를 키우려면 어떻게 해야 할까?"라는 문제를 주고, 딸기를 재배하는 구체적인 방법을 독서를 통해 해결하도록 한다. 소비만 하지 말고 생산을 하고, 내 안에 새로운 것을 채워보는 것이 바로 컴퓨팅 사고의 시작이다.

3. 문제에 대한 민감성을 키워라.

생활 속에서 이루어지는 창의적인 활동은 문제에 대한 민감성이 중요하다. 아이들이 불편함을 느끼고 잘못된 것과 개선되어야 할 것을 발견하려면 민감해야 한다.

문제에 대한 민감성을 키워주는 것을 어렵게만 생각할 필요가 없다. 그림책을 읽어주는 과정에서도 얼마든지 쉽게 시작해 볼 수 있다. 예를 들어 명작동화 『벌거벗은 임금님』에서 임금님이 벌거벗고 길거리를 행진하는 장면을 읽어주는 중이라면, "만일 이때 임금님이 자기가 벌거벗은 것을 알았다면 어떻게 해야 할까?"라고 질문을 던져보자. 아이에게 가볍게 문제제기를 하는 것이다. 컴퓨팅 사고는 이런 작은 질문 속에서부터 싹트기 시작한다.

4. 관찰력을 키워주자.

아이들에게 단서를 제시하여 문제를 해결하게 하는 놀이는 관찰력을 키우는 데 효과적이다. 아이들이 눈에 보이는 대로, 생각나는 대로, 관찰한 대로 말을 하도록 유도해 보자. 이 또한 어렵게 생각할 필요가 없다. 이를테면 "산에 올라가려면 등산복이 필요한데, 수영을 하려면 어떤 옷이 필요할까?"와 같은 쉬운 질문으로 대답을 유도할 수 있다.

또는 '셜록 홈즈'의 아서 코난도일, '검은 고양이'의 에드거 앨런 포, 명탐정 푸아로와 제인 마플을 창조한 애거서 크리스티 등 세계적인 추리 작가들의 추리소설 중 초등학생이 읽을 만한 것을 권해보는 것도 좋은 방법이다.

아이들이 이런 책을 읽으며 사건 해결의 단서들을 입으로 소리내어 말하거나, 단서의 중요도를 정하고 정리하다 보면 사소한 것도 놓치지 않는 관찰력이 키워진다. 처음에는 단서를 읽어도 아이가 "잘 모르겠어요"라고 할 수 있다. 하지만 반복해서 읽다 보면 연결되어 있는 고리를 찾을 수 있게 된다.

5. 문제를 자기화하라.

시험을 볼 때 문제에서 요구하는 바가 무엇인지 모르면 답을 쓸 수 없다. 또한 어떤 문제에 맞닥뜨렸을 때 문제를 틀리게 정의하거나 흐름을 잘못 파악하면, 원래 문제와는 전혀 상관없는 해결책을 찾게 된다. 따라서 해결해야 할 문제를 제대로 정의하고 정리하는 것은 문제해결의 핵심 중 하나다.

문제를 정의할 때는 그것을 해결하고야 말겠다는 의욕이나 절실함이 필요하다. 그러려면 그 문제를 '자기화'하는 과정이 필요하다. 아이들이 문제를 자기화하려면, 문제를 정의할 때 '내가'와 '어떻게'라는 말을 반드시 넣어보도록 이끌어 주는 것이 좋다.

'내가'라는 말을 넣으면 내가 해결해야 할 문제가 되므로, 아이들이 문제해결에 더 의욕이 생기고 집중력을 가지고 몰입하게 된다. "이렇게 하려면 '어떻게' 해야 할까?"라고 말하면, 아이들은 문제해결을 위한 방법을 생각하게 된다. 부모가 이처럼 질문의 방식을 바꾸는 것만으로도 컴퓨팅 사고력을 키우는 데 큰 도움이 된다.

6. 문제를 해결하기 위한 알고리즘을 만들어라.

아이들이 실생활에서 나타나는 문제를 여러 제약 조건 속에서 정의하고, 최선의 해결책을 만들어 나가는 과정이 바로 창의적 알고리즘 만들기 과정이다. 이 과정에는 여러 학문의 지식이 필요하다. 스티브 잡스가 단순하고 아름다운 스마트폰을 만들기 위해 '글꼴'이라는 인문학적 지식이 필요했듯이, 스마트폰을 만들기 위해서는 과학적 기술만으로는 안 된다. 따라서 생각을 할 때도 과학적인 해석과 함께 인문학적인 비틀림이 필요하다.

"바다가 파란 이유는 무엇일까?"라고 물었을 때, 한 아이는 "태양의 빛이 바닷물에 부딪쳐 산란되기 때문"이라고 대답하고, 다른 아이는 "바닷물이 바위에 부딪쳐 멍이 들어서"라고 대답했다면, 첫 번째 대답이 과학적으로 맞지만, 두 번째 대답도 창의적이다. 아이디어를 발견하려면, 이처럼 때로는 정상적인 것, 상식적인 것들을 한번쯤 뒤집어 생각해 볼 필요가 있다. 그러려면 부모가 창의적 문제해결 능력을 키울 수 있는 질문을 하는 것이 중요하다.

새로운 정보가 아이의 뇌를 탄력적으로 만든다

오스벨의 학습 이론

미국의 심리학자로 교육심리학, 인지과학, 그리고 과학 교육학습에 중요한 기여를 한 데이비드 오스벨(David Ausubel)은 학습의 종류를 크게 4가지로 분류했다. 지식을 얻는 방식에 따라 수용학습(예: 강의 수강)과 발견학습(예: 연구)으로 나누고, 학습자가 새로운 지식을 자신의 인지구조에 합치는 방식에 따라 기계적 학습(예: 구구단 외우기 같은 암기학습)과 의미학습(예: 내가 방문한 박물관)으로 나누었다.

아이들은 학교에서 선생님의 설명이나 강의(언어적 표현), 그리고 교과서나 칠판에 쓴 글(문자적 표현) 등을 통해 배운다. 오스벨은 학교에서 아이들의 학습이 어떻게 이루어지는지를 연구하고 '의미학습'을 주장했다. 즉, 아이들은 '이미 알고 있는 것'을 바탕으로 새로운 것을 인식하면서 지식을 구축하기 시작

오스벨의 4가지 학습 유형

수용학습

발견학습

지식을 얻는 방법에 따라

한글

기계식 학습(암기학습)

의미학습

새 지식을 기존 인지구조에 통합하는 방법에 따라

2×1=2

구구단을 외자!

아, museum은 지난 여름방학에 가족이랑 갔던 박물관 같은 걸 말하는 거구나.

하며, 독서 등을 통해 개념 네트워크를 구성하고 추가함으로써 배운다.

따라서 학습의 주요 과정은 새로운 지식을 아이들이 기존에 가지고 있었던 지식에 '의미' 있게 연관시키는 '포섭(subsumption)'인 셈이다. 이때 아이들의 기존 인지구조는 여태까지의 모든 학습 경험의 잔여물이라고 볼 수 있다.

만약 아이들이 책을 많이 읽었다면, 또는 다양한 경험을 했다면, 새로운

포섭

의미학습

새로운 지식

기존 인지구조

새로운 지식

새로운 지식

지식이 기존 인지구조에 더 많이 연결되어 더 잘 기억할 수 있을 것이다. 그래서 새로운 지식을 습득하는 데는 배경지식이 중요하다.

새로운 지식이 의미학습이 되려면

아이들은 새로운 지식을 배울 때, 기존 지식과 연결해 주면 좀더 효과적으로 습득할 수 있고, 눈에 띄는 고유한 정보를 기억하면서 의미학습을 하게 된다. 이 과정에서 기존의 지식 기반 계층구조에서 정보를 이리저리 옮기기도 하고, 아이디어를 서로 연결하여 새로운 의미를 창조하기도 한다. 이렇게 해서 독서를 통한 배경지식은 정보활용 능력으로 진화하는 것이다.

📖 뇌를 탄력적으로 만드는 6가지 의미학습 독서법

아이들의 독서가 정보활용 능력을 발휘할 수 있는 의미학습이 되려면, 다음과 같은 과정이 필요하다.

1. 새로운 지식을 관련 개념과 연관시켜라.

아이들이 의미 있게 배우기 위해서는 새로운 지식을 이미 알고 있는 관련 개념과 연결시켜야 한다. 새로운 지식은 아이들의 기존 지식구조와 상호작용을 해야 한다. 이를 '의미학습'이라고 하는데, 암기학습과 대비될 수 있다.

암기학습은 마치 구구단 외우기처럼, 기존의 지식구조에 새로운 정보를 상호작용 없이 통합하는 것이다. 반면 의미학습은 개념 사이의 연계성을 인식하기 때문에 장기기억으로 가기 쉽다. 예를 들어 책에서 본 공룡의 크기를 기억하려고 할 때, 아이가 잘 알고 있는 미끄럼틀이나 그네의 크기와 비교하면 얼마나 큰지를 기억하기가 훨씬 쉽다.

의미학습에서 가장 중요한 것은 새로운 정보가 어떻게 배경지식에 통합되는가이다. 오스벨은 지식이란 계층적으로 조직되어 있으며, 새로운 정보는 이미 알고 있는 것과 관련될 수 있는 정도까지 의미를 가지게 된다고 믿는다. 쉽게 말해 아이가 알고 있는 것이 많으면 많을수록 더 잘 이해하고 더 많이 기억한다는 것이다. 독서가 너무나 필요한 이유이다.

2. 문제해결을 통해 정보를 발견하라.

병리학 책은 차례가 염증과 퇴화와 같은 일반적인 과정에 따라 점진적으로 분화되어 기술되고, 물리학 책은 차례가 원리나 현상에 대한 단편적인 내용이 아니라 물리학의 주요 아이디어에 따라 구성되어 있다. 문제해결을 중심으로 정보를 구성함으로써, 새로운 정보를 차별화와 비교를 통해 의미학습이 될 수 있도록 한 것이다. 즉, 먼저 일반적인 아이디어를 제시한 후 세부성과 구체성 측면에서 점진적으로 차별화하고, 새로운 아이디어와 오래된 아이디어를 비교하고 상호 참조함으로써 이전에 제시된 정보와 새로운 자료를 통합하게 하면 의미학습이 더 수월해진다.

따라서 문제해결의 일환으로 독서를 하면 훨씬 효과적으로 의미학습을 할 수 있다. "사람이 하늘을 날려면 새의 날개처럼 몸의 표면적이 넓어야 하는데, 사람의 표면적을 넓히는 방법에는 어떤 것이 있을까? 표면적을 넓힐 수 있는 옷을 만든다면 어떻게 해야 할까?" 같은 문제를 해결하기 위해 필요한 책들을 읽어나가는 식으로 독서를 하면 의미학습이 훨씬 더 잘 된다.

3. 새로운 지식을 분류하는 것으로 시작하라.

아이들이 책을 읽을 때 전반적인 개요부터 파악하도록 하는 것이 좋다. 이 경우 오스벨이 '진행형 차별화'라고 부르는 과정을 거치게 되어 사고가 일반적인 것에서 구체적인 것으로 확장하게 된다. 이를 통해 아이들은 책의 내용을 자동적으로 분류하고 그 내용이 인지구조에서 어디에 속하는지 파악할 수 있다.

"상어와 고래는 같이 물 속에서 헤엄칠 수 있지만, 고래는 포유류이고 상어는 어류야. 어떤 차이가 있을까?" 고래에 대한 책을 읽을 때 이런 질문을 던지면, 아이들은 자신이 알고 있던 기존 동물 분류 지식을 점검하고 필요하면 새로운 정보를 더 찾아, 새로운 지식을 구체적으로 분류하게 된다. 이렇게 하면 아이들은 책을 읽으면서 핵심 개념들을 연결한 다음 그것들을 쉽게 잊혀지지 않도록 구체화할 수 있다.

4. 배경지식을 활용하라.

앞에서 말했듯, 아이들은 새로운 지식을 기존에 아는 것들과 연결할 때, 가장 효과적으로 정보를 이해하고 기억할 수 있다. 즉, 새로운 지식을 효과적으로 얻으려면 배경지식이 필요하다. 배경지식은 아이들의 이해력과 장기기억을 향상시킨다.

아이들은 장기기억 은행의 배경지식에 의존해 새로운 지식을 습득할 기회를 가지며, 또한 이렇게 알게 된 새로운 지식은 굳건한 배경지식이 된다. 그리고 새로운 지식에 배경지식을 적용하면서 새로운 개념과 아이디어를 찾을 수 있다. 아울러 새롭고 친숙한 생각들이 배경지식에 의해 비교되고 대조되는 과정에서 매우 중요한 인지적 연결이 만들어지는 것이다.

5. 실생활에서 문제를 해결하는 발견학습도 필요하다.

의미학습은 아이들이 새로운 정보를 습득하고 장기기억으로 저장하는 데 도움이 되는 반면, 발견학습은 다양한 상황에서 정보를 적용하는 것을 도와준다. 아이들은 실제 생활에서 부닥치는 문제를 해결하기 위해 광범위한 환경에서 새로운 정보를 적용해야 한다. 이를테면 우리집에서 동네 앞 지하철역까지 가장 빠른 길을 찾으라는 문제를 주면 지도, 스마트폰 앱, 직접 체험 등 다양한 문제해결법이 나올 수 있다.

6. 새로운 지식을 개인화하여 의미학습을 강화하라.

여러 차례 강조했듯이, 의미학습은 지금 배우는 것과 이미 알고 있는 것 사이의 연결을 만들 수 있을 때 강화된다. 아이들은 새로운 지식을 기존의 지식에 묶어 기억하고, 나중에 그것을 꺼낼 수 있어야 한다. 이 학습과정을 의미 있게 만드는 가장 효과적인 방법 중 하나는 '개인화'하는 것이다.

예를 들어 『벌거벗은 임금님』 그림책을 읽으면서 자신이 창피했던 일을 상기해보고 이러한 상황에서 벗어나는 아이디어를 구체적으로 생각해보는 것이 그 예이다.

흥미를 느끼게 하는 정보는 아이를 독서에 몰입하게 한다

"독서를 매우 잘하지만, 책을 읽느라 너무 많은 시간을 쓴다.… 공부에 의욕이 없고 목표를 세우지 못한다.… 때로는 규율을 어기는 행동을 한다."

아이폰을 개발한 디지털 시대의 선구자 스티브 잡스의 초등학교 성적표에 나온 평가다. 스티브 잡스는 독서를 즐겼으나 말썽을 피우고, 머리는 좋지만 산만하고 까다로운 기질을 가진, 학교생활에 적합하지 않은 아이였다. 초등학교 내내 공부는 바닥이었으며, 양부모는 그의 돌발 행동으로 학교에 불러다녀야 했다. 그런 그가 놀라운 성공을 한 것은 호기심과 관련이 있다.

스티브 잡스는 호기심이 유별났다. 모든 것에 흥미와 호기심을 가지고 그것들을 집요하게 팠다. 이웃의 기술자가 탄소 마이크로전자 피리를 만드는 것을 보고는 쫓아다니며 물었고, 결국 친해져서 다양한 전자공학의 기초지식을 익히게 된다. 이후 대학을 중퇴한 스티브 잡스는 차고에서 시작한 애플 컴퓨터사를 실리콘밸리에서 주목받는 기업으로 성장시켰다.

독서와 호기심

스티브 잡스는 한때 셰익스피어 문학과 고전영화에 푹 빠졌으며, 사과를 좋아해 직접 사과주를 만들었던 일화도 있다.

인류는 호기심을 바탕으로 발전해 왔다. 사람들이 미래가 불확실성으로 가득차 있음에도 낙관적으로 나아갈 용기를 낼 수 있는 것은 '호기심'이라는 원동력이 있기 때문이다. 호기심은 인간에게 진화적으로 내재된 두려움과 불안을 극복하고 위기에 맞서 쉼 없이 전진하도록 이끌어 준다.

발달심리학자 장 피아제(Jean Piaget)의 '인지발달 이론'에 의하면, 인간의 인지력은 출생과 함께 끊임없이 맞부딪히게 되는 낯선 세상의 어려움을 헤쳐 나가는 과정에서 점진적으로 '발달(development)'한다. 인간은 미지의 대상이나 환경을 접할 때 일종의 불편감을 느끼는데, 이것을 극복하고자 노력하는 게 본능이다. 아이들은 호기심에 이끌려 집요하게 답을 추구하는 과정에서 자연스럽게 뭔가를 깨닫거나 배우게 되는데, 그 작은 배움의 조각들이 모여 학습, 다시 말해 발달이 이루어진다.

독서에서도 호기심은 중요하다. 교훈적인 내용이나 학습적인 내용에만 치중하면, 아이들이 책에 흥미를 느끼지 못할 수 있다. 아이들은 빨랫줄에 매달려 바싹 말라버린 도깨비(『도깨비를 빨아버린 우리 엄마』, 한림출판사), 하늘에서 비처럼 쏟아져 내리는 똥(『똥벼락』, 사계절), 바위로 변해버린 당나귀(『당나귀 실베스터와 요술 조약돌』, 다산기획) 등 기발한 상상력이 있는 그림책을 좋아한다.

1. 아이의 관심을 존중하라.

아이의 관심이 부모가 원하는 분야가 아니라고 실망하거나, 부모가 원하는 분야로 돌릴 필요는 없다.

아이들은 어른들보다 주변환경에서 더 많은 것을 볼 수 있는 눈을 지녔다. 자연만큼 호기심을 자극하는 것도 드물다. 자연은 예측 불가의 신비로움으로 가득하므로, 일상에서 자연을 있는 그대로 접할 수 있는 기회를 많이 만들어 주자. 아이들은 주변의 동식물은 물론 우주와 기상변화에 많은 흥미를 보인다.

2. 문제해결을 위한 독서를 하게 하라.

호기심이 많았던 스티브 잡스가 평소 가장 즐겼던 활동이 독서였다. 항상 '왜?'라는 질문을 달고 살았던 그는 답을 찾기 위해 독서광이 되었다.

활자에 익숙하지 않은 아이들을 무조건 독서로 이끌기는 어렵다. 아이들이 자신의 호기심을 충족시키기 위해 독서를 하도록 이끌어 보자. 질문에 대한 답을 얻고 문제를 해결하기 위해 책을 읽으면, 독서는 자신의 호기심을 충족시키는 중요한 길이 된다.

문제해결력은 어떤 상황에서도 포기하지 않고 적극적으로 문제를 해결하려고 하는 능력이다. 하지만 아무리 선뜻 나서더라도 처음부터 모든 문제를 완벽하게 해결할 수는 없다. 우리가 부딪히는 문제들은 한번 더 시도하고 끈기 있게 매달려야만 풀릴 때가 많다. 문제를 해결하는 독서는 아이들에게 끈기와 자신감을 준다.

3. 질문과 대화로 궁금증과 문제를 공유하라.

유대인 부모들은 아이들이 아주 어릴 때부터 늘 '왜?'라는 놀이를 즐겨 한다. 아이가 질문을 던지면, 부모는 아이 스스로 답을 찾아낼 때까지 관련된 질문을 끝없이 던지는 방식이다. 이것이 '하브루타'의 기반이 된다.

하브루타란 아이들이 2인 1조로 짝을 지어 학습과제에 대해 끊임없이 질문과 대답을 이어가면서 스스로 또는 함께 답을 찾는 학습법이다.

배울 때의 자세보다 가르칠 때의 자세가 더욱 능동적일 수밖에 없다. 상대방에게 설명하거나, 상대방을 설득하기 위해 자신이 공부한 것을 훨씬 체계적이고 논리적으로 정리하게 된다. 게다가 설명 과정에서 상대방의 날카로운 질문을 받으므로, 그것에 대해 방어하고 다시 질문하는 과정에서 지식의 체계가 더욱 공고해진다. 질문과 대화는 독서를 깊게 할 수 있는 요인이 된다.

4. 놀이와 유머로 독서의 재미를 증폭시켜라.

심리학자 대니얼 벌린(Daniel Berlyne)은 인간의 호기심은 새로움과 도전과제를 찾고, 자신의 능력을 확장 및 발휘하며 탐구하고 배우려는 인간 고유의 동기라고 한다. 이러한 호기심의 장점은 놀이나 유머와 같은 '유희적 탐구'를 통해 강화할 수 있다.

독서에 기분 좋은 자극을 동반하는 다양한 놀이, 엔도르핀을 상승시키는 유머가 적절히 섞이면, 집중력과 끈기가 다소 부족해도 책에 몰입하여 자신의 능력을 발휘하고 탐구할 수 있다. 예를 들어 음식에 대한 그림책을 읽었다면 실제로 요리해 보는 놀이를 해보는 것이 독서의 재미를 증폭시키는 한 방법이다.

5. 생생한 이미지가 있는 그림책을 읽어라.

이미지는 몰입감을 만들어낸다. 책에 나오는 모든 인물들과 스토리는 시각화할 수 있다. 이미지는 그만큼 주제와 더욱 의미 있는 연결고리를 만들어준다.

아이들과 책에 등장하는 인물들의 표정과 외모의 세부사항에 대해 이야기해 보자. 이런 대화는 등장인물들의 행동에 대한 통찰력을 제공할 수 있다. 예를 들어 깔끔한 외모와 맞춤 양복은 더 꼼꼼하거나 조직적인 직업을 나타내는 장치일 수 있다. 이것들은 모두 등장인물의 속마음과 생각을 보여주는 단서들이다. 초등학생에게는 인물의 속마음과 생각이 이미지화된 그림책 독서가 더 효율적일 수 있는 이유이다.

6. 독서 전후 활동으로 호기심을 불러일으켜라.

독서 전후 활동이란 책을 본격적으로 '읽기 전'에 호기심을 불러일으키는 관찰이나 이야기 나누기 등, 그리고 '읽은 후'에 책을 좀더 오래 기억할 만한 다양한 놀이나 체험활동을 말한다.

독서 전 활동은 아이들의 호기심을 자극해 상상력을 키울 수 있으며, 독서 후 활동은 책 읽기를 오감으로 혹은 체험으로 확장한다는 점에서 창의력에 도움이 된다.

독서 전 활동으로 그림책의 표지나 속지에 대해 이야기를 나눠볼 수 있다. 『지각대장 존』(존버닝 햄, 비룡소)은 책 표지에 교실인 듯 보이는 장소에 겁에 질려 얼어 있는 남자아이와 무섭게 생긴 교사의 모습이 나온다. 아이와 함께 표지에 나오는 남자아이는 어떤 상황일지, 교사는 왜 이렇게 무서운 모습일지를 상상하고 이야기를 나눠 보자. 또한 그림책을 읽은 후에는 아이와 함께 등장인물이나 배경 등을 그림으로 그려보는 것도 좋은 방법이다.

독서에 도전적인
과제를 주어라

자기결정성

자기결정성이란 살아가는 데 반드시 필요한 가장 기본적인 욕구로서, 아이들이 자기에게 가장 중요한 것이 무엇인지를 스스로 선택하고 목표를 세운 후, 그 목표를 이루기 위해 할 일을 스스로 결정하는 것을 말한다. 아이들은 자율적인 욕구가 있을 뿐만 아니라 그것을 만족시키고자 하는 의지가 있으며 이 의지를 활용하여 도전한다. 즉, 아이들은 자율적 욕구가 있고 스스로 원하기 때문에 행동한다. 이것이 바로 자기결정성이다.

선택은 아이들의 자기결정성과 유능감을 높이며, 그것이 내적동기로 이어진다. 인간을 행동하게 하는 동기는 내적동기와 외적동기로 나뉜다. 외적동기는 타인에 의해 만들어진 동기이고, 내적동기는 자신이 스스로 결정한 동기이다. 사람들은 내적동기로 인해 어떤 목표를 정하고, 그 목표를 이루기 위해 도전하며, 이러한 도전을 통해 자기결정적 욕구를 만족시킨다.

독서도 도전적인 과제를 통해 아이들의 내적동기를 키울 수 있다. 자기결정성이 높은 아이들은 스스로 목표를 세우기 때문에 그 목표에 도달할 경우 성취감을 느낀다. 하지만 자기결정성이 낮은 아이들은 부모나 다른 사람이 만들어 준 목표이기 때문에, 그것을 이루었다 해도 성취감보다는 허탈감을 느낀다. 그 이유는 아이들이 자기 내부에 있는 목표와 다른 목표를 이루었을 경우 내적동기와 외적동기 사이에서 갈등하기 때문이다. 따라서 도전적인 과제일수록 독서의 태도가 긍정적이며 더 많은 보람을 느낄 수 있다.

유능감이 독서를 도전적인 과제로 이끈다

유능감에 대한 욕구란 말 그대로 유능해지고 싶다는 마음이다. 유능감에 대한 욕구가 행동의 원인이 되고, 그 과정에서 다시 유능감이 만들어진다.

유능감이란 자신에게 일어나는 어떤 일이라도 제대로 대응할 수 있다는 느낌이다. 처음 하는 일이라도 잘할 수 있다고 생각하는 것이다. 아이들은 유능감에 대한 욕구가 채워지면, '해보자', '잘될 거야', '어떻게든 되겠지' 하는 마음으로 의욕을 갖고 다양한 일에 도전하게 된다.

유능감이 강하면, 새로운 분야를 개척하거나 성공한 사람을 본받아 '나도 할 수 있다'는 도전의식이 생긴다. 또 지금 하는 일도 더 잘하고 싶다는 욕심이 생긴다. 그 열망이 이루어졌을 때 드는 만족감과 성취감은 '다른 일에도 도전하고 싶다'는 마음으로 이어진다. 유능감이 쌓일수록 마음속에 자신감이 자란다. 독서도 도전적인 과제로 인식될 때 내적동기를 이끌어내게 된다.

뇌에서 도파민은 도전을 해야 분비된다. 뇌는 잘하는 일을 계속한다고 기뻐하지 않는다. 할 수 있을지 없을지 모르는 일에 열심히 부딪혀 보고 어려움 끝에 목표를 달성했을 때, 뇌는 도파민이 대량으로 분비되며 기뻐한다. "내가 이런 일도 할 수 있다니!"라는 말이 나올 만큼 의외성이 강하면 강할수록, 힘들면 힘들수록 그 뒤에 오는 기쁨이 커지고 독서력도 더욱 강화된다. 뇌는 부담과 고통이 주어지고, 그것이 극복되었을 때 가장 큰 기쁨을 느끼는 것이다.

하지만 아이들에게 지나치게 어려운 책을 주면, 어디서부터 읽어야 할지 엄두도 나지 않을 뿐더러 독서 자체가 싫어질 수도 있다. 따라서 '너무 쉽지도 않고, 너무 어렵지도 않은' 난이도의 책을 권하는 것이 좋다.

정리하면, 도파민에 의한 강화학습의 사이클을 가동하려면, 뇌에 자신의 능력 이상의 적당한 부담을 주고 그 힘든 상황을 돌파해서 기쁨을 주는 것이 중요하다. 뇌는 힘든 일을 극복했을 때 도파민이 활성화되면서 큰 기쁨을 느끼며, 덩달아 강화학습의 사이클도 더욱 강화된다.

📖 도전적 독서로 이끄는 6가지 양육 길잡이

1. 자존감을 키워라.

텍사스대학의 로버트 조지프(Robert Joseph) 교수는 남자아이의 자존감은 다른 사람으로부터 독립성을 유지할 수 있는 능력에서 나오고, 여자아이의 자존감은 다른 사람과의 밀접한 관계를 유지할 수 있는 능력에서 유지된다고 한다. 아이들의 자존감을 키워 주려면, 남자아이의 독서는 독립성을 존중해야 하며, 여자아이의 독서는 친밀한 관계를 북돋는 것이어야 한다.

아이들은 성장하면서 뇌의 전두엽이 점차 발달함에 따라 자신의 환경을 긍정적으로 해석할 뿐만 아니라 통제할 수도 있다. 그러므로 자존감이 낮았던 아이들도 성장하면서 얼마든지 키울 수 있다.

아이들이 일단 전두엽을 사용해 이성적인 사고를 하기 시작하면, 점차 환경 그 자체보다 '아이가 그 환경에 대해 어떻게 생각하느냐'가 자존감 형성에 더 큰 영향을 미치기 시작한다. 즉, 아이들은 '모든 것은 자신의 생각에 달렸다'고 인식하게 된다.

2. 유대감에 대한 욕구가 채워져야 한다.

유대감은 다른 사람과 관계를 유지하고 싶은 욕구이다. 아이들은 유대감을 통해 다른 사람에게 사랑받고 인정받고 싶어한다. 가정과 학교, 학원이나 동아리 등 일정 집단에 소속되어 거기서 없어서 안 될 존재가 되고 싶은 것이다.

독서는 아이들이 유대감을 형성하는 데도 도움이 된다. 하지만 부모가 강권하는 책, 독서태도에 대한 잔소리, 학교에서 당하는 따돌림은 유대감에 대한 욕구를 근본부터 부정한다.

아이들은 주변 사람들이 자신의 존재를 받아들이고 제대로 평가해야 비로소 안심하고 살아갈 수 있다. 따라서 유대감에 대한 욕구가 채워지지 않으면 자존감이 생기지 않는다. 아이들의 독서가 유대감을 충족시키고 자존감을 키울 수 있도록 이끌어 주어야 한다.

3. 한계를 설정하라.

독서에서도 부모가 아이와 함께 한계를 정하는 것은 중요하다. 한계를 정하는 것은 처벌과는 다르다. 처벌은 통제수단이지만, 한계를 정하는 것은 통제가 목적이 아니라 책임감 독려가 목적이다. 예를 들어 아이가 학습만화만을 읽는다면, '학습만화를 1권 읽으면 다음에는 글줄만 있는 책을 1권 읽는다'는 원칙을 정하고 실천하게 한다.

아이와 함께 적절한 한계를 정하고 공정한 결과에 합의했다면, 한계를 지킬 것인지 넘어설 것인지는 아이에게 맡겨두어야 한다. 한계를 정한 후 선택의 여지를 주어 자율성을 존중해야 한다.

책을 고르고 독서습관을 들이는 데 아이와 힘겨루기가 빚어졌다면, 한계 설정은 이미 잘못된 방향으로 가버린 셈이다. 한계는 명확히 정해두고 그대로 따라야 할 문제이지, 아이와 싸우고 압박하고 갈등을 일으킬 문제가 아니다.

4. 평생학습으로서 독서하라.

유대인 부모들은 아이가 36개월이 되었을 때, 책에다 꿀을 묻힌 다음 핥게 하면서 "학문은 이 꿀처럼 달콤한 것"이라고 가르친다. 학문을 함으로써 하느님이 창조하신 이 세계를 더 선하고 아름답게 가꿀 수 있다고 인식시키는 것이다. 유대인들은 일생 동안 쉬지 않고 시간을 아껴서 진리를 발굴하고 인류에 공헌해야 한다는 것을 가슴속에 간직한다. 이것이 유대인 아이들이 평생 독서를 하게 하는 동기부여가 된다.

한국의 부모들은 아이들에게 독서의 자유를 주기보다는, 부모가 원하는 지식을 쌓게 하기 위해 독서를 강요하는 경우가 많다. 그러다 보니 부모들이 독서습관을 길러주기 위해 적극적으로 노력함에도 불구하고, 아이들은 독서 의욕을 잃고 끌려가는 독서를 하고 있다. 평생학습이 되려면 독서에서도 자율성을 키워 주어야 한다. 입시 위주의 독서보다는 아이들이 스스로 좋아서 추구하는 독서를 할 수 있도록 해야 한다.

5. 뇌에 적당한 부담을 주자.

뇌는 강한 자극을 원한다. 부담의 정도가 크고 그것을 이겨냈을 때 강렬하게 반응한다. 따라서 독서하는 아이는 뇌에 자신의 실력 이상의 부담을 주어야 한다.

그러나 뇌에 부담을 주는 일은 그리 간단하지 않다. 독서를 통해 뇌에 부담을 주려면, 자신의 수준보다 높은 어휘력을 요구하는 책을 읽거나, 독서를 할 때 제한 시간을 두는 것이 좋다. 이를테면 자신의 수준보다 높은 어휘가 풍부한 책을 선택하고, '1주일 안에 읽겠다', '1개월 안에 읽겠다'는 식으로 정해진 시간에 끝내기 위해 노력하는 것이다.

그리고 여기서 멈추는 것이 아니라, 다음 번에는 글밥이 더 많은 책을 읽거나 시간을 더 단축시켜 완독을 한다. 이런 식으로 계속 어휘의 수준을 높이고 읽는 시간을 단축시키면서 빨리 완독하려고 노력하면, 뇌에 부담을 주게 되고, 목적한 바를 달성하게 되면 뇌에서 도파민이 방출되어 큰 기쁨을 맛보게 된다. 그뿐만 아니라 다음에 다시 그 쾌감을 느끼기 위해 더 높은 어휘력이 필요한 책을 더 짧은 시간 안에 읽으려고 시도하기 때문에, 자신도 모르는 사이에 독서력이 쑥쑥 향상된다.

6. 아이들은 스스로 장애물을 극복해야 한다.

독서를 하면서 스스로 장애물을 극복하는 법을 배워야 한다. 아이들은 기다리는 능력, 나중에 더 큰 보상을 위해서 지금의 불편을 감수하는 능력이 필요하다. 독서에서도 스스로 목표를 발견하고, 그 목표로 가는 길 위의 장애물을 극복하는 법을 배워야 한다. 이런 아이들만이 자발적으로 의욕을 불어넣을 수 있으며, 무엇이 더 중요한지를 안다.

다만, 부모들은 성적 상승 자체만을 목표로 삼기보다, 아이의 전체적 행복감을 늘 염두에 두어야 한다. 많은 아이들이 처음에는 독서에 열정을 보이지만 시간이 지나면서 몸과 마음이 지치게 되는데, 그것은 성적 상승에만 목표를 두었기 때문이다.

독서를 통해
감동하게 하라

독서는 우리가 무언가를 느끼게 함으로써 감정에 영향을 미친다. 공포나 분노, 혹은 열정과 같은 강렬한 감정을 불러일으킨다. 또한 슬픔이나 짜증, 그리고 지루함과 같은 미세한 감정들을 일으킬 수도 있다.

아이들은 책을 읽을 때, 생각과 이미지는 물론이고 느낌과 정서를 체험하게 된다. 마음속에서 이미지를 떠올리게 되고, 그 이미지와 관련된 느낌을 갖게 된다. 일단 그런 느낌을 의식하고 확인하기 시작하면, 아이들은 그것으로 자신, 친구와의 관계, 부모와의 갈등, 꿈, 정신적 성숙, 죽음 등의 문제를 탐구할 수 있게 된다.

아이가 책을 읽으면서 느끼는 감정과, 아이 자신의 감정 사이에는 직접적인 연관성이 있다. 독서는 생각과 느낌을 동시에 이끌어내게 함으로써, 아이에게 영향을 주고 즐겁게 하고 도움을 주며 인생의 길을 밝혀준다.

부모들은 독서의 정서적 체험을 과소평가해서는 안 된다. 독서에서 정서적 정보를 무시하는 것은 책의 효용성을 축소시키는 일이다. 또한 아이의 문학성이 성장하는 것을 가로막는 일이다. 이로 인해 아이가 이야기를 충분히 이해하지 못하게 될 수도 있음을 알아야 한다.

아이가 정말 재미있는 책을 읽고 있고 책 속의 체험에 몰입하고 있다면, 먼저 아이의 몸이 그것을 말해준다. 감정적 반응은 생리적 변화와 관련이 있다. 두근거리는 가슴, 땀에 젖은 손바닥, 느긋하고 평온한 호흡 등은 아이가 책 속에 몰입하여 느끼는 감정을 보여준다. 이러한 공포·분노·흥미·즐거움·수치심·슬픔 등의 정서는 아이들이 실제 생활에서 체험하는 것과 똑같은 것이다. 재미있는 이야기에 몰두하다 보면, 아이들은 실제 세상이 이야기 속의 세상보다 덜 리얼한 것처럼 느끼기도 한다. 이야기가 아이들의 진정한 느낌을 사로잡았기 때문이다.

슬픔·분노·즐거움·공포·정욕·당황·수치·놀람·적개심·경멸·질투·상냥함·좌절 등의 느낌은 언어로 표현하기가 어렵다. 그것은 인간이 두 발로 걷는 동물로 진화되는 과정에서 언어에 앞서 '느낌'이 먼저 발달되었기 때문일 것이다.

우리는 언어로 생각하기에 앞서서 우선 '느낀다'. 느낌은 생각보다 더 근본적인 것으로서, 인간의 본성 중에 동물적 부분과 더 긴밀하게 연결되어 있다. 언어는 아이들의 느낌을 묘사하는 데는 그리 걸맞아 보이지 않는다. 그래서 아이들은 자기 자신을 표현하기 위해 행동으로 시선을 돌린다. 분노를 말로 표현하지 못할 때, 소리를 지르거나 물건을 던지거나 문을 쾅 닫거나 하면서 난폭하게 행동한다. 그럼에도 불구하고, 이 감정은 기억을 증폭시킨다. 뇌 과학자들은 사실 감정적 요소가 없다면, 인간의 장기기억이 효과적으로 형성되기 어렵다고 한다.

독서를 통한 감동

아이들은 독서를 통해 감동을 느낄 수 있다. 학자들은 감동을 '무한하고 광대한 감정', 혹은 '새로운 정보로 자기 자신이나 세계에 대한 이해방식을 바꿔야 할 때, 우리 안에서 일어나는 정신작용'이라고 정의한다.

일본의 뇌 과학자 라니 시오타(Lani Shiota)는 "사람이 감동하면 신경계가 심장의 활동을 늦추지만, 그렇다고 완전히 멈춰 세우지도 않는다"고 말했다. 감동은 아이들을 잠시 멈춰 세우고 휴식을 취하게 만들지만, 그 과정에서 스스로에게 질문을 던지고 새로운 기회와 새로운 무언가를 발견하게 해준다. 이로써 감동은 우리가 전에 알지 못했던 것들을 인지하고 학습하거나 탐구하도록 만든다.

또한 감동은 서로에게 영향을 준다. 연구에 따르면, 감동은 가족·친구·이웃·사회에 더 깊이 헌신하게 만든다고 한다. 개인적인 이익을 추구하는 대신, 유대감이 한층 강화되어 다른 사람을 배려하며 좀더 강력하고 친밀한 관계를 맺게 한다.

아이들은 독서의 감동으로 배고픔과 추위도 잊어버리고, 멍멍한 귀와 흘러내리는 머리도 신경쓰지 않으면서 하루종일 책을 읽는 경험을 한다. 부모가 "내일 아침 일찍 일어나야지" 하고 말하면서 불을 꺼버렸기 때문에, 이불 밑에서 손전등을 켜놓고 몰래 책을 읽은 경험이 있을 것이다. 이야기에 더 몰입한 아이들은 너무 재미있는 책을 다 읽어버린 것을 너무 아쉬워한 나머지 슬프게 울 수도 있다. 이야기 속의 등장인물들을 사랑하고 존경했고, 그들에 대해 큰 희망과 공포를 품고 있었으며, 그들과 많은 모험을 함께 나누었는데, 이제 헤어지게 되었기 때문이다. 아이들은 이런 일을 겪으면서 주인공의 행동과 감정을 느끼고 이해하게 된다.

독서는 감동을 불러일으키며, 아이들이 이런 훈련을 통해 감동의 힘을 누리는 삶을 살 수 있게 한다. 지금까지 알려진 감동을 통해 얻을 수 있는 효과로는 염증 완화, 스트레스 감소, 시간이 확장되는 느낌, 학습능력, 호기심, 이타심, 사회성, 삶의 만족감, 환경 감수성 등이 있으며, 무엇보다 감동적인 독서는 아이들이 풍성한 삶을 살게 한다. 아이들에게는 독서를 통한 더 많은 감동이 필요하다.

　연구에 따르면, 감동을 경험한 사람들은 자신을 작은 존재라고 여기며 자신에게 덜 매몰되었다. 또한 윤리적 결정을 내리는 경향이 두드러졌으며, 어떤 일에 대해 자신에게 그만한 권리가 있다고 생각하는 특권의식도 내려놓을 줄 알았다. 아이들이 감동함으로써 개인의 삶과 연결된 사소한 것들을 잠시 접어두고 모든 사람에게 최선인 것에 공헌할 때, 다음 세대 그 이상을 내다볼 수 있는 현명한 결정을 내릴 수 있게 될 것이다.

📖 독서를 통한 감동 6가지 양육 길잡이

1. 책 속의 아이가 되는 상상을 하라.

그림책, 동화책 작가들도 아이의 마음을 가지고 있다. 그들도 아이의 경험과 감정을 지닌다. 작가들은 이런 경험과 감정을 잘 조직하여 스토리를 만들고 유기적인 질서를 만들어낸다. 그러면 아이들은 읽으면서 책 속의 경험과 감정을 자신의 실제 경험과 감정에 연결시킨다. 아이들은 이러한 연결 작업을 즐겁게 하면서 외로움을 덜 느끼게 되며, 다른 사람과 유대감을 느낄 뿐 아니라 자신의 감정이 정상적이며 다른 사람에게 이해받는다는 느낌을 갖게 된다.

2. 자신의 상황과 연결시켜라.

뇌는 '예측하는 기계'이다. 아이들이 책을 읽을 때도, 뇌에서 마치 실제 생활에서 동일한 상황을 만나는 것 같은 신호가 전달된다. 그렇기에 아이들은 슬픈 이야기를 읽으면 슬퍼지고, 탐정소설을 읽으면 아슬아슬해한다. 판타지는 아이들의 내부에서 새로운 체험이나 상황을 창조하는 힘을 갖는다. 물론 이런 결과를 만들어내는 구체적 사건, 장소, 인물, 경험은 아이들에 따라 다르지만, 아이들은 이를 통해 저마다 고유한 체험을 기억 속에 간직하게 된다.

3. 감정을 자극하는 독서를 하라.

아이들은 세상에 적응하고 살아남는 데 쓰이는 생각과 느낌을 자극하는 책을 좋아한다. 인간이 치명적인 상황과 육체적 죽음을 피하려고 애쓰는 것처럼, 아이들은 정신적 위축이나 정서적 위축을 되도록 피하려고 애쓴다.

　아이들의 정신적 생존을 지탱하는 힘은 새로운 정보, 새로운 체험에서 비롯된다. 그리고 아이들은 그렇게 해서 얻은 체험을 말하고 싶어하고, 다른 사람에게 전달하고 싶어한다는 것을 기억하자.

4. 아이의 사고방식이나 세상을 보는 눈을 바꾸는 계기를 만들어라.

아이들이 독서를 통해 감동을 받으면 한결 기분이 상쾌해지며 회복되고, 재충전된 상태로 돌아오게 된다. 무작위적으로 돌아가는 혼란스러운 세상을 잠시 떠나, 독서를 통해 잘 조절되고 매혹적이고 멋진 코드를 지닌 세상으로 들어가게 된다. 새로운 세상의 코드를 해독하고 이해함으로써 자신이 잠시 두고 온 세상을 '더 잘' 이해하게 되는 것이다.

5. 아이가 가장 좋아하는 책 리스트를 만들어라.

아이들이 좋아하는 책들의 리스트를 만들고, 가장 감동적이었던 부분, 유용했던 것 등을 함께 메모하게 하면 좋다. 책 읽기가 삶에 기여한 측면을 살펴보고, 책 읽기가 없는 생활은 어떤지 생각해 보라고 권해보자. 그런 다음 독서가 자신에게 어떤 식으로 중요한지 설명하라고 해보자. 독서일기를 쓰는 것도 좋은 방법이다. 독서가 아이의 생활에서 중요한 부분을 차지한다면, 책을 읽으면서 든 느낌을 독서일기로 기록해 둘 만한 가치가 있다.

6. 가족 독서시간을 만들어라.

하루 일과 중에 독서하는 시간을 따로 지정하자. 아이가 읽은 내용을 가족과 함께 나누어라. 아이가 재미있게 읽은 것을 큰소리로 낭독하면 가족들의 친밀감을 높일 수 있다. 가족 안에서라면 아이는 겉으로 설명되지 않는 마음속의 어두운 구석을 이야기할 수도 있을 것이다. 또한 협업능력에 필요한 공감력이나 감정 조절력도 익힐 수 있는 시간이 된다.

정보활용 능력에 미치는 스토리의 영향력

초등 아이들의 읽기 발달 단계를 보면, '읽기 입문기'는 음성언어에서 문자언어로 나아가는 단계이다. 주로 초등 1~2학년인 저학년 시기에 해당한다. 아이들이 말뿐만 아니라 글로도 의사소통할 수 있다는 것을 깨닫는 시기이다. 이 시기에 아이들은 글자와 소리의 관계를 인식하며 단어를 소리내어 읽을 수 있다. 이때 소리내어 읽기가 중요하다. 글자를 소리내어 읽는 것은 아이들이 글을 읽고 있다는 증거이다.

'기초 기능기'는 해독에서 독해로 나아가는 단계로 읽기의 기초 기능을 익히는 시기이며, 초등 3~4학년인 중학년에 해당한다. 이제 아이들은 긴 문장을 의미 중심으로 끊어 읽기를 시작한다. 글을 유창하게 소리내어 읽게 되고, 음독에서 소리내지 않고 속으로 읽는 묵독으로 넘어가는 과도기라고 할 수 있다.

📖 초등 아이들의 읽기 발달 단계

<table>
<tr><td>읽기 입문기</td><td>기초 기능기</td><td>기초 독해기</td></tr>
<tr><td>저학년</td><td>중학년</td><td>고학년</td></tr>
<tr><td>
• 음성언어 → 문자언어
• 글자와 소리의 관계 인식
• 소리내어 읽기
</td><td>
• 해독 → 독해
• 의미 중심으로 끊어 읽기
• 소리내어 읽기 → 묵독
</td><td>
• 독해
• 사고 기능 익히기
• 묵독
</td></tr>
</table>

'기초 독해기'는 사고 기능을 익히는 단계로 볼 수 있다. 초등 5~6학년인 고학년에 해당한다. 해독보다 독해에 더욱 큰 비중을 두고 글을 읽게 되며 묵독이 강조된다. 사실과 의견 구별하기, 요약하기, 생략된 정보 추론하기, 이어질 내용 예측하기, 비유적 표현의 의미 이해하기, 표현의 적절성 판단하기 등과 같은 기초 독해 기능을 기르는 단계이다.

초등학교 시기는 '읽기의 뇌'가 발달하는 중요한 때이다. 따라서 독서습관을 들이는 것이 중요하다. 한국교원대학교 이경화 교수에 의하면, 독서습관을 들이려면 읽기 태도가 중요한데, 먼저 읽기에 대한 동기·흥미·신념 등과 같은 긍정적인 태도를 키워 주어야 한다. 그리고 평상시에 읽기에 대한 성공적인 경험을 많이 하도록 해주어야 한다.

아이가 읽기 성공 경험을 맛보았다고 판단되면, 부모는 적절한 읽기 과제를 제시하면서 허용적 태도를 유지할 필요가 있다. 이와 더불어 집안의 환경 조성이 필요하다. 풍부한 읽기 경험을 통해 즐거움을 경험하는 아이들은 성공적인 평생 학습자로 이어진다.

읽기에 대한 긍정적인 태도는 독해능력을 높이는 데도 중요하다. 독서태도는 지식이나 기능 같은 인지적 요인처럼 읽기를 직접 수행하는 데 관여하지는 않지만, 읽기 능력의 발달에 중요한 영향을 미친다.

독서태도는 오랜 경험을 통해 서서히 형성된다. 독서란 잘 읽는 데 그치지 않고, 아이들이 삶 속에서 읽기를 통해 성장할 수 있어야 한다.

독서가 아이들의 삶에서 발현되기 위해서는 지속적이고도 자발적으로 읽어야 하며, 이를 위해서는 긍정적인 독서태도가 필요하다. 읽기에 대한 긍정적인 태도는 읽기가 단지 학습으로만 인식되지 않고, 새로운 앎에 대한 기쁨과 즐거움으로 인식되는 긍정적인 변화를 가져온다. 그래서 읽기 교육을 통해 긍정적인 독서태도를 형성해야 하는데, 여기에 스토리가 큰 역할을 한다.

스토리의 힘

아이들이 방금 읽은 내용에 의미를 부여하기 위해서는 여러 자료를 적극적으로 기억해내야 한다. 아이들은 자신의 정신적 필요에 따라 읽은 내용에 의미를 부여한다. 흥미진진하고 중요한 책을 읽을 때 그것을 자신의 스토리로 만든다!

이때 스토리는 아이들에게 어떤 윤곽만 제공하고, 아이들은 여유 있게 그 내용물을 채색할 수 있다. 다시 말해 스토리는 과정을 제공하고, 아이들은 내용을 제공하는 것이다. 이렇게 볼 때, 스토리가 짧거나 이야기 요소가 적더라도, 아이들은 더 많은 공간을 가질 수 있다.

아이들은 글을 깨우치기 전에 이미 스토리를 접한다. 어른들에게 배운 소리를 바탕으로 말이다. 전통적으로 스토리는 부모를 통해 아이들에게 전수된다.

아이들이 독서에 빠지는 데에는 '특별한 스토리'가 있다. 스토리가 없으면 재미도 감동도 없다. 아이들은 스토리의 주인공과 완진한 동일시를 이루게 되면 카타르시스를 느낀다. 이것은 스토리 속 주인공의 기쁨과 슬픔을 공감하는 데서 나오는 감정인데, 종종 눈물을 흘리는 형태로 나타난다.

아이들은 독서를 통해 감정의 이런 배설에서부터 자아의 숨겨진 측면에 대한 이해와 통찰까지 얻게 된다. 이런 강력한 정서적 반응의 근원을 파악함으로써 인지적 자극을 받게 되는 것이다. 아이들은 스토리를 언제나 자기 자신에 관한 스토리를 투영해 읽는다.

스토리는 안전하고 실험적인 모험을 제공하기 때문에 모델링의 유용한 수단이다. 아이들은 스토리를 통해 드라마, 갈등, 모험, 친구관계 등에 빠져들 수 있다. 다른 사람들을 존중하고 다른 방식으로 옷을 입거나 말하는 느낌을 가져봄으로써 역할이나 행동에 유연성을 가질 수 있다. 어떤 불가피한 상황 또는 행동 패턴에 갇혀 있는 아이들은 독서를 통해 다른 사람들의 느낌에 주목하면서 자기의 느낌을 의식하게 되면, 그런 상황이나 패턴에서 벗어날 수 있다.

📖 스토리의 힘으로 이끄는 부모 길잡이 6가지

독서는 아이들에게 이미지, 스토리, 등장인물을 제공하여 자신의 느낌과 상황을 표현하도록 도와준다. 또한 아이들은 스토리에 친밀하게 반응하므로, 그것을 읽은 느낌과 감정을 다른 사람들과 나누고 자신의 생각을 소통할 수 있게 북돋워 준다. 아이들을 스토리의 힘으로 이끌려면 어떻게 해야 할까?

1. 가족과 사회라는 맥락 속에서 독서를 하라.

같은 책이라도 읽는 사람마다 느낌이 다를 수 있다. 우리가 책을 읽는 것은 하나의 권위 있는 의미를 찾기 위한 것이 아니다. 아이들이 가진 나름의 개인적 경험의 가치와 중요성을 부정한다면 그것은 기계적 읽기에 불과하다. 책에서 한 가지의 정해진 의미를 찾으라고 강요하는 것은 읽기 과정에서 아이들의 인격을 제거하는 것과 같다. 아이들은 지루해지고 반발심이 생겨 도중에 책을 덮게 된다.

독서는 스토리가 중요하다. 스토리는 단 하나의 의미를 찾으려는 노력으로 인한 지루함, 적개심, 중도 탈락으로부터 아이들을 지켜준다. 독서가 아이들에게 의미를 가지려면, 가족과 사회라는 맥락 속에서 그들이 생각하고 느끼고 필요로 하는 것과 관련되어야 하는데, 스토리가 다리 역할을 한다.

2. 감동을 일으키는 스토리를 읽어라.

스토리를 말하는 능력은 신이 우리 인간에게 내려준 가장 큰 선물 중 하나다. 스토리는 아이들을 감동시키고 놀라게 하고 때로는 슬프게 만든다. 지겨운 스토리는 성공하지 못한다. 아이들을 감동시키지 못하고 공감도 얻지 못하기 때문이다.

우리가 보았거나 들었던 최고의 스토리를 생각해 보자. 한두 명의 등장인물에 대한 느낌이 생생하게 떠오를 것이다. 강력한 스토리가 있는 책은 아이들의 문제행동을 고치고, 자신의 꿈을 위해 긴장하게 만들며, 다른 사람과의 적극적인 소통을 이끌어 낼 수 있다. 독서를 통한 감동은 아이들로 하여금 매력적인 행동이나 기쁨을 갖게 한다.

3. 간절한 이유를 가지고 책을 읽어라.

왜 사는지 이유를 아는 아이들은 어떤 경우에도 참고 견딜 수 있다. 가족이나 인류를 구하기 위해 역경을 헤쳐나가는 사람들은 자신보다 가족과 인류의 운명을 더 걱정한다. 책에 등장하는 인물들에게서 이러한 이유를 발견할 수 있으면, 아이들은 흥미롭고, 의미 있고, 기억에 남고, 가치 있는 독서를 할 수 있다. 스토리는 아이들에게 삶의 이유를 부여하며, 책 속의 인생 스토리는 가족과 인류를 위하는 간절함을 준다.

4. 정신적 상처와 영혼을 어루만지는 스토리가 필요하다.

정신적 상처는 아이들의 마음속에 외로움과 소외감을 싹트게 한다. 슬픔, 헤어짐, 사고와 질병, 열등감, 공포, 좌절의 경험은 아이들에게 소외감을 심어 준다. 가짜 즐거움이 넘치는 아이들의 세계에서 상실의 느낌을 누가 제대로 이해해 줄까? 스토리는 아이들에게 주인공과의 동일시를 통해 슬픔과 고통, 좌절의 아픔을 공감하고 회복시켜 치유해 준다.

5. 독서를 통해 자신의 모델을 찾게 하라.

아이들에게는 부모 외에 다른 모델이 있어야 한다. 개인적으로 잘 모르는 외부의 어떤 사람이 아이들이 자신에게 적용할 수 있는 교훈을 말해주어야 한다. 스토리는 개인의 가족적 관심사에 제한을 받지 않는다.

아이들은 어른들의 도움 없이도 스토리 속의 자기 자신을 인식한다. '백설공주' 이야기는 사악한 계모에 의해 규정되는 세계보다 더 큰 세계와 연결시켜 준다. 이러한 지저분하고 겁나고 고통스러운 것에 결코 위축되지 않는 스토리는 아이들에게 자신을 도와주는 또 다른 힘들이 있음을 알려주고, 현실의 세계에서 장애물을 극복할 수 있는 용기와 지혜를 줄 수 있다.

6. 간접경험의 안전함을 즐긴다.

독서의 즐거움은 아이들이 책 속에 빠져들어 등장인물과 자신을 동일시하면서도, 동시에 등장인물이 겪은 일을 그대로 겪지 않아도 된다는 안전함에서 온다. 스토리를 읽을 때, 아이들은 누군가 다른 사람이 되면서도, 동시에 자아의 중심을 잃어버리지는 않는다. 이것은 역할놀이와 비슷한 것인데, 일종의 또 다른 자아라고 볼 수 있다.

그러나 이 또 다른 자아는 옷가게에서 옷을 한번 입어보는 것과 비슷하다. 이 옷이 내 마음을 드는가? 아니면 저 옷이? 그 옷이 나한테 딱 맞아서 편안한 느낌을 주면 선택할 것이고, 그렇지 않으면 무시해 버리면 된다. 아이들은 책을 읽으면서 이러한 과정에서 자신의 진정한 자아를 발견할 수 있다.

·
·
·

2장

읽기 뇌와
쓰기 뇌

'읽기 뇌'와 '쓰기 뇌'를

효율적으로 다루는 방법은 무엇일까?

국어를 잘하는
뇌를 만들려면

국어 영역은 좌뇌에 특화된다

뇌의 국어 영역은 주로 좌뇌에 있다. 위치는 귀 바로 위와 주변부이다. 국어 영역은 청각 영역을 완전히 둘러싸고 있다. 측두엽의 대부분을 차지하며, 두정엽과 전두엽도 접해 있다. 좌뇌에 국어 영역이 있지만, 유아기에 좌뇌가 손상된 아이도 무리 없이 말을 할 수 있는 것을 보면 우뇌도 관여한다.

아이의 뇌는 국어를 처리할 때 이성의 뇌와 감정의 뇌를 모두 사용한다. 듣거나 읽는 언어의 인지적 요소는

좌뇌와 우뇌

이성의 뇌
·언어적
·논리적/분석적/체계적
·이성적
·말의 의미 담당

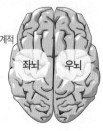
좌뇌 우뇌

감정의 뇌
·시각적
·직관적
·감정적
·말의음색,리듬,고저
및억양담당

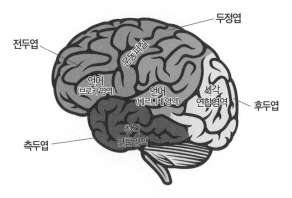

뇌의 언어구조

전두엽

두정엽

운동피질

언어
(브로카영역)

언어
(베르니케영역)

시각
연합영역

후두엽

청각
연합영역

측두엽

좌뇌 측두엽이 있는 좌뇌에서 처리하고, 말의 음색, 리듬, 고저 및 억양 등의 정서적 요소는 우뇌 측두엽이 있는 우뇌에서 처리한다. 언어의 정서적 요소라고 할 수 있는 운율은 말의 의미를 이해하는 데에 중요하다.

말을 하기 위해서는 측두엽과 두정엽, 전두엽을 아우르는 신경회로가 활성화되어야 한다. 그리고 이때 말로 표현할 주제의 시각적 영상을 떠올리기 위해 후두엽의 시각연합 영역의 도움을 받는다.

국어에 대한 뇌의 조기 특화 현상으로 인해 영유아도 국어와 영어를 구별할 수 있는 능력을 가질 수 있다. 영유아들은 거의 모든 모음과 자음, 심지어는 영어의 음소들까지 구별하고 분류할 수 있다.

한 연구에서 아기들의 노리개 젖꼭지를 빠는 행동의 습관화를 이용한 실험을 진행했다. 아기들이 충분히 힘차게 노리개 젖꼭지를 빨면, 그때마다 뒤따라 /ba/ 음절의 테이프를 틀어 주었다. 그런데 2~3분 동안 계속 같은 음절의 테이프를 틀려주면, 아기들은 그 소리가 듣기 싫은 것처럼 노리개 젖꼭지를 빠는 속도가 급속히 떨어졌다.

이때에 음절을 /pa/로 바꾸어 주었다. 만일에 아기들이 /ba/와 /pa/ 소리를 구별할 수 없으면 젖꼭지를 빠는 속도가 계속 떨어질 것이다. 그러나 생후 2~3주밖에 안 된 아기들도 음절을 바꾸어 주었더니, 젖꼭지를 빠는 속도가 갑자기 매우 빨라졌다. 이것은 아기들이 앞의 /ba/ 소리와 새로운 /pa/ 소리를 구별할 수 있다는 것을 보여준다.

미국 워싱턴대학의 패트리샤 쿨(Patricia Kuhl) 박사의 연구에 의하면, 아기들은 생후 6개월을 기점으로 언어의 자음과 모음의 소리를 받아들이는 방식이 거의 확정된다. 세상에 존재하는 언어에서 자음은 약 600여 개, 모음은 약 200여 개에 달하지만, 개별 언어는 평균적으로 40개 정도의 음소만 사용한다.

아기들은 세상에 태어난 뒤 6개월 정도가 지나면 모국어의 음소를 상당 부분 습득한다. 또한 모국어의 음소로 된 단어들에 집중해서 한두 단어를 직접 발음할 수 있다. 불과 1년 만에 국어의 음소를 거의 완벽하게 익히고, 이를 바탕으로 국어로 생각하고 국어로 꿈을 꾸며 국어로 수를 세는 것이다. 따라서 국어 습득의 시기를 놓치지 않는 것이 중요하다.

아이들이 말을 하기 시작하면 자의식도 발달한다. 언어영역과 전두엽이 함께 발달하기 때문이다. 아이들이 자의식을 가지고, 다른 사람과 관계를 맺기 위해서는 언어라는 도구가 필요하다. 피아제 연구에 의하면 국어의 발달은 12세 무렵까지 현저하다. 따라서 이 기간에 국어의 표현력이나 사고력이 어느 정도 결정된다. 만약 이 기간에 적절한 언어 자극이 없거나 사용하지 않는다면 아이들은 국어가 충분히 발달하지 못하게 된다.

초등 국어의 뇌 발달

국어의 뇌가 발달하는 과정을 보면, 24개월에 두 가지 언어영역이 활발해진다. 국어의 이해를 담당하는 베르니케 영역(Werniche's Area)은 12개월 전부터 발달하고, 말하기를 담당하는 브로카 영역(Broca's Area)은 뒤늦게 발달한다. 처음에는 좌우 양쪽의 뇌가 같은 정도로 발달하지만, 95%의 아이들은 5세 이전에 좌뇌가 우세해지며, 우뇌의 말하기 영역은 몸짓 등 별개의 작업에 사용된다.

두정엽과 측두엽의 경계에 있는 베르니케 영역은 언어 이해를 담당한다. 단어와 문장의 의미를 파악하는 데 도움을 주며, 각각의 단어를 이해해야 할 때 활성화된다. 베르니케 영역은 우리의 머릿속 사전이라 할 수 있는데, 명사는 측두엽과 두정엽에서 처리되는 반면, 동사는 전두엽에서 처리된다.

전두엽의 브로카 영역은 혀, 얼굴, 턱, 후두를 움직여 말을 만들어내는 기능을 담당한다. 어순이 서로 다른 문장을 비교할 때, 또는 어순의 의미와 정확성을 인식해야 할 때 활성화되므로 문법구조를 담당한다.

베르니케 영역과 브로카 영역은 두꺼운 신경섬유 다발로 연결되어 있긴 하다. 하지만 언어의 의미를 담당하는 베르니케 영역과 문법구조를 담당하는 브로카 영역 사이에 신경이 분리되어 있는 것은 아이들의 언어발달과 관련해 중요한 시사점을 보여준다. 언어의 의미를 담당하는 베르니케 영역은 말하기를 담당하는 브로카 영역보다 빨리 성숙하므로, 아이들은 말을 하는

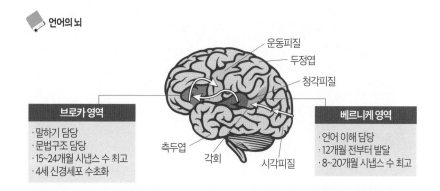

언어의 뇌

운동피질
두정엽
청각피질

브로카 영역
·말하기 담당
·문법구조 담당
·15~24개월 시냅스 수 최고
·4세 신경세포 수초화

측두엽
각회
시각피질

베르니케 영역
·언어 이해 담당
·12개월 전부터 발달
·8~20개월 시냅스 수 최고

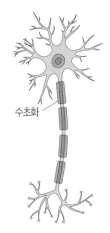
수초화

표현언어보다는 알아듣는 수용언어가 더 빨리 발달한다.

연구에 의하면, 베르니케 영역의 시냅스는 8~20개월 사이에 수적으로 절정에 달하며, 브로카 영역은 15~24개월에야 그 수가 최고에 달한다.

특히 수초화가 되어 기능이 빨라진 뉴런층은 브로카 영역에서 생후 4세가 지나야 비로소 생겨난다. 따라서 이때부터 아이들은 복잡하고 문법에 맞는 문장을 말할 수 있게 된다.

아이들은 24개월 이전에는 아무리 말을 많이 듣는 환경에 있다고 하더라도 말을 하지 못한다. 브로카 영역이 미처 성숙하지 못했기 때문이다. 반면에 12~13세 이후는 뇌가 이미 성숙해서 더 이상 새로운 말을 받아들이지 않고, 언어를 학습하기도 어려워진다.

그렇다면 국어를 학습할 수 있는 가장 좋은 시기는 언제일까?

이것은 뇌에서 언어 기능과 연상 사고력을 담당하는 측두엽 영역인 '칼로좀 이스무스(Callosal Isthmus)'의 성장률을 관찰하면 쉽게 알 수 있다. 칼로좀 이스무스는 4~6세 아이에서 1~20%의 성장률을 보이다가, 7세가 되면 85% 이상으로 최고의 성장률을 보이면서 12세까지 80% 이상의 빠른 성장률을 보인다. 하지만 12세 이후에는 16세까지 성장률이 0~25% 사이로 급격히 떨어진다. 이는 약 6~12세 사이가 국어 학습의 최적기임을 알려준다.

따라서 국어는 초등학교 때 본격적으로 교육하는 것이 가장 좋다. 언어중추가 어느 정도 발달한 시기에 국어 학습을 본격적으로 해야 높은 교육효과를 얻을 수 있다.

영어의 경우에도 12세가 넘어서 배우기 시작하면, 단어 하나하나는 배울 수 있지만, 문장을 문법에 맞게 구사하고 올바르게 발음하기는 어렵다는 뜻

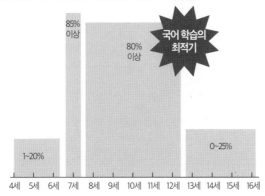

언어 기능과 연상 사고력을 담당하는 칼로좀 이스무스의 성장률

85% 이상

80% 이상

국어 학습의 최적기

1~20%

0~25%

4세　5세　6세　7세　8세　9세　10세　11세　12세　13세　14세　15세　16세

이다. 더구나 새로운 문법규칙은 더 이상 브로카 중추에서 처리되지 않고 다른 반구에서 처리되므로 배우기가 더 어려워진다.

언어적 재능은 50%만 유전되며, 읽기와 정확한 쓰기 같은 학업능력은 단 20%만 유전자의 영향을 받는다. 따라서 언어발달에서는 어려서부터의 경험과 학습이 성공의 열쇠이다.

국어머리와 유전

언어적 재능은 50%만 유전

국어머리는 경험과 학습이 더 중요!

읽기, 쓰기 능력은 단 20%만 유전

1. 국어를 잘하는 아이가 똑똑하다

많은 연구자들은 읽기와 쓰기가 학업뿐만 아니라 직업 성공의 핵심 능력이라고 주장한다. 사실 18개월 아이들이 알아듣거나 구사할 수 있는 단어 수로 장래의 IQ를 예측할 수도 있다. 영유아기에 언어자극을 많이 주면 줄수록 더 빨리 많은 단어를 말하고, 더 다양한 어휘를 습득하며, 훗날 IQ 검사에서 더 높은 점수를 받았다.

국어를 잘하는 아이들은 자신의 요구를 분명하게 전달하고, 다른 사람들과도 쉽게 의사소통을 할 수 있기 때문에 주위 상황도 더 쉽게 파악할 수 있다. 따라서 정서적, 사회적, 인지적 발달이 빨라질 수밖에 없다.

부모들은 대개 국어 공부는 말과 글을 익히고 나면 별다른 노력을 하지 않아도 된다고 생각한다. 그러나 국어는 사고력과 의사소통 능력과 밀접하게 관계하는 만큼, 평생 배우고 익혀야 한다. 국어력이 떨어지면 논리력, 판단력, 문제해결력도 떨어지고, 국어를 기반으로 하는 기억력과 집중력도 저하되며, 심지어는 수리력조차 떨어지는 것으로 알려져 있다. 따라서 국어에 대한 관심과 투자는 초등학교 내내 지속적으로 이루어져야 한다.

2. 여자아이가 남자아이보다 국어를 잘한다.

여자아이들은 남자아이들보다 말이 1개월에서 2개월 정도 빠르다. 또한 여자아이들이 사용하는 문장의 길이도 남자아이들보다 길다. 문법도 더 빨리 익히고, 문장의 오류도 적으며, 알고 있는 어휘 수도 더 많다.

여자아이들은 말을 할 때 양뇌를 모두 사용하는데 비해, 남자아이들은 주로 좌뇌만을 사용한다. 좌뇌는 말의 의미를 담당하고, 우뇌는 언어의 정서적 요소, 즉 말의 억양이나 리듬을 담당하는 것을 감안하면, 여자아이들이 말을 더 맛있게 하는 것은 생래적인 면이 있다.

뇌 과학자들의 연구에 의하면, 1) 여자아이들보다 남자아이들이 국어에서 문제를 일으킬 확률이 높으며, 2) 난독증 아이들의 경우 정상 아이들에 비해 좌우 뇌의 크기가 다르고, 3) 왼손잡이들이 언어장애가 많다.

미국의 신경학자 노먼 게슈윈드(Norman Geschwind)는 이러한 결과들을 설명하기 위해 남성 호르몬의 일종인 테스토스테론 관련설을 내놓았다. 태아기 발달 동안에 테스토스테론이 좌뇌의 성장에 영향을 미친다는 것이다.

일반적으로 아이들은 오른손을 사용하고 좌뇌로 언어가 편측화되는데, 테스토스테론의 영향을 받는 아이들은 우뇌 혹은 양뇌로 언어가 편측화되고 왼손잡이가 되며, 이러한 뇌의 변화로 인해 발달성 난독증, 언어 발달장애, 자폐 스펙트럼 장애와 같은 문제가 많아진다. 게슈윈드는 좌뇌와 우뇌의 크기가 차이가 나는 것은 테스토스테론이 좌뇌의 성장속도를 늦추거나, 우뇌의 정상적인 수축을 방해하기 때문이라고 주장한다.

3. 국어는 다른 과목에 중대한 영향을 미친다.

특히 국어는 수학, 과학, 사회 등 다른 과목의 도구과목으로서도 중요하다. 그런데 부모들은 대개 아이가 읽기를 시작하면 국어교육에 대해 무관심하다.

공부할 때 기본 핵심은 중요한 내용과 중요하지 않은 내용을 구분할 줄 아는 것이다. 그러려면 읽기를 잘해야 한다. 읽기는 수학을 공부하든, 국어나 영어, 혹은 과학이나 사회를 공부하든 지식을 흡수하는 수단이기 때문이다.

아이가 읽기를 못하면 공부를 효율적으로 하지 못하고, 문제를 해석하는 데도 어려움이 있어서 시험성적도 나쁘다. 반면 읽기를 잘하면 저자의 의도를 제대로 파악할 수 있으며, 그것을 이미지화해서 저장할 수 있기 때문에 수

학문제 풀기도 더 수월해진다.

뇌의 읽기 영역 발달에서 독서는 매우 중요하다. 너무 어렵게 생각할 필요없다. 일단은 중요한 내용이 무엇인지 찾으면서 읽으라고 해보자. '중요한 게 뭔지 알아야겠다'는 마음으로 읽으면 독서가 제 역할을 다하게 된다. 또한 책을 읽다가 궁금하면 관련된 다른 책을 찾아 읽는 적극적인 독서를 통해서 사고력을 키워야 한다. 이런 훈련이 되어야만 낯선 주제의 책도 어렵지 않게 읽을 수 있는 능력이 키워진다.

4. 영유아 때의 언어력이 초등까지 이어진다.

아이들의 언어력을 계속 추적해 보면, 영유아 때의 언어능력 격차가 그대로 이어진다는 것을 알 수 있다. 말을 잘 익히지 못하고 언어를 이해하는 것도 더딘 아이들은 글자도 빨리 익히지 못하고 읽는 내용도 잘 이해하지 못했다.

초등학생은 국어 실력이 중요하다. 더구나 대학 입시와 사회생활에서 국어는 중요한 요소로서 인생을 살아가는 내내 영향을 미친다. 특히 소통이 중요한 시대의 흐름에 국어는 더 가치를 발휘한다.

부모들은 아이가 초등 1학년에 들어가면 받아쓰기에 민감할 수밖에 없다. 초등 때 이루어지는 최초의 상대평가이기 때문에, 받아쓰기를 못하면 자신감이 떨어지고 심리적으로 위축되어 학교생활도 어려움을 겪을 수 있다. 최근에는 많은 아이들이 초등학교 입학 전에 한글을 익히고 들어오기 때문에, 한글과 읽기를 익히지 않았을 경우 수업을 따라오기 힘들 정도이다.

5. 국어는 밥상머리 교육이 중요하다.

초등학교 때에는 아이들이 부모와 같이 있는 시간이 길기 때문에, 국어 공부에서 부모의 영향력이 지대하다.

하버드대학의 캐서린 스노우(Catherine Snow) 팀의 연구에 의하면, '밥상머리 대화'의 양이 향후 아이들의 언어 및 두뇌 발달을 결정하는 가장 중요한 요인이다. 국어는 학교 수업도 중요하지만, 가정의 식탁이나 거실에서도 배워야 한다. 그러려면 아이가 자기의 생각을 솔직하고 자유롭게 말할 수 있도록 북돋워 주어야 한다.

연구에 의하면, '읽기'에 문제가 있는 아이들은 '말하는 능력'에 근본적인 문제가 있는 경우가 많다고 한다. 영유아기에 부모에게서 말을 많이 듣고 자랐던 아이들은 초등 3학년이 되었을 때, 그렇지 않았던 아이들에 비해 독서 능력, 철자법, 말하기, 청취 능력이 더 뛰어났다.

또한 부모가 아이에게 자주 말을 걸고 적극적으로 반응해주는 아이들이 그렇지 않은 아이들에 비해 IQ나 어휘력에서 높은 점수를 받았다. 연구에 의하면, 빈곤층 아이들은 시간당 600단어를 들었고, 노동자 부모를 둔 아이들은 1,200단어를 들었으며, 전문직 부모의 아이들은 2,100단어를 들었다. 부모의 말에 포함된 명사와 형용사의 종류가 다양하거나 문장이 길수록, 아이들의 언어가 잘 발달한다. 따라서 아이에게 말할 때 풍부한 어휘를 사용하고 문법에 맞는 문장을 구사하는 것이 좋다.

6. 그림책 읽어주는 양이 국어의 뇌를 결정한다.

그림책은 아이들이 언어의 결정적 시기를 잘 보내는 데 큰 도움을 준다. 우리가 하는 일상적인 대화는 어휘 수나 표현력에서 한계가 있다. 부모가 그림책을 읽어주고 그에 관한 이야기를 해주고, 그림책을 본 아이들의 반응에 답을 해주다 보면, 아이들의 국어 뇌가 풍부하게 발달한다.

영국 정부의 빈곤문제 대책 자문위원인 프랭크 필드(Frank Field)의 2012년 보고서에 의하면, 영국 중산층 가정의 아이들이 취학 전까지 듣는 어휘는 평균 3,300만 단어로 빈곤층 자녀보다 2,300만 단어 이상 많은 것으로 나타났다. 이러한 차이를 만들어내는 것이 바로 독서이다.

미국연방정부의 조사에 의하면, 연소득이 9만 5,400달러 이상인 4인 가구 중 60%가 아이들이 태어난 직후부터 5세까지 매일 그림책을 읽어주지만, 연소득이 2만 3,850달러 이하인 저소득층 가구는 약 30%만 매일 그림책을 읽어주는 것으로 나타났다. 독서의 양에 따라 가난이 대물림될 수 있다는 뜻이다. 따라서 아이들의 발전과 미래는 부모나 다른 어른과 그림책을 읽으며 보낸 시간의 양에 의해 결정된다고도 볼 수 있다.

읽기 뇌를
효율적으로 발달시키려면

능숙하게 읽을 수 있는 아이와 그렇지 않은 아이의 격차는 초등학교, 중학교, 고등학교에 들어갈수록 커진다.

토론토대학의 응용 심리학 교수인 키스 스타노비치(Keith E. Stanovich)에 따르면, 읽기에 익숙하지 않은 초등 고학년이나 중학생의 경우 1년에 대략 10만 단어 정도를 읽고, 평범한 아이들은 100만 단어를 읽지만, 잘 읽는 아이들은 약 1,000만~5,000만 단어까지 읽을 수 있다고 한다.

앞에서도 말했듯이, 일반적으로 책 속에 약 5만 단어가 들어 있다고 가정하면, 읽기에 익숙하지 않은 아이들은 1년에 책을 2권, 평범한 아이들은 20권, 잘 읽는 아이들은 200권에서 1,000권을 읽는다고 볼 수 있다. 읽기에 익숙하지 않은 아이들과 잘 읽는 아이들의 지적 능력은 시간이 갈수록 차이가 날 수밖에 없다.

아이들의 뇌는 읽기 능력이 숙달될수록 문자를 해독하기 위해서 들여야 하는 에너지 소모가 줄어든다. 아이들의 두뇌 속에 문자를 인식하는 영역이 발달하기 때문이다. 이 영역의 발달 여부에 따라 분당 최대 500단어까지 읽을 수 있는 아이가 있는가 하면, 분당 20~30단어도 힘들게 읽는 아이도 있다.

아이들이 유창하게 글을 읽을 수 있게 되면, 뇌에서 사용할 수 있는 작업기억의 공간이 늘어난다. 읽고 즉시 이해할 수 있는 단어들이 늘어나 음운 디코딩(decoding) 작업이 자동화되어 유창하게 읽을 수 있게 되면, 늘어난 작업기억으로 생각하고 추론하고 감정이나 경험적 지식까지도 통합할 수 있게 된다. 이렇게 작업기억의 여유를 가지고 책을 읽으면, 창의적인 생각을 하고 응용을 하는 능동적 독서를 할 수 있다.

읽기 뇌

앞에서도 말했듯이, 언어의 뇌에서 가장 중요한 영역은 베르니케 영역과 브로카 영역으로 각각 언어의 이해와 표현을 담당한다.

베르니케 영역의 왼쪽에는 귀에서 들어오는 소리를 처리하는 청각피질이

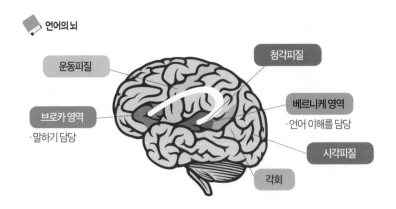

언어의 뇌

운동피질
청각피질
브로카 영역
·말하기 담당
베르니케 영역
·언어 이해를 담당
시각피질
각회

있고, 브로카 영역의 위쪽에는 몸의 근육을 움직이게 하는 운동피질이 길게 자리하고 있다.

뒤통수에 있는 후두엽은 시각적 정보를 처리하는데, 눈을 통해 뇌로 들어가는 신경신호가 일단 후두엽의 1차 시각피질로 들어간 다음, 그 종류에 따라 별도의 처리 부위가 작동을 한다.

눈으로 들어간 시각적 정보는 일상적인 사물일 수도 있고, 좋아하는 사람일 수도 있으며, 복잡한 글자일 수도 있을 것이다. 각각의 정보를 처리하는 시각피질의 위치가 다르다.

예컨대 아이가 "옛날 옛날에 철수라는 이름의 아이가 살았습니다."라는 문장을 소리내어 읽는다면, 먼저 눈으로 읽고 있으므로 1차 시각피질이 활성화되고, 청각피질에 저장된 단어 읽기 관련 정보와 베르니케 영역을 통해 읽은 문장을 이해하려 할 것이다.

단어가 만들어진 구조와 철자, 발음과 의미를 살피기 위해서는 '각회'라는 영역이 작동한다. 각회는 대뇌피질 뒤쪽에서 후두엽, 두정엽, 측두엽이 만나는 지점에 있다. 이곳은 시각 단어 인식 시스템이나 나머지 언어처리 시스템 사이의 다리 역할을 하기에 적절한 위치이다. 게다가 각회는 구어 경로의 일부인 헤쉴회(Hechl's gyrus)에 가까이 붙어 있다. 문자는 각회에서 해석되면서 소리로 전환된다. 우리는 이 소리를 '음소'라고 부른다.

어떤 단어가 마음속에 떠오르면, 그 단어 및 그와 관련해 저장된 모든 정보에 관한 일련의 뉴런이 활성화된다. 아이들이 글을 제대로 읽어내려면, 단어를 상기하는 능력뿐만 아니라 각회에서 무의식적으로, 빠르게 읽기 활동을 해내는 능력을 갖추어야 한다.

각회에서 각종 언어정보가 수집된 다음, 이제 궁형속(arcuate fasciculus)이라는 신경 고속도로를 타고 브로카 영역으로 이동한다.

표현언어를 담당하는 브로카 영역에는 글자를 소리내어 읽도록 해주는 음성정보가 함께 저장되어 있다. 브로카 영역은 바로 위에 있는 운동피질에 명령을 내려서 목과 입 등을 움직여 말소리를 내도록 한다.

책을 읽는 아이들의 목소리는 다시 그 아이들의 귓속으로 들어가서 청각피질로 전달되고, 아이들은 자신이 제대로 읽고 있는지 순간적으로 판단을 내리며 실시간으로 발성을 조정한다.

아이들이 읽기를 할 때 전두엽, 소뇌, 측두엽, 두정엽, 후두엽이 모두 동원된다. 특히 좌측 하측두피질에 있는 방추상회가 중요하다. 방추상회는 글로 쓴 언어를 인식할 뿐만 아니라, 사람들에게 단어(예: 꽃)나 비단어(Non-words, 단어처럼 보이지만 실제로 단어가 아닌 문자열, 예: 쫓)를 보여줄 때 활성화된다. 대뇌 좌반구의 가장 안쪽에서 바깥쪽 순서로 집, 얼굴, 텍스트, 물건을 알아본다.

아이들의 두뇌에는 각 범주별로 시각정보를 처리하는 부위들의 순서가 모두 똑같아서 단어 텍스트를 알아보는 곳은 반드시 얼굴과 물건을 처리하는 곳 사이에 위치한다.

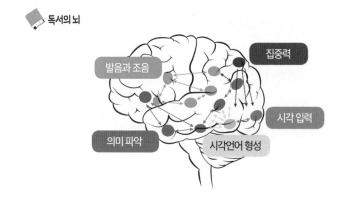

독서의 뇌

발음과 조음

집중력

시각 입력

의미 파악

시각언어 형성

사실 인류가 문자를 보편적으로 활용하게 된 역사는 그리 오래되지 않았다. 기원전 4,000년 무렵부터 발달한 이집트의 신성문자와 수메르의 설형문자가 문자 시스템의 시초이므로 불과 1만 년도 되지 않은 셈이다.

게다가 일반 대중이 문자를 평소에 사용하기 시작한 것은 더욱 역사가 짧다. 우리나라만 해도 일반 백성에게 문자 문명이 개방된 것은 세종대왕이 훈민정음을 반포한 1446년(세종 28년)부터이고, 한글 사용이 보편화된 지는 수백 년에 불과하다. 이렇게 짧은 시간 동안 인간의 두뇌가 텍스트를 고속으로 읽을 수 있게 된 것은 '뇌의 재활용' 때문이다.

새로운 기능이 요구될 때, 없던 것을 새로 만드는 것보다 원래 있던 것을 보완하거나 수정해서 '재활용'하는 것이 자연과 두뇌의 보편적 섭리이다. 인간은 뇌의 시각 시스템 중에서 인식속도가 가장 빠른 얼굴 인식 부위에서 불과 8mm 떨어진 부위에 단어 텍스트를 알아보는 부위를 초단시간에 덧붙일 수 있었다.

그런데 왜 하필이면 텍스트를 알아보는 부위가 물건을 알아보는 대뇌 부위와 사람의 얼굴을 알아보는 부위 사이에 덧붙여진 것일까?

최초의 문자 시스템은 상징이라기보다 그림에 가까운 상형문자였으므로, 물건을 알아보는 부위와 문자를 알아보는 부위가 별반 다를 필요가 없었을 것이다. 알파벳 A는 뿔 달린 소를 그린 이집트 상형문자가 변형된 것이고,

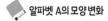 알파벳 A의 모양 변화

출처:www.quora.com(Untorne Nislav)

| 이집트: | 시나이: | 페니키아 알파: | 그리스 알파: | 로마 A: |
| 기원전 3,000년 | 기원전 1,850년 | 기원전 1,200년 | 기원전 600년 | 기원후 114년 |

S는 본래 뱀의 형상을 모방해 그린 것이다.

그러나 이후 문자는 서서히 주변 사물과의 유사성이 상실되면서 추상화되었고, 그로 인해 이들 문자들을 알아보고 복잡한 문자 시스템을 이해 및 표현하기 위해서는 지속적인 훈련과 교육이 필요하게 된다. 이런 훈련에는 특히 소리내어 읽기와 다독이 중요하다.

읽기의 발달

처음에 아이들은 글자나 단어를 이미지(Graphic Information)로 본다. 부모들은 글자를 가르칠 때, 처음에는 길거리의 간판을 가리키며 과장하며 읽어주곤 한다. 아이들은 차차 간판을 읽기 시작한다. 그런데 이때 아이들이 자음과 모음을 조합해서 읽은 것이 아니다. 상표와 간판에 있는 글자 모두를 하나의 그림으로 인식하고 읽는다.

읽기 발달의 2단계로 넘어가면서 소리 회로와 의미 회로가 서서히 연결되기 시작한다. 즉, 글자를 소리로, 소리를 글자로 더듬더듬 옮길 수 있고, 자음과 모음을 합해서 소리내어 읽고 의미를 연결할 수 있게 된다.

읽기 발달 3단계에서는 자동화가 이루어진다. 글자와 단어를 읽는 데 특화된 '단어상자'가 견고하게 조직화된다. 이제 아이들은 원하는 정보를 텍스트에서 자유롭게 찾아낼 수 있는 단계에 들어간다. 뇌를 통해 여러 경로들이 지나가고 연결되면서 단어의 뜻이 무엇인지, 읽은 내용 중에서 얼마나 기억할 것인지 파악한다. 읽기에 능숙해지면 아이들의 뇌는 이 모든 일을 동시에 자동적으로, 무의식적으로 수행한다.

연구에 의하면, 우리의 뇌가 불필요한 정보를 여과하는 동안 기저핵과 전전두엽피질이 특히 활성화되는 것으로 알려졌다. 기저핵은 움직임을 조절하는 영역이고, 전전두엽피질은 합리적, 이성적 사고와 문제해결에 관여하는 영역이다. 기저핵은 움직임에 영향을 미치는 기존 역할 외에도 학습을 위한 연결을 강화하는 행동을 할 때, 또는 방해되는 행동을 억제할 때도 활성화된다.

인간의 '기억의 뇌'는 모든 정보를 받아들이는 것이 아니다. 기억의 뇌는 주어진 과제의 부담 정도와 학습자의 성공적 학습 경험을 토대로 정보를 받아들인다. 뇌는 불필요한 정보를 처음에는 시상에서 거르고, 다음에는 기저핵과 전전두엽피질에서 거른다. 즉, 기저핵은 학습자가 불필요한 소음이나 방해가 되는 외부자극을 차단하는 의식적 결정을 내리도록 한다.

읽기에는 청각 시스템만큼 시각 시스템도 중요하다. 능숙하게 읽으려면 뇌의 후두엽과 시각 시스템이 반드시 활성화되어야 한다.

어린아이들은 우선 눈으로 물체를 보고, 이름을 듣고 그 이름(단어)을 발음하도록 배운다. 또한 시각 연합 시스템이 발달하면서 말하기를 배운다.

아이들은 읽기를 배울 때 시각 시스템을 통해 개별 문자와 조합된 문자 형태 안에서 임의의 형상을 보고 해석하게 된다. 상징적인 어떤 기호가 뇌에 입력되면, 그 종이에 쓰인 단어가 무슨 의미인지를 이해하기 위해 이전에 장기기억에 저장된 이미지와 연결하게 된다.

읽기를 잘하는 아이들은 그림을 해석하는 데에서 심상뿐만 아니라 감정과 기분까지 불러일으킨다. 이것은 단순히 단어를 파악하는 것보다 훨씬 더 발달된 읽기 행동이다.

📖 읽기를 효율적으로 발달시키는 6가지 양육 길잡이

읽기 성취도를 이야기할 때, 국제 학업성취도평가(PISA, 피사)가 자주 언급된다. OECD 회원국 등 80여 개국의 15세 학생을 대상으로 읽기·수학·과학 능력을 평가하는 제도이다. 2018년 평가가 가장 최근 것이다.

지난 20여 년 동안 한국 학생들의 읽기 성취도는 지속적으로 저하되어 왔다. 피사는 점수에 따라 읽기 수준을 1등급 미만, 1등급, 2등급, 3등급, 4등급, 5등급 등 6단계로 나누는데, 숫자가 높아질수록 고차원적 읽기를 수행한다는 의미다.

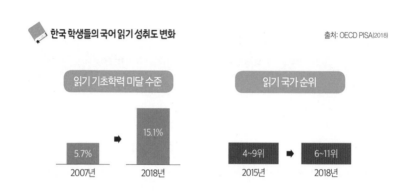

한국은 읽기 성취도 평가에서 상위권 학생들의 비율이 정체되어 있고, 하위권 학생들의 비율이 큰 폭으로 증가해 왔다. 최하위인 1등급, 또는 그 이하인 아이들의 비율이 2000년 5.7%에서 2018년 15.1%로 증가했다.

2021년 한국교육과정평가원이 발표한 'OECD 국제 학업성취도 평가 연구보고서'를 보면, 한국 학생들은 여러 다른 저자들이 쓴 복합적 유형의 자료를 읽고 평가해서 자신의 의견을 내거나 실생활의 문제상황에 적용하는 문항에 취약했다. 부모의 사회경제적 지위에 따른 아이들의 학습 격차도 크다는 분석이 나왔다.

학업과 직업 능력에 대한 수많은 연구에서 문해력은 특히 중요시된다. 읽기가 가능해지면 사물에 대한 관심이 더 많아지고 흥미도 더 생기기 때문이다. 따라서 운동에서 기초 체력을 중요시하듯, 아이들의 두뇌발달에서 기초 체력이라고 할 수 있는 읽기 능력을 키워주는 것이야말로 인간을 인간답게 해주는 중요한 과제인 것이다.

초등학교 저학년 때 읽기를 제대로 배우지 못하면, 고학년이 되었을 때 공부를 잘하기 어렵다. 저학년 때 술술 읽고 해독할 줄 아는 능력을 키워주어야 나중에 읽기를 활용한 학습이 가능하다.

1. '말'이 '읽기'로 전환될 수 있도록 연습과 격려가 필요하다.

초등 저학년 때 아이들은 말소리의 최소 단위인 음소를 발음규칙과 함께 익히면서, 뇌의 경로가 '말을 소리내는 경로'에서 자연스럽게 '읽기 해독 경로'로 전환된다. 말을 하는 데에 관여하는 신경회로를 읽기 해독 경로로 전환하려면 반복 연습이 필요하며, 더 나아가 부모들이 아이들의 뇌가 '자동 읽기 경로'를 개발할 수 있도록 집중적으로 개입하고 도와줘야 한다.

아이들이 글을 읽으려면 우선 각각의 철자를 그것의 소리와 연결해야 하고, 이 소리들을 결합해서 하나의 소리 덩어리로 구성할 수 있어야 한다. 뇌는 그 소리 덩어리가 어떤 의미를 지닌 단어라는 판단이 서면, 그 단어의 의미를 확인하고 싶어한다. 그리고 단어의 의미를 알게 되면, 문장 속에서 앞뒤에 위치한 다른 단어들의 의미를 새롭게 확인하게 된다.

2. 독서를 습관화하라.

우리가 하는 일상 대화의 99%는 불과 2,000단어 이내로 이뤄진다고 한다. 하루 종일 대화를 하더라도 그저 일상적인 대화뿐이라면, 아이들이 미래를 위해 필요한 수준 높은 단어들을 접할 확률이 매우 낮다. 따라서 책을 읽어야 한다. 책 속에는 수만 단어 수준의 고급 어휘들이 가득하다. 게다가 좋은 책에서 사용된 단어들은 전문가들의 세심한 손길을 여러 단계 거치며 검증받은 양질의 것들이다. 책 속의 글을 통해 얻을 수 있는 단어의 양과 질은 일상 대화를 통해 접할 수 있는 단어의 양과 질에 비교할 수 없을 정도로 좋다.

3. 시스템적 읽기 교육이 필요하다.

신경과학 전문가들은 임상적으로 읽기 치료를 받는 아이들의 뇌에서 읽기가 일어나는 과정을 촬영한 결과, 읽는 데 어려움이 있던 아이들도 시스템적으로 가르치면 읽을 수 있다는 사실을 입증했다.

시스템적 읽기 교육을 받은 후, 이 아이들은 뇌의 단어 식별 영역에서 발달이 이루어졌다. 단어를 식별하는 과제를 하면서 그 단어와 관련된 두뇌 영역을 개발하고 활용했던 것이다.

이런 연구결과가 보여주듯이, 직접적이고 시스템적인 지도를 통해 과학적으로 가르치면, 아이들은 정확하고 신속한 단어 해독자가 되는 데 필요한 기술을 익힐 수 있다. 복잡한 어휘를 익히기 위해 방대한 단어 네트워크를 구축하고, 점점 더 길어지는 문장 속에서 단어 이해력을 높이며, 분석하고 종합해서 뉴런을 뇌의 다양한 영역에 연결하게 되는 것이다.

4. 낭독을 시키자.

모르는 단어가 많으면 속도를 내어 읽을 수 없다. 따라서 아이들이 유창하게 읽으려면 기본 어휘를 두뇌 창고에 충분히 축적해야 한다.

어휘 분야의 세계적 권위자인 폴 네이션(Paul Nation)의 연구결과에 의하면, 우리가 쉬운 글인 구어체 텍스트를 이해하기 위해서는 6,000~7,000단어를 알아야 하고, 어려운 글인 문어체 텍스트를 이해하기 위해서는 8,000~9,000단어가 필요하다.

아이들은 아는 어휘의 수가 이 수준에 가까워지면서 스스로 소리내어 읽는 모습을 보이기 시작한다. 대개 아이들은 부모가 소리내어 읽어주는 단계를 지나, 스스로 소리내어 읽는 단계를 거치면서 구어체 텍스트를 이해하기 위한 기본 단어들을 거의 익힐 수 있다. 단순하게, 꾸준히 읽어주기만 해도 아이들은 필요한 단어들을 두뇌에 확실히 담게 되는 것이다.

5. 쓰기를 가르쳐라.

텍사스A&M대학의 교육심리학 교수인 말리테샤 조쉬(Malatesha Joshi) 등의 연구에 의하면, 단어를 구성하는 소리와 철자와의 관계를 아는 것은 읽기 이해력과 직접적인 상관관계가 있다. 올바른 철자법으로 글을 씀으로써 언어를 숙달하게 된다는 것이다. 아이들은 머릿속에서만 따졌던 소리를 문자로 쓰기 시작하면서, 글을 쓰기 위해 적절한 단어를 고르고 그 단어의 의미를 생각하게 된다.

우리는 말을 할 때보다 읽고 쓸 때 훨씬 더 많은 어휘를 활용한다. 우리가 읽거나 쓸 때 뇌가 자동적으로 조절되는데, 이때 뇌는 장기기억에 저장된 방대한 어휘사전에 접근할 수 있다. 하지만 우리가 말을 할 때는 뇌가 알고 있는 어휘 중에 발음이 가능한 어휘에만 접근할 수 있다. 말을 하는 동안에는 듣는 사람들의 표정이나 태도 등 피드백을 해석하느라 뇌가 고난도의 단어를 찾을 여력이 없기 때문이다.

6. 종이책이 더 좋다.

인간은 뇌에서 특정 문자정보를 찾으려 할 때, 원하는 텍스트가 어디에 나왔는지 위치를 추적하는 경향이 있다고 한다. 그런데 종이책이 전자책에 비해 훨씬 분명한 위치감을 제공한다.

종이책의 페이지를 펼치면, 여기가 시작 부분인지 끝 부분인지 당장 알 수 있고, 종잇장을 손으로 만지며 두께와 질감, 때로는 냄새까지도 느낄 수 있다. 종이책으로 읽으면, 책 전체를 놓치지 않으면서 지금 내가 읽고 있는 위치가 어디인지를 객관적으로 느낄 수 있다. 또한 종이책은 전에 읽었던 내용을 다시 찾아보고 자유롭게 그 부분을 휙 펼쳐볼 수 있고, 앞으로 나올 내용도 책장을 빠르게 넘겨볼 수 있다. 떠오르는 생각을 여백에 적을 수 있고, 밑줄을 치고 형광펜으로 표시할 수 있을 뿐 아니라 원하는 대로 책장을 접고 구길 수도 있다. 아이들에게 통제력과 자기 주도성을 키워줄 수 있는 것이다.

무엇보다 종이책으로 읽은 것이 장기기억에 유리하다. 글을 읽은 후 시일이 꽤 지난 다음에 기억 정도를 측정해 보면, 전자책으로 읽은 것은 의도적으로 떠올려야 하지만, 종이책으로 읽은 것은 그냥 안다.

쓰기 뇌를 활용해
양뇌를 통합하라

하버드대학에 입학한 모든 학생들은 의무적으로 글쓰기 수업을 들어야 한다고 한다. 또한 대부분의 수업에서 에세이, 비평, 소논문 같은 글쓰기 과제를 내야 한다고 한다. 글쓰기 센터에서는 수준별 글쓰기 교육 프로그램을 제공하고 있으며 일대일 첨삭까지 받을 수 있다.

하버드대학은 왜 이렇게 글쓰기 교육을 강하게 시킬까? 창의적 인재를 키우는 데 글쓰기가 큰 도움이 된다고 믿기 때문이다.

책을 읽거나 강의를 듣거나 어떤 경험을 하거나, 만약 그것에 대한 글을 써보지 않는다면 그냥 정보만 가득 집어넣었다는 느낌이 들 수도 있다. 하지만 글을 쓰면 생각을 하게 되고, 남과 다른 의견을 말해보는 기회가 될 수 있다. 글을 잘 쓰면 생각도 명확해져서 과학 연구도 잘할 수 있다. 아이들은 글을 통해 생각과 느낌, 가치관, 정서 등 복합적인 것들을 정리하고 표현하면서

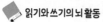
읽기와 쓰기의 뇌 활동

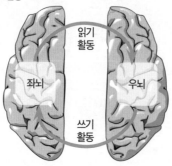

'생각하는 힘'이 길러지고 창의성도 발현되는 것이다.

뇌의 발달에 읽기만큼이나 도움이 되는 것이 바로 쓰기다. 그런데 읽기의 뇌 활동과 쓰기의 뇌 활동에는 차이가 있다.

읽기는 뇌의 활동이 좌뇌를 통해서 해석된 이미지를 우뇌가 완성하는 방식으로 이뤄진다. 쓰기는 그 반대이다. 내가 쓰고자 하는 큰 그림을 그리면서 그것에 필요한 도구인 문자를 좌뇌가 찾아내어 글을 완성해간다.

그래서 좌뇌 우세형 아이들이 글쓰기를 힘들어하는 것이다. 그들은 쓰기보다는 읽기 중심의 활동을 즐거워하고, 그렇게 뇌가 자신도 모르는 사이에 읽기 중심으로 훈련되게 된다.

우뇌 우세형 아이들은 읽기보다는 쓰기, 다시 말해 듣기보다는 말하기 중심의 활동이 지배적이다. 이 아이들은 독서를 통해서 읽기 훈련을 충분히 하지 않으면 알맹이 없는 수다쟁이가 된다. 읽기와 쓰기가 균형을 이룰 때 양뇌 활동이 이루어지는 것이다. 읽기와 쓰기는 아이들 뇌의 가능성을 극대화할 수 있다.

아이들 중에는 말도 잘하고 자기주장도 확실한데, 글로 써보라고 하면 못하는 아이들이 있다. 학교 시험에서 서술형 문항의 비중이 높아지기 때문에 글쓰기는 학년이 올라갈수록 중요하다. 아이들은 현장에서 직접 가르쳐 주면 쉽게 배우고 배운 내용을 말로 표현하는 데도 능하지만, 글로 쓰라고 하면 위축되는 경우가 매우 많다. 아이들이 왜 글쓰기를 어려워할까? 글로 표현을 하려면 순차적이고 체계적인 뇌의 기능이 필요하기 때문이다.

글쓰기의 뇌

뇌 과학자들은 철자법의 규칙과 예외를 분명하게 가르쳐야 한다고 주장한다. 단어를 구성하는 소리와 철자와의 관계를 아는 것이 읽기 이해력과 직접적인 상관관계가 있기 때문이다. 올바른 철자법으로 글을 씀으로써 언어를 숙달하게 된다는 것이다.

아이들은 머릿속에서만 따졌던 소리를 문자로 쓰기 시작하면서, 글을 쓰기 위해 적절한 단어를 고르고 단어의 의미를 생각하게 된다. 따라서 읽기를 할 때, 글쓰기를 위한 철자체계도 함께 익히는 것이 뇌 발달에 유리하다.

아이들의 뇌는 철자법을 배우면서 읽기와 글쓰기를 하나의 의미 생성 시스템으로 통합한다. 부모들은 철자법 교육이라고 하면, 흔히 단어를 반복해서 외우고 쓰면서 기계적으로 암기하는 암묵기억을 떠올릴 것이다. 철자법은 그냥 반복해서 외우면 되는 것 아니냐고 생각할 수 있다. 하지만 아이들이 철자를 익힐 때 소리와 철자의 관계를 배우지 않은 채, 단어 전체를 하나의 그림처럼 인식하고 단순 반복적으로 쓰면서 기계적으로 암기하여 익히면, 어른이 돼서도 철자가 서툰 사람으로 남게 된다.

앞에서도 말했듯이, 아이들은 말을 할 때보다 읽고 쓸 때 훨씬 더 많은 어휘를 활용한다. 아이들이 텍스트를 읽고 쓸 때 뇌가 내비게이터로 조종되는데, 이때 뇌는 장기기억에 저장된 방대한 어휘사전에 접근할 수 있다. 하지만 아이들이 말을 할 때는 뇌가 알고 있는 어휘 중에 발음이 가능한 어휘에만 접근할 수 있다. 말하는 동안에는 듣는 상대방이나 관객들의 피드백을 해석하느라 뇌가 고난도의 단어를 찾을 여력이 없기 때문이다. 따라서 아이들이 말을 할 때보다 읽고 쓸 때 더 많은 작업기억과 장기기억이 동원된다.

아이들의 뇌에서 읽기나 쓰기의 뉴런과 신경회로가 만들어졌다고 해서 특정 신경체계가 잘 작동하는 것은 아니다. 신경체계가 효율적으로 작동하려면 신경회로를 구성하는 뉴런에서 정보를 전달하는 축색돌기가 지방질로 수초화되어야 한다. 이 수초화는 선천적으로 프로그램되어 있기는 하지만, 반복적인 경험으로도 성숙된다. 수초화가 이루어지면 신경회로의 속도가 50배 이상 빨라진다.

따라서 읽기 해독 경로에서 축색돌기가 수초화가 되어 성숙되면 읽기가 자동화된다. 소리내어 읽거나 묵독을 하면서 읽기를 연습하고, 발음과 철자법 프로그램으로 철자법(예: ㄱ+ㅏ=가)을 익히며, 단어와 구에 규칙과 예외 사항을 적용해 보고 연습하면서 쓰기와 읽기가 하나의 의미 생성 시스템으로 통합될 수 있는 것이다.

쓰기를 할 때 필요한 능력

쓰기를 할 때도 아이들이 익혀야 할 기본 학습 기능이 있다. 아이들이 글을 쓰려면 모양이나 기호 베껴 쓰기 능력, 글자 쓰기 능력, 작문하는 능력 등이 있어야 한다. 이것이 부족하면 다른 사람이 읽기 쉽게 글을 쓰는 것이 힘들 수 있다.

1. 소근육 협응력

글씨 쓰기는 자세(Posture), 연필 쥐는 법(Pencil), 올바른 종이 위치(Position) 등 3가지 요소가 중요하게 작용한다. 이를 줄여서 3P라고도 한다.

뇌신경 기능 측면에서 글자 쓰기를 보면, 시각 기억력, 손가락 운동 제어 기능, 그리고 글자-소리 대응 지식이 있어야 한다. 어느 한 부분이라도 제대로 기능하지 않으면 글자 쓰기에 어려움을 겪는다.

아이들이 글자를 잘 쓰려면 글자의 모양과 크기가 일정해야 하고, 연필을 적당하게 눌러야 하며, 낱말 간에 일정한 간격을 유지하여 띄어쓰기를 해야 한다. 기본적으로 손가락 사용에 필요한 소근육 운동 협응력이 발달되어 있어야 한다. 소근육 협응력에 문제가 있으면 작문, 운동 계획, 운동 패턴의 기억에 어려움을 겪을 수 있다.

글쓰기는 국어뿐만 아니라 수학이나 영어, 과학과 같은 다른 과목에서도 필수 학습활동이다. 초등 저학년은 이후 학습을 위한 기초 기량을 닦는 과정이므로, 한글을 배우는 과정에서는 글씨 쓰는 연습을 꾸준히 해야 한다.

2. 사고력

글쓰기는 글자 쓰기보다 훨씬 복잡하고 고차원의 사고 기능이 필요하다. 글을 잘 쓰려면 일단 기술적 측면에서 철자 및 띄어쓰기, 문단 구성, 문법에 문제가 없어야 한다. 또한 즉흥적으로 떠오르는 낱말이나 생각 중심으로 쓰기보다는, 계획해서 써서 내용 사이의 조직이나 구조가 매끄럽고 연결성이 있어야 한다. 더구나 글을 통해 말하고자 하는 바가 뚜렷하고 메시지도 일정해야 한다. 아울러 아이들이 자신이 글을 어떻게 쓰고 있는지, 어떤 부분을 고쳐야 하는지 등에 대한 인식이 있어야 한다.

3. 창의성

읽기를 무척 좋아해도 쓰기가 뒤처지는 아이들이 많다. 읽기와 쓰기는 초등학교에 가면서 함께 발전해 나간다. 말로는 안다고 생각하던 내용도 글로 옮기려면 어디까지가 한계인지 극명하게 나타난다. 이때 아이들은 아는 것과 모르는 것을 명확히 파악하고 새로운 생각을 하게 되는 것이다.

책을 읽으면서도 쓰기에 관심을 가져야 하는 이유는 아이들이 쓰기를 통해 창의성을 발휘할 수 있기 때문이다. 예를 들어 책에서 신비로운 세계를 묘사하는 단어나 문장, 아름답게 표현된 배경 그림 등을 본 후 작가나 주인공에게 편지 쓰기, 중간 이야기 꾸미기, 뒷이야기 짓기, 패러디 동시 짓기, 단어카드 만들기 등 다양한 쓰기 활동을 하면서 창의성을 키울 수 있다.

학년별 글쓰기의 발달

공부하라고 잔소리를 하지 않는 부모들도 아이가 초등학교에 입학하면 최소한 받아쓰기는 준비시킨다. 틀린 문제는 몇 번씩 반복해서 쓰게 한다. 따라서 초등 1학년 아이들에게는 글쓰기가 지겨운 일이지 즐거운 공부가 아니다. 이 때문에 쓰는 것을 과민하게 싫어하는 아이들도 많다.

독서록도 마찬가지다. 책 읽기를 싫어하는 아이들도 있고, 자기가 좋아하는 책만 읽는 아이들도 있다. 학교에서 독서록을 써오게 하면서부터 책 읽기는 일이 된다. 부모들이 필독도서를 읽었는지 안 읽었는지 챙기고, 책 읽는 양을 정해주고 확인하기 시작하면, 책 읽기가 즐거운 것이 아니라 지겨운 숙제가 된다.

부산교육대학 임천택 교수의 연구에 의하면, 초등학생들의 경우 각 학년별로 글을 쓰는 수준이 다르다.

📖 1학년 글쓰기 수준

초등 1학년 아이들은 글쓰기 과제에서 제시된 표면적 목적을 고려할 수는 있으나, 그 글을 쓰는 데 대해 스스로 적극적으로 동기를 부여하거나 목적을 설정할 수 있는 단계가 아니다. 또한 글에 쓸 만한 재료나 소재와 관련한 아이디어를 떠올리는 능력, 알맞은 아이디어를 선정하는 능력이 부족하며, 글의 내용을 전개하고 조직하는 전략이나 기능이 없다.

📖 2학년 글쓰기 수준

일반적으로 초등 2학년 아이들은 글을 쓸 때, 아직 그 글을 쓰는 목적이나 동기를 명확히 제시하지 못한다. 그러나 초등 1학년에 비해 글감이나 화제를 비교적 다양하게 사용할 수 있다. 또한 1학년과 마찬가지로, 글을 일관성 있고 체계적으로 구성할 줄 모르며, 전달효과를 높이기 위한 다양한 표현을 구사하지 못한다.

📖 3학년 글쓰기 수준

초등 3학년 정도가 되면, 이제 아이들은 글을 쓰는 목적이나 동기를 스스로 인식할 수 있고, 특히 중심 글감과 관련된 화제를 풍부하고 적합하게 만들고 뽑을 수 있게 된다. 또한 어떤 단어가 제시될 경우, 내용을 기준에 맞게 배열해 쓸 수도 있다. 그리고 소수이긴 하지만, 중심 문장에 대한 뒷받침 문장을 쓰는 아이들도 있다. 그러나 아직 읽는 이에 맞추어 내용을 선정하는 것은 서툴다.

📖 4학년 글쓰기 수준

초등 4학년 아이들은 글을 쓰는 표면적 목적과 중심 내용을 명확히 쓸 줄 알게 된다. 화제나 내용에 초점에 맞추려는 경향도 뚜렷이 나타난다. 또한 하나의 화제에 대해 비교적 자세하게 표현하는 편이다. 하지만 정보성이 높은 화제나 내용을 신별하는 능력은 여전히 부족하다. 그리고 '처음, 가운데, 끝'의 구조를 가진 글을 쓰기 시작하며, '그리고, 하지만, 결국'처럼 단락이나 의미를 잇는 연결어를 사용하며, 전달효과를 높이기 위해 '특히, 무엇보다, 더, 덜' 같은 비교 표현을 사용하는 점도 주목할 만하다.

📖 5학년 글쓰기 수준

초등 5학년 아이들은 글을 쓰는 목적을 분명하게 드러내며, 글감과 관련해 다양하면서도 풍부한 내용을 만들 수 있다. 내용을 선정하거나 표현할 때 독자를 더 많이 고려한다. 또한 전달효과를 높이기 위해 몇 가지 표현방식을 쓸 수 있으며, 개성적인 문체나 어조를 구사할 수 있다는 점이 이 단계의 특징이다. 그러나 아직 단락을 만들거나 화제나 내용을 조직하는 능력은 약간 부족하다.

📖 6학년 글쓰기 수준

초등 6학년이 되면 글쓰기가 많이 발전한다. 글을 쓰는 목적이나 동기를 명확히 쓸 수 있으며, 단락 간 또는 단락 내 구성을 이전 학년들보다 좀더 체계적으로 구성할 줄 안다. 제한적이긴 하나 몇 가지 문장 표현을 구사하고, 창의적이고 개성적인 문체나 어조를 살릴 수 있다.

정리하면, 초등 1~2학년 아이들은 글자를 익혀 자신의 생각과 느낌을 간단한 글로 표현할 수 있고, 글쓰기가 유용한 표현방법임을 아는 정도로 교육하면 된다. 3~4학년 아이들은 글쓰기의 규범을 익혀 두세 문단 정도의 글을 쓰고, 일상생활에서 즐겨 쓰는 습관을 기르도록 이끌어야 한다. 또한 글을 짜임새 있게 조직하는 방법과 효과적으로 표현하는 방법을 가르쳐야 한다. 5~6학년 아이들은 글의 종류에 따라 알맞은 핵심 전략을 체계적으로 익혀 다양한 목적의 글을 쓰고, 이를 통해 글쓰기의 가치를 인식하고 생활화해야 한다.

철자 쓰기의 경우, 단순히 글자를 쓰는 동작이나 글자 획의 순서 등을 외우는 기억력뿐만 아니라, 특정 글자나 자모음에 해당하는 음소를 알고 이를 빠르고 정확하게 연결하는 음운 인식 능력이 필요하다. 그리고 글쓰기의 경우, 매우 복잡하고 고차원적인 하위 기능을 필요로 하기 때문에 장기간 지속적으로 교육해야 한다.

1. 글씨를 다른 사람이 알아볼 수 있게 쓰는 습관을 들이자.

글씨를 다른 사람들이 알아보지 못하게 쓴다면, 글씨가 제 기능을 못하는 것이다. 물론 항상 다른 사람들이 보라고 글씨를 쓰는 것은 아니지만, 글자의 기능이 정보전달이라는 점을 고려하면 다른 사람이 알아볼 수 있게 써야 한다는 것을 강조해야 한다.

아이들의 소근육 협응력은 심리적으로 주도성이나 자발성과 연결되어 있다. 아이들은 자신의 손가락을 이용해 무언가를 할 수 있다고 느끼면, 자신이 유능하다고 인식하게 된다. 그리고 자신이 유능하다고 느끼게 되면 무엇이든지 도전하고 해보려는 시도를 하게 된다. 아이들이 손으로 하는 동작을 낮은 수준부터 시작해 조금씩 높여가도록 함으로써 자기 주도성이 훼손되지 않도록 하는 것이 중요하다.

글씨를 처음 가르칠 때는 글씨의 모양에 신경을 써서 배우도록 해야 한다. 특히 글자의 획을 올바른 순서로 쓰는 연습을 하게 하자. 그러면 아이들이 글씨의 세부 특징을 유심히 살펴볼 수 있을 뿐만 아니라 글자들의 차이를 인식하는 능력을 발달시키는 기회가 된다. 나아가 글자를 익히는 것은 물론 시각 주의력 향상에도 도움이 된다.

2. 의식적으로 띄어쓰기를 강조하자.

기본적인 읽기와 쓰기를 배웠음에도 띄어쓰기를 잘하지 못하는 아이들이 많다. 띄어쓰기를 잘못하면 글의 의미를 파악하기 어렵고, 때에 따라서는 글의 내용이 완전히 달라지기도 한다. 그래서 의식적으로 띄어쓰기를 계속 지도하는 것이 중요하다.

글을 의미 있는 단위인 어절 단위로 끊어서 소리내어 읽으면서 글씨를 쓰게 하면, 띄어쓰기 연습을 더 효과적으로 할 수 있다. 이렇게 연습하면 나중에 긴 글을 읽고 내용을 의미 단위로 잘 나누어 이해할 수 있게 되어 읽기에도 도움이 된다.

3. 글쓰기 흥미를 자극하라.

우선 아이들이 재미있었던 경험을 문장으로 써보게 하자. 예를 들어 가족과 친구들과 재미있게 시간을 보냈던 상황을 떠올리며, 다른 사람에게 보고하는 형식으로 자세하게 써보라고 한다. 남들보다 잘 알거나 평소에 좋아하는 내용, 사건, 소재 등을 선택하여 또래 아이들에게 자세히 소개하는 글을 써보라고 권하는 것도 좋다. 자신의 희망사항, 미래, 꿈에 대해 쓰는 것도, 아이들이 평소에 생각하고 있던 바를 글로 표현하기 때문에 흥미를 자극한다.

4. 글쓰기에도 과정이 있다.

아이들이 글을 쓰려면, 글쓰기의 각 과정별로 꼭 필요한 활동이나 기능을 익혀야 한다. 대체로 글쓰기는 '자료나 글감 준비 → 계획하기 → 초고 작성하기 → 수정하기 → 편집하기 → 결과물 발표' 등의 단계로 진행된다. 이렇게 글쓰기를 각 과정 중심으로 하면, 글을 쓰는 과정에서 필요에 따라 수시로 각 과정을 오가는 상호작용을 할 수 있다. 글쓰기는 단순히 머릿속에서 나오는 아이디어를 글로 옮기는 혼자만의 활동이 아니라, 서로 의견을 나누고 구두 발표도 포함하는 광의의 글쓰기가 되어야 한다.

5. 작업기억력을 높여라.

문장 혹은 문단 사이의 연결을 매끄럽게 하는 일은 사고력이 필요하다. 앞 문장이나 문단의 내용을 생각하면서, 동시에 이어질 문장이나 문단을 작성해야 하는데, 이는 작업기억력이 받쳐주지 않으면 어려움이 많아진다. 따라서 아이들의 작업기억을 키울 수 있는 방안을 찾아야 한다.

도표나 그래픽을 이용하면 부족한 작업기억을 보완해 줄 수 있다. 아이들이 도표, 그림, 그래픽 등을 사용하여 이야기 요소들의 관계를 글을 쓰기 전에 미리 그려보게 하는 것이 좋다. 주인공이나 등장인물들, 사건의 배경, '발단→전개→클라이맥스→결말', 원인과 결과, 저자의 핵심 메시지 등을 도식으로 간단하게 그려보게 한다. 마인드맵을 사용해도 좋다. 또한 연결이 잘된 글을 많이 보고, 연결이 잘된 글과 그렇지 않은 글을 비교 분석해 보는 것도 도움이 된다.

6. 자기조절 전략을 사용하라.

학습 문제를 가진 아이들을 위해 스티브 그레이엄(Steve Graham)과 카렌 해리스(Karen Harris)가 제안한 자기조절 전략은 부모와 아이가 협력적으로 글쓰기 작업을 해나갈 수 있게 하는 6단계 작문 지도 전략이다.

1단계에서는 아이에게 아이디어 선택, 구성하기, 쓰기 등 모범적 글쓰기 전략을 소개한다. 2단계에서는 이야기의 7요소인 3W(Who, When, Where), 2What(하는 일, 일어나는 일), 2How(어떻게 끝나나, 어떻게 느껴지나)에 대한 이야기를 나누고 확인한다. 3단계에서는 부모가 작문 전략의 시범을 보여준다. 4단계에서는 부모와 아이가 같이 글쓰기 전략의 각 요소와 단계, 각각의 의미를 암기하고 연습한다. 5단계에서는 아이가 글쓰기 전략을 사용하는 것을 도와주며 협력적인 글쓰기를 한다. 6단계에서는 아이가 차트나 기타 기억 보조도구나 자료 없이 스스로 기억하여 글쓰기 전략을 사용하는 연습을 한다.

배경지식으로
문해력을 높여라

한글을 어느 정도 읽거나 쓸 수 있음에도, 독해를 잘하지 못하는 아이들이 있다. 왜 그럴까?

아이들이 책을 읽고 내용을 이해하는 과정에 관심이 생기려면 관련 경험이나 배경지식이 있어야 한다. 읽기에 관한 흥미는 경험이나 배경지식에서 오기 때문이다. 또한 책을 읽고 내용을 이해하여 자신의 지식으로 만들려면 연관된 경험이나 배경지식이 장기기억 속에 있어야 한다. 장기기억 속에 들어 있는 배경지식이나 경험은 책을 읽을 때 활성화되어 내용을 잘 이해할 수 있게 해준다.

학습은 경험을 통해 두뇌가 변화하는 과정이다. 즉, 아이들이 경험하고 학습할 경우 뇌에 물리적, 화학적 흔적이 남게 되는데, 이것이 장기기억이 되고 배경지식이 되는 것이다.

인간의 뇌는 크게 일상 경험을 기억하는 '공간기억' 체계, 그리고 사실과 기능을 기억하는 '사실기억' 체계로 나뉜다. 단편적으로 다뤄지는 사실과 기능을 기억하는 데는 많은 훈련과 연습이 필요하다. 즉, 연결되지 않은 정보를 기억하고 회상하게 하는 것은 뇌를 비효율적으로 활용하는 것이다. 그러나 우리 뇌의 공간기억 체계는 연습할 필요 없이 경험을 즉시 기억하며 의미를 탐색하게 한다. 따라서 모든 학습은 공간기억에 저장될 때 가장 잘 이해되고 기억될 수 있다. 아이들이 학습을 할 때 필요한 부분을 장기기억으로 넘기려면 이 공간기억을 잘 활용해야 한다. 기억에서 경험이 중요한 이유이다.

배경지식이 작업기억력을 키운다

아이들의 사실기억과 공간기억을 키우는 데는 독서만한 것이 없다. 그림책을 통해 배경지식이 늘어나면, 독서에 필요한 뇌 에너지가 현저하게 줄어들고, 독서에서 부담없이 자연스럽게 정보를 얻을 수 있다.

아이들은 분당 50~60단어 정도는 읽을 수 있어야 포기하지 않고 독서를 할 수 있다. 연구에 의하면, 분당 500단어 정도는 읽어야 읽기 능력이 높아져 글자를 의식하지 않고 의미와 내용에 집중할 수 있다고 한다.

모든 아이들이 비슷한 용량의 작업기억을 가지고 있다. 그러나 유창하게 글을 읽고 풍부한 배경지식을 갖게 되면 작업기억을 더 효율적으로 활용할 수 있다. 그리고 읽자마자 바로 이해할 수 있는 단어들이 늘어나면, 그 단어들을 자동적으로 디코딩(decoding, 기호 해독)하게 되고, 덕분에 충분하게 확보된 작업기억을 이용해서 생각하며 추론하고, 감정이나 경험적 지식까지도 통합할 수 있으며, 창의적으로 생각하고 실생활에 응용하는 능동적 독서를 할 수 있다. 즉, 독서에서 배경지식이나 디코딩 자동화는 사고력이나 문제해결력에 엄청난 영향을 미친다.

아이들이 독서에 집중하는 데는 전뇌기저부(Basal Forebrain)가 역할을 한다. 전뇌기저부에서는 새로운 정보를 기억하고 학습하여 뇌를 변화시키고 주의를 집중시키는 아세틸콜린이 생산된다. 더구나 4~7세 유아들은 특별한 주의 집중력을 기울이지 않고도 수많은 정보를 흡수할 수 있도록 해주는 물질인 뇌성장인자(BDNF)가 활성화되어 전뇌기저부를 자극한다.

따라서 이 시기의 아이들은 일부러 주의를 기울이지 않아도 그림책의 정보를 사진 찍듯이 외워 버릴 수 있다. 공식적인 독서교육을 받지 않아도, 부모들이 읽어주는 그림책을 통째로 이해하고 외워 버릴 수 있다. 그래서 취학 전 언어 영재가 많은 것도 가능하다. 그러나 초등학년 시기의 독서는 배경지식이 중요하다.

배경지식과 의미덩어리 만들기

배경지식이 풍부할수록 독해력이 향상되는 현상을 '초등 4학년 슬럼프'가 생기는 요인으로 보는 시각도 있다.

'초등 4학년 슬럼프'란 가정환경이 좋지 않은 아이들이 3학년까지는 제 학년에 맞는 독해력을 보이다가, 4학년이 되면서 갑자기 다른 아이들보다 뒤처지고 학년이 올라갈수록 더 뒤떨어지는 현상을 말한다.

초등 3학년까지는 글자 해독 능력을 길러주는 데 주안점을 두고, 독해시험도 여기에 초점을 맞춘다. 그런데 4학년에 올라가면 누구나 글자를 읽을 수 있기 때문에, 이제 이해력을 평가하는 시험문제가 출제된다.

지금까지 설명했듯이, 배경지식이 이해력을 좌우하기 때문에 초등 4학년 정도가 되면 가정환경이 좋은 아이들이 앞서기 마련이다. 이들은 입학할 때부터 환경이 열악한 아이들보다 세상에 관해 아는 어휘도 더 많고 배경지식도 풍부하다. 배경지식이 풍부할수록 새로운 정보를 더 쉽게 받아들이고 학습할 수 있으므로, 가정환경이 좋은 아이들과 그렇지 않은 아이들의 격차는 점점 더 커진다.

한 연구에서 표준 독해시험 결과를 기준으로 A팀은 독해력이 뛰어난 학생들, B팀은 독해력이 부족한 학생들로 나눈 후, 야구경기 한 회의 절반을 기술하는 글을 읽고, 일정 시간 뒤 야구장과 선수 모형을 이용해서 상황을 설명하게 했다. 흥미롭게도 이 실험에는 야구를 잘 아는 학생들과 조금밖에 모르는 학생들이 섞여 있었다.

그런데 야구에 관한 배경지식이 글에 대한 이해력을 결정한다는 흥미로운 결과가 나왔다. 반면에 독해력이 뛰어난 학생인지, 부족한 학생인지는 배경지식만큼 중요한 영향을 미치지 않았다. 말하자면 배경지식이 있어야 의미덩이를 만들 수 있고, 의미덩이를 만들어야 작업기억에 공간이 생겨서 개념을 쉽게 연결하고 글을 잘 이해할 수 있다.

요컨대 장기기억에 저장된 사실적 지식을 바탕으로 의미덩이를 묶을 수 있고, 의미덩이를 묶으면 작업기억 공간이 넓어진다. 이를테면 A, B, C, D, E, F라는 개념을 읽고 서로 연결해야 의미를 이해할 수 있는데, 배경지식이 의미덩이를 묶는 능력을 키우고 독해력을 높이는 것이다.

📖 배경지식을 높이는 6가지 독서 길잡이

1. 읽기 교육보다는 읽어주기 교육이 먼저다.

영국의 한 독서학자가 5세부터 읽기 교육을 시킨 아이들과 7세에 시작한 아이들의 학업 성취도를 비교했다.

결과는 일반적인 예상을 벗어났다. 5세에 읽기를 시작한 아이들의 학업 성취도가 훨씬 낮은 것으로 나타났다. 이 연구를 통해 4세나 5세 이전에 무

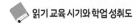 읽기 교육 시기와 학업 성취도

 5세에 읽기 교육을 시작한 아이들

<

 7세에 읽기 교육을 시작한 아이들

 나중의 학업 성취도가 더 높다.

리한 읽기 교육을 시키는 행위는 매우 경솔한 짓이고, 많은 경우 역효과를 내기도 한다는 사실이 더욱 많은 지지를 받게 되었다.

인지활동은 문해력 발달에 매우 중요한 역할을 한다. 아이들은 글이 주는 정보와 그림이 주는 정보를 섞어서 자기 방식대로 해석하려고 할 때 이해력이 발달한다. 이 경우 글자를 읽는 데만 집중할 때보다 훨씬 더 많은 인지활동으로 이어지기 때문이다.

조급한 마음에 너무 일찍 한글과 읽기를 가르치려 들지 말자. 아이들이 내용을 이해할 수 있을 때까지 상호작용을 하며, 그림책을 충분히 읽어주자. 그것이 아이들의 문해력의 기초를 훨씬 탄탄하게 키우는 길이다.

2. 체험을 통해 적극적으로 배경지식을 쌓아주자.

아이들이 적극적이고 능동적으로 배경지식을 쌓을 수 있도록 하려면 되도록 직접 체험을 많이 할 수 있도록 하는 것이 좋다. 길을 찾아가는 방법, 표를 예매하는 방법, 체험하는 장소의 역사적 의미 등을 능동적으로 참여하여 알아볼 수 있도록 해야 한다.

만약 책에 아이들이 이해하기 어려운 내용이 있다면, 인터넷에서 자료를 검색해서 찾아보고 쉽게 이해할 수 있도록 도와야 한다. 가능하다면 아이들 스스로 자료를 검색할 수 있도록 허용하는 것도 좋다. 그런 다음 글쓴이가 설명하고자 하는 것이 '이미 알고 있는 것'인지, 또는 '체험했던 것'인지를 말해 보라고 한다. 만일 아이들이 체험했던 내용이라면, 글을 읽음으로써 더 많은 것을 배우도록 하기 위해 관련 자료들을 찾아서 보여주고 설명해 주는 것도 좋은 방법이다.

3. 동화와 우화를 통해 은유를 탐색하게 하라.

아이들은 부모가 들려주는 이야기나 그들이 읽는 책 속에서 은유를 탐색하기 시작한다. 동화나 우화에는 인간을 닮은 동물과 기계가 많이 등장하는데, 그러한 이야기들은 대개 상상 속의 일을 아이들의 삶과 연결지어 준다.

아이들이 책을 읽는 동안 뇌의 두정엽과 각회는 은유를 처리한다. 각회는 시각, 청각, 촉각 처리 센터의 집합부에 자리잡고 있으며, 거울 뉴런을 담고 있다. 자폐증을 앓는 사람들 중 일부는 거울 뉴런 체계에 결함이 있는 것으로 보인다. 그렇기 때문에 다른 사람의 생각과 행동을 추론하거나 이해하지 못하며, 은유와 속담을 알아듣지 못하고, 의사를 분명하게 표현하지 못하는 것 같다.

아이들이 책에서 동화나 우화를 통해 은유를 탐색하는 것은 배경지식을 쌓고 문해력을 높이는 데 효과적이다.

4. 이야기 문법을 이용하라.

아이들이 이야기 글을 이해하고 흥미를 느끼게 하려면, 먼저 이야기 글을 이해하는 방식을 가르쳐 주어야 한다. 이때 이야기 문법을 이용하는 방법이 가장 효과적이다.

이야기 문법이란 이야기를 구성하고 있는 문법구조를 말한다. 이야기는 보통 시간, 공간, 등장인물, 사건의 시작·전개·결말 등의 구성요소로 이루어져 있다. 이야기를 읽고 즐기는 사람들은 자동적으로 머릿속에 이야기 문법을 떠올리고 그 구성요소를 통해 내용을 이해하려고 한다. 아이들이 이야기책을 좋아해서 많이 읽고 이 과정에서 이야기 문법을 잘 이용하면, 공간 기억력이 향상될 뿐 아니라 배경지식도 체계적으로 쌓을 수 있다.

5. 아이의 흥미를 끄는 책을 골라라.

아이들의 관심을 끌 만한 이야기의 시작, 흥미로운 등장인물 간의 갈등, 궁금해할 만한 줄거리를 가지고 있는 책을 고르는 것이 좋다. 등장인물은 연령, 민족, 성격 특성 등 많은 선택 요인이 있으며, 갈등은 인물과 인물, 인물과 사회, 인물과 가치관 사이에서 생길 수 있다. 또한 우선 가벼운 책이어야 다루기가 쉽고 읽기도 편하다.

아이들의 책을 고를 때 너무 민감하거나 불안해할 필요는 없다. 단 한 가지 기준이 있다면, 부모가 미리 읽고 너무 재미있어서 아이와 함께 나누고 싶다는 느낌이 드는 책을 권해야 한다는 것이다.

아이들은 자신이 필요한 것은 받아들이고 불편한 것은 거부한다. 그러나 때때로 맘이 불편하더라도, 아이들 자신과 우리가 처해 있는 힘들고 싫은 상황을 직면하게 하는 것도 필요하다. 아이들은 자신보다 더 심한 고통을 당한 사람들의 이야기를 읽음으로써 자신의 끔찍한 상황에 대처할 수 있는 힘을 얻기도 한다.

6. 끊어 읽기에 관심을 가져라.

아이들이 끊어 읽기를 못하는 이유는 여러 낱말이 모여서 하나의 의미를 이룬다는 것을 알지 못하기 때문이다. 글을 읽을 때 하나의 의미 단위로 끊어서 읽는 것을 '청킹'이라고 한다. 쉽게 말해 청킹은 개별 낱말을 하나하나 읽는 것이 아니라 낱말과 낱말, 구와 구, 절과 절을 중심으로 하나의 의미를 이루는 여러 낱말을 묶어서 읽는 것을 말한다. 의미 단위로 끊어서 읽게 되면 글에 대한 이해력이 더욱 좋아진다.

또한 글에서 글쓴이가 표현하거나 주장하거나 설명하고자 하는 것이 무엇인지를 먼저 찾도록 연습시키는 것이 좋다.

독서를 통해
작업기억력을 높여라

초등 4학년인 민지(가명)는 엄마를 하녀처럼 부린다. 평소 자기 물건을 어디에 두었는지 기억하지 못해 자주 잃어버리고, 학교에 갈 때 준비물을 챙기는 것도 잊어버리기 일쑤이다.

그러다 보니 엄마는 민지가 움직일 때마다 잔소리를 하게 되고, 책가방이며 신발주머니를 챙겨준다. 자기가 한 과제물도 안 가져가기 일쑤여서, 엄마가 학교까지 찾아가 과제물을 전달하는 일이 흔하다. 매번 엄마가 챙겨주니, 엄마가 옆에서 챙겨주지 않으면 아무 일도 하지 못한다.

더구나 민지는 방금 전에 엄마가 한 말도 기억하지 못하고 나중에 딴소리를 하는 경우가 많고, 방금 전에 책을 읽고서도 앞의 내용을 기억하지 못해 다시 앞 페이지로 돌아가는 일도 흔하다. 책 읽는 진도도 나가지 않고, 많은 시간을 들여 공부를 해도 학교 성적은 바닥이다. 이러다 보니 엄마도 아이에게 기대를 하지 않고, 아이 스스로도 자존감이 부족하다.

민지에게 인지기능에 대한 검사를 시행했는데 언어능력, 시공간 파악 능력, 집중력 등에는 문제가 없었다. 하지만 기억력과 실행기능이 떨어져 있었다. 기억력 검사도 따로 했는데, 특히 기억을 유지하는 능력이 떨어졌다. 이는 작업기억이라는 시스템의 용량이 작았기 때문이다.

작업기억력은 의미 있는 정보를 기억하고 즉시 과제를 하는 데 적용할 수 있는 능력이다. 마음속에 정보를 유지하여 그것을 학습하고 추론하며 결과물을 생산하는 데 사용할 수 있다.

학교에서 작업기억은 노트를 적고 다단계 지식에 따르고 수학적 계산을 하는 데 아주 중요하다. 그리고 정보를 일시적으로 저장할 뿐 아니라 문제해결, 신체활동 및 자기조절에 사용할 수 있다. 또한 읽은 내용을 이해하는 데 중요한 역할을 하며, 읽기 유창성을 갖추기 위한 독해기술의 발달에 관여한다. 아울러 과제를 완성하기 위한 목적으로 정보를 마음에 간직하고, 게임이나 과제 안의 규칙을 기억하는 데 도움을 준다.

학령기 작업기억력의 발달

아이들의 사고력이 발달하려면 인지적 유연성, 작업기억이라는 두 가지 능력이 필요하다.

인지적 유연성은 첫 번째 시도가 실패했을 때 목표를 달성하기 위해 대안을 찾거나, 수영장 부근에서는 뛰어다니지 않는 것처럼 상황에 맞게 행동을 조정하는 능력을 말한다. 앞에서도 말했듯이, 작업기억은 단기간에 작업 관련 정보를 기억하는 능력이다. 예를 들어 이미 시도한 적이 있는 퍼즐을 맞출 때 그 해결책을 떠올리는 것이다.

학령기 아이들은 미취학 아이들에 비해 훨씬 더 많은 양의 작업기억을 수행해야 한다. 교사들은 아이들에게 거의 매일 숙제를 내주고, 가정통신문을 주면서 부모의 사인을 받아오라거나 준비물을 가져오라고 통지를 한다.

작업기억은 그림책을 읽을 때 주인공이 조금 전에 무엇을 했는지를 기억하는 것 같은 단순한 과제도 수행하지만, 여러 단계의 과정이 제대로 돌아가는지를 평가하는 동시에 그 과정을 밟아나가는 것 같은 복잡한 과제도 수행한다. 아울러 작업기억은 정보로 무언가를 하고 있는 동안, 그 정보를 머릿속에 일시적으로 보유하게 한다.

작업기억이 뛰어난 아이들은 정보를 좀더 효율적으로 처리하여 자극에 더 빨리 반응하고, 문제를 해결할 때도 뇌 활동을 덜 요구한다. 또한 작업기억이 뛰어나면 집중에 방해되는 것이 있어도 굴하지 않는다. 일시적으로 주의를 다른 데 돌리고 나서 다시 작업으로 되돌아올 때도 자기 자리를 찾을 수 있다.

작업기억은 학령기 중반까지 빠르게 성장하고, 그런 다음 청소년기 중반 안정기에 접어들 때까지는 서서히 성장한다. 그 이후 성인기 내내 매우 천천히 줄어들며, 노년기에는 조금 빨리 줄어든다. 초등 3~4학년에도 독서를 통하여 작업기억을 높일 수 있다는 것을 기억하자.

작업기억의 뇌

작업기억은 아이들이 일시적으로 기억하고 행동이 끝나면 사라진다. 이 작업기억 시스템은 전두엽에 있는데, 아주 짧은 시간에 의식적으로 정보를 기억할 수 있는 시스템이다.

작업기억은 대부분 전두엽에서 통제하므로, 신두엽은 집중력을 유지하는 곳이기도 하다. 해마는 작업기억에 있는 정보를 장기 저장소로 보내고 학습을 강화하는 데 중요한 역할을 한다. 이러한 기억과정은 수일에서 수개월이 걸리기도 한다.

또한 작업기억은 장기기억의 기초 체력 역할을 한다. 작업기억은 상위전두엽인 브로드만 46번 영역에서 보관되고, 그 기억은 다시 무의식적인 운동이나 긴장을 담당하는 브로드만 8번 영역에 저장된다. 다행스럽게도 이 영역의 뇌는 사용하여 단련할수록 발달하게 된다.

해마는 작업기억에 새로 전달되는 정보를 기존의 저장된 경험과 비교하는데, 이것은 사고과정에서 필수적인 단계이다. 작업기억이 잘 수행되려면, 전전두피질과 전대상피질이 활성화되어야 한다.

전전두피질은 다른 뇌 영역들을 활성화하거나 억제함으로써 목적을 위해 행동을 이끌어낸다. 반면 전대상피질은 인지적 통제가 요구되는 작업에서 실행상의 실수를 감시하거나 찾아내는 역할을 하며, 충돌하는 정보 중에서 결정을 내릴 때 활성화한다. 또한 안와전두피질, 해마, 편도체와 연결되어 감정을 제어한다.

그 외에도 두정엽은 시공간 작업기억과 관련이 있으며, 측두엽은 언어 작업기억과 관련이 있다.

사고력이 뛰어난 아이들은 아이디어를 기억 속에 저장할 수 있고, 놀이에 참가하는 동안 어떤 식으로 친구를 도울지 결정할 수 있다.

📖 작업기억을 키우는 6가지 부모 길잡이

1. 독서나 수업 후 내용을 요약하게 하라.

요약은 아이들이 중요한 일들을 효과적으로 기억할 수 있는 방법을 떠올리도록 도와준다. 책을 읽으면서 밑줄을 긋거나 표시를 해둔 다음, 다시 돌아가서 녹음기를 앞에 놓고 말로 요약해 보게 하는 것도 좋은 방법이다. 또한 책을 읽은 후 독서록을 쓰면서 내용을 요약하는 것도 작업기억력을 높이는 데 도움이 된다. 아이들이 수업을 마친 후 집에 와서 부모에게 오늘 배운 내용을 요약하게 하는 것도 효과적이다. 요약은 말로 발표하거나 글로 쓰거나 모두 작업기억 향상에 기여한다.

2. 일상생활에서 작업기억력을 높여라.

초등학교 아이들은 단어 거꾸로 말하기를 자주 하면 좋다. 부모와 아이가 규칙을 새롭게 만들어 하면 창의력에도 도움이 되고 더욱 즐거움을 느낄 수 있다. 이를테면 부모가 불러주는 단어를 아이가 거꾸로 말하는 것이다. 부모가 "사랑해"라는 단어를 말하면 아이는 "해랑사"라고 답하는 식이다. 글자 수를 점점 늘려가면서 반복하는 것이 중요하다. 부모와 함께 하루 10~20분 정도 이런 놀이를 즐긴다면, 아이들의 작업기억력이 급격하게 증가한다.

특히 공부 시작 전에 5분간 뇌체조로 이런 놀이를 하면 공부의 효율성을 높일 수 있다. 아이들의 작업기억력이 향상되면 인지기능에서도 정교화, 조직화 전략을 사용하는 능력이 함께 향상되므로 학업 성취도를 높일 수 있다. 작업기억력은 운동선수의 기초 체력과 같다는 것을 기억하자.

3. 시각적인 피드백을 주어라.

부모가 아이에게 초등 저학년 때부터 말 대신 글로 지시를 내리는 것도 작업기억력을 높이는 좋은 방법이다. 그림 일과표, 목록, 시간표 등을 활용할 수 있다.

아이들이 각 단계를 시행할 때마다 "시간표를 확인하렴." 혹은 "목록을 살펴보렴."이라고 지시하면 된다. 휴대전화 문자나 SNS 메시지 등을 활용해서 아이들이 해야 할 중요한 일들을 알려주는 것도 한 방법이다. 또한 아이가 학교에서 돌아오면 스스로 알림장을 보고, 그날의 숙제 란에 '받아쓰기'라고 쓰여 있으면 숙제를 마친 후 그 자리에 동그라미를 그리게 한다.

준비물도 마찬가지이다. 아이가 다음 날 시간표에 '1교시 국어', '2교시 영어'라고 쓰여 있는 것을 보고 필요한 준비물을 다 챙기면 그 칸에 동그라미를 치게 한다. 그리고 저녁식사 전이나 밤에 씻기 전에 부모가 알림장을 확인한다.

4. 시험 전에 계획을 세우게 하라.

초등학생의 경우 시험 전에 공부 계획을 세우게 해보자. 연구에 의하면, 새로운 것을 배울 때는 한꺼번에 학습하는 것보다 나누어 학습하는 편이 훨씬 더 효율적이다. 즉, 시험에 대비해 공부하는 데 6시간을 쓴다고 할 때, 시험 전날 밤에 6시간 동안 몰아서 공부하는 것보다는, 30분씩 또는 1시간씩 쪼개어 공부하는 것이 작업기억을 늘릴 수 있어 효과적이다. 또한 이런 방식의 학습은 잠을 자는 동안 더 강화된다. 그러므로 시험 전에 충분히 자는 것이 전날 밤에 '벼락치기'를 하는 것보다 효과적이다.

5. 독서로 배경지식을 넓혀라.

인간의 장기기억 용량은 CD 200만 장에 해당한다고 한다. 그러나 최근 학계의 정설은 '인간의 장기기억 용량은 무한하다'이다. 따라서 많은 독서가 아이들의 기억 용량에 무리를 가져오지 않을까 하는 우려는 쓸데없는 것이다.

여러 번 강조했듯이, 아이들은 배경지식이 많으면 새로운 지식을 습득할 때 연상하기가 쉬워서 지식을 확실하게 저장하고 쉽게 불러올 수 있다. 이때 작업기억이 작동을 한다.

많은 것을 알고 있는 아이들은 새로운 것을 쉽고 빠르게 배운다. 아이들의 뇌가 경쟁력을 가지려면 배경지식이 중요하다. 어휘력과 배경지식이 많으면 필요할 때 수시로 꺼내 쓸 수 있기 때문에 작업기억을 비울 수 있다. 그래서 작업기억을 사고하고 문제를 해결하는 데 모두 쓸 수 있기에 뇌가 경쟁력을 가질 수 있는 것이다.

6. 한번에 한 가지 과제를 수행하게 하라.

뇌 과학자들은 과제나 작업을 할 때 뇌가 활성화되는 정도를 측정한 결과, 흥미로운 사실을 발견했다. 과제를 한번에 한 가지씩 수행할 때가 여러 과제를 동시에 수행할 때보다 뇌가 훨씬 효율적으로 작동하고 활성도도 더 높게 나타났다. 멀티태스킹을 하면 각각의 과제가 작업기억을 잡아먹기 때문에 한 가지씩 할 때보다 비효율적이다.

또한 과제를 하는 도중에 방해를 받으면, 끝마칠 때까지 시간이 50% 더 걸리고 실수도 50%나 더 저지르는 것으로 나타났다.

아이들은 집에 있을 때 흔히 TV, 컴퓨터, 스마트폰 사이에서 끊임없이 왔다갔다한다. 주변에 멀티미디어 기기가 항상 널려 있다. 그런 환경에서 성장하는 아이들에게 30분에서 50분 정도 걸리는 교사의 말을 듣거나 문제집을 풀거나 자료조사를 하면서 가만히 앉아 있기를 기대할 수는 없다.

창의력을 키우는
독서방식

창의적 인재

미국 워싱턴DC대학 교수였던 켄 베인(Ken Bain)은 한국의 교육방식으로는 창의적 인재를 키우기 어렵다고 지적했다. 창의성은 암기뿐 아니라 지식을 스스로 분석, 적용, 평가하는 단계를 모두 경험해야 나타날 수 있는데, 현재 한국의 교육 시스템으로는 아이들의 창의성을 키울 수 없다는 것이다.

켄 베인 교수는 스스로 깨닫고 발전하는 딥 러닝(Deep Learning)을 하는 아이들을 키워야 창의성이 꽃핀다고 주장한다. 아이들은 이제 기존 지식을 흡수할 뿐만 아니라 그 위에서 생각하고, 분석하고, 새로운 지식을 창조해야 한다. 그는 '딥 러닝'을 하는 아이들을 키우려면 '성장형 사고(Growth Mindset)'를 갖게 해주어야 한다고 주장한다. 아이들의 지능과 재능은 고정되어 있지 않고, 노력에 따라 발전할 수 있다는 생각을 가져야 한다는 것이다.

어릴 때부터 '성장형 사고'를 가지면, '나는 지금 이만큼밖에 모르지만 더 나아질 수 있다'는 생각을 갖고 배움에 임하게 된다. 반대로 '고정형 사고(Fixed Mindset)'는 재능은 타고나며 바뀌지 않는 것이라는 생각이다. 이런 생각을 주입받은 아이들은 '내 수준은 여기까지'라고 결론짓고 생각의 창을 닫아버린다. 창의성을 키우는 데에서 고정형 사고는 독이다.

부모들은 자신도 모르게 "넌 참 똑똑하구나" 하고 아이들을 칭찬한다. 그런데 이런 칭찬은 오히려 고정형 사고를 부추긴다는 연구결과가 있다. 아이들의 머릿속에 '재능은 타고난 것'이란 인식을 심어주기 때문이다.

'넌 참 똑똑해'라고 칭찬하기보다는, 아이들이 노력한 과정을 짚어서 칭찬하는 것이 좋다. 아이들이 스스로 자신의 어떤 노력이 어떻게 성장으로 이어졌는가를 파악하게 이끌어 주어야 한다.

창의력도 마찬가지이다. 아이들은 새로운 문제를 해결하는 과정에서 '실패'도 경험하게 된다. 이때 기존에 없는 새로운 해결책을 찾기 위해 '딥 러닝'에 빠져드는 그 순간, 창의성이 발현된다.

창의력을 키우려면 자율성과 독립심이 있어야 한다. 스스로 뭔가 찾고자 하는 의욕이 있어야 성과가 나는 법이다. 창의적인 아이들 중에는 하기 싫으면 숙제조차 하지 않는 경우가 있다. 그러나 자기가 하고 싶을 때는 시간을 아끼지 않고 몰입한다. 부모가 책을 읽으라고 하지 않아도 열심히 읽는다. 더구나 이것저것 탐험할 시간이 충분하고 독립적이면, 자기가 좋아하는 분야를 발견해 집중적으로 파고든다.

1. 자기주도성

무슨 일을 하든, 누구에게나 창의력은 필요하다. 좀더 맛있는 음식을 먹는 것부터 다른 사람과 좋은 관계를 맺는 것까지 모든 분야에서 창의력을 발휘해야 한다. 창의력은 머리가 좋고 IQ가 높은 것으로 설명될 수 없다. 타고난 재능이 있다 해도 그것만으로 창의력이 저절로 발휘되지는 않는다.

창의성 교육은 정답이 '무엇(What)'인지 가르치는 것이 아니라 '어떻게(How)' 구하는지를 가르치는 것이다. 기존에 알려진 정답만을 달달 외우게 하는 주입식 교육은 창의성과 가장 거리가 먼 교육방식이다.

『생각의 탄생(Sparks of Genius)』의 저자인 로버트 루트번스타인(Robert Root-Bernstein) 교수는 시간이 걸리더라도 '무엇을 외우라'고 주입하기보다 '어떻게 정답을 찾나'를 파악하게 해야 창의성 교육이 이뤄진다고 한다.

모든 인간은 각자 창의성을 갖고 태어나지만, 이를 계발하는 것은 교육 등 후천적 노력이 필요하다. 그런데 어린 시절에 사교육을 받으면 자기주도 학습 능력을 잃어버려 대학생이 되어서도 사교육에 의존하게 된다. 더구나 어릴 때부터 주입식으로 하면 금세 지치고 공부에 흥미를 잃을 수밖에 없다.

4차 산업혁명 시대에는 주입식 암기가 중요한 것이 아니라, 스스로 하는 자기주도성과 도전정신을 키워 주어야 한다. 새로운 환경이나 문제에 당면했을 때 스스로 노력하여 해결하고자 하는 태도가 필요한 것이다.

아이들이 어렸을 때부터 하고 싶은 일을 스스로 선택해 하는 가운데, 자기 자신을 통제하거나 조절할 수 있는 자율성을 길러 주어야 한다. 또한 아이들의 생각을 자주 물어보고, 어떤 일을 결정할 때도 의견을 묻고 상의하는 등 존중해야 한다. '내 아이가 뒤처질까' 하는 불안감 때문에 사교육에 매달리기보다는, 아이들의 독립심을 길러주고, 가족 간에 좋은 관계를 만들고자 노력하는 것이 창의성을 향상시키는 데 좋다.

2. 좋아하고 잘하는 것

관찰·상상·분석을 할 능력이 있다면, 누구나 후천적으로 창의성을 강화할 수 있다. 진짜 창의적인 인재는 학교 성적보다 자신만의 관심사, 자신만의 연구에 깊이 몰두하는 경향을 보인다.

노벨상 수상자 가운데 많은 수가 학교 성적이 평이하고 IQ도 일반 대학 졸업자와 비슷했다. 반면에 대다수가 학문 외에도 미술, 문학, 역사 등을 폭넓게 탐독하고 악기 연주와 스포츠 등을 즐겼다. 또 자신의 분야 외에 다른 직업을 경험하기도 했다. 즉, 학교 밖에서의 취미와 경험 등이 창의력을 발휘하는 데 중요한 역할을 한 것이다. 자기가 좋아하고 잘하는 것을 하면서 더 마음 편히 도전하고 실패해 볼 수 있기 때문이다.

취미 계발은 창의성 계발과 매우 비슷하게 '호기심-도전-실패-학습'의 과정을 거친다. 세상을 바꾸는 창의적 인재는 학교에서 배우는 지식, 취미를 통해 얻은 능력, 사회적 경험 등의 조합이 극대화해서 탄생한다.

아이들이 이야기 꾸미기나 시스템 모형 제작 중에서 어느 것을 더 좋아하는지, 또 그 경험이 중요한 것인지 아닌지, 중요하다면 얼마나 중요한지는 각자의 잠재성에 달려 있다. 따라서 아이들의 잠재성을 드러내어 독창적이고 독특한 능력을 발휘할 수 있는 창의적인 사람으로 자라게 해야 한다.

창의성은 다른 사람들과 다르게 다양하고 독특하게 생각하고 표현하는 능력, 그리고 이러한 능력을 뒷받침해 주는 성격 강점이 합해진 것이다. 이 성격 강점은 아이들이 주변 세계에 관심을 가지고 자신의 방법으로 탐색하는 과정을 통해 만들어진다. 따라서 아이들이 좋아하고 잘하는 것을 추구할 수 있게 환경을 만들어 주는 것이 부모가 할 일이다.

창의력의 뇌

4차 산업혁명 시대에는 암기와 이해를 넘어 창의성을 끌어올리는 것을 중요한 교육 목적으로 강조하고 있다. 그러나 아직까지 창의성과 관련된 학습자

특성이나 창의적 사고과정 등이 과학적으로 명료하게 규명되었다고 보기 어렵다. 특히 인간 사고의 근원적 중추가 되는 뇌에서 창의성이 어떻게 작용하는가를 밝혀주는 연구는 아직 미흡한 실정이다.

1. 확산적 사고

창의성의 주된 특징으로 '확산적 사고(Divergent Thinking)'를 들 수 있다. 확산적 사고를 위해서는 문제를 바라보는 새로운 시선, 두뇌 속 사고공간의 확장, 연상능력, 새로운 경험과 지식 등이 필요하다. 거기에다가 고민의 끈을 놓지 않는 자세를 갖춰야 창의성이 찾아온다.

확산적 사고는 끝없는 아이디어, 다양성과 유연성, 독창성, 집중과 노력, 문제인식 능력, 다시 생각하기 등으로 표현할 수 있다. 뇌는 특정 부위마다 호기심, 분석력 등 주로 담당하는 역할이 있다. 그러나 창의성만을 담당하는 부위는 뇌의 어디에도 없다. 확산적 사고는 뇌 전체가 활성화될 때 생겨나기 때문이다.

창의성을 키우는 데 필수적인 도구인 브레인스토밍은 무에서 유를 만들어내거나, 새로운 통찰력을 한데 모으는 대표적인 확산적 사고활동이다. 브레인스토밍은 머릿속에 파고들어 가치 있는 생각이나 해결법을 찾아내는 과정으로, 창의성과 나란히 붙어다닌다.

주제 선정은 브레인스토밍이 필요한 대표적인 작업이다. 창의성이 없으면 아이들은 주제를 스스로 정하기보다는 부모가 정해주는 편을 선호한다. 브레인스토밍이 잘 안 될 경우 글의 주제를 정하거나 그림의 소재를 선택하거나 프로젝트로 무엇을 다룰까를 정하기가 어려울 수 있다. 브레인스토밍은 개방적이고 유연한 사고를 통한 선택들이 들어 있는 큰 창고라고 할 수 있다. 뇌가 여러 가능성 사이를 자유롭게 드나들면서 흘러다니다가 최종적으로 최선책을 선택하는 것이다.

연습 삼아 백지 한 장을 펼치고 앉아서 프로젝트의 주제나 아이디어를 생각나는 대로 써보자. 색다른 주제나 아이디어가 많을수록 창의성이 높은 것이다. 예를 들어 아이들이 브레인스토밍을 통해 부모가 좋아할 만한 주제를 고를 수 있다. 하지만 창의성이 있으려면 독창적이며, 관행이나 통념에서 벗어나야 하고, 상상력과 새로움으로 무장되어야 한다. 창의성은 다양한 사고, 의도적인 빗나가기, 즐겁게 놀아보기가 이루어져야 만들어진다.

2. 작업기억

브레인스토밍 과정에서 아이들은 뇌에서 많은 작은 실험을 수행한다. 이 주제를 택하면 어떤 결과물이 나올까, 괜찮을까? 환경문제를 제기한다면 어떤 점을 강조해야 좋은 인상을 줄까? 이러한 뇌의 실험이 가능한 것은 작업기억 때문이다.

작업기억은 뇌가 사고활동을 하는 동안에 사고한 내용으로서, 얼마 동안 잊지 않고 기억하는 것을 말한다. 예를 들어 우리가 어딘가에 전화를 걸고자 새 번호를 알게 됐을 때, 적어도 전화를 거는 동안에는 그 번호가 우리 뇌에서 기억된다. 또는 아이들이 수학 문제를 풀 때, 그 문제 안에 포함된 여러 요소는 잠시 동안 머릿속에 남아 그때그때 활용된다. 이렇게 함으로써 아이들의 뇌는 당면한 상황에서 주어진 여러 환경 요소들을 최대한 파악하면서 최선의 결론을 내리고, 그러한 경험에서 꼭 기억해야 할 것만 나중에 장기기억으로 넘겨 기억하게 된다.

인지심리학적으로 볼 때, 창의성은 주어진 문제상황에 대해 적절하면서도 새로운 사고를 해낼 수 있는 능력이다. 달리 말하면, 인간이 어떤 상황에서 새로운 관계를 지각하거나, 기존의 사고 유형이 아닌 새로운 유형으로 사고하여 참신한 아이디어를 산출해내는 능력이다.

창의성이 발휘되기 시작하여 어떤 결실에 이르기까지는 몇 단계의 과정이 필요하다. 즉, 1) 어떤 문제, 결핍, 격차 등에 민감해짐, 2) 원인 또는 해결방안을 찾아냄, 3) 가설을 추측하고 만들며 검증하여 재평가함, 4) 결과를 전달함 등의 단계이다. 이 과정에서 작업기억이 중요한 역할을 한다.

창의적 사고 속에는 일반적으로 생각하는 확산적 사고만 있는 것이 아니다. 확산적 사고는 유창성과 융통성을 위주로 하는 바, 이것이 창의적 사고의 중요한 요소임에는 틀림없다. 그러나 문제해결력을 높이려면 그에 못지않게 분석과 논리적 추론을 계속 해나가도록 도와주는 수렴적 사고도 필요한데, 이때 작업기억력이 개입되는 것이다.

3. 뉴런의 연합

최근 창의성에 대한 기능적 자기공명영상(fMRI) 연구에 의하면, 창의적 아이디어가 나올 때는 평소 연결되지 않았던, 아주 멀리 떨어져 있던 뇌의 영역들이 서로 연결된다고 한다. 뇌의 특정한 어느 영역에서 창의적인 아이디어를 계속 만들어내는 것이 아니라, 평소 연결되지 않는, 멀리 떨어져 있는 영역들이 연결되면서 어떤 문제를 다른 각도로 바라보고, 상관없는 것을 연결하며, 추상적인 두 개념을 잇는 것이 가능해진다.

뇌 과학적으로 볼 때, 창의성은 인간의 뇌 안에서 신경망이 기존의 연결과는 다른 유형으로 재구성됨으로써 문제해결이나 창조를 위한 새로운 아이디어를 생성하는 성향이다. 이때 이러한 신경망의 재구성은 뇌의 전반, 특히 대뇌피질 전체에서 동시적으로 이루어진다.

한 개인이 경험하고 기억하는 모든 학습 내용은 뇌 속에서 독립된 신경망 형성을 통해 담겨진다. 예를 들어 특정 인물에 대한 인상은 그 인물의 용모,

또는 언어적 특성의 연합적 작용의 결과로 형성된다. 따라서 개별 신경망의 작용으로 인해 비교적 작은 단위의 사고가 나타나고, 이러한 신경망의 연합으로 좀더 큰 범주의 사고나 행위가 나타나게 된다. 때로는 특정 경험에 관련된 뉴런이나 신경망 들이 순간적으로 기존의 연합과는 전혀 다른 새로운 연합을 이루어 작용할 수도 있다. 이때 그 사람의 뇌에서는 이전에는 전혀 떠오르지 못했던 새로운 의미나 아이디어, 즉 창의적 사고가 떠오른다.

이러한 창의적 사고는 대뇌피질의 특정 부위에서만 국지적으로 재구성된 결과가 아니라, 거의 피질 전체에서 신경망이 새로운 방식으로 연계되어 작용한 결과로 나타난다.

4. 도파민

창의성은 중뇌에 있는 A10 신경핵과 대뇌피질의 전두엽을 연결하는 도파민 신경계가 활발하게 작용함으로써 더욱 잘 발휘된다. 그동안 이 도파민은 주로 대뇌 기저핵에서 자세 바로 하기, 걷기 등의 고급스러운 운동을 수행하는 동안에 사용되는 것으로 알려져 있었다.

그런데 최근의 뇌과학 연구에 의하면, 도파민이 전두엽에서 흥분성 신경전달물질로 사용되어 창의적 사고 발현의 사령탑으로 알려지고 있다. 더구나 전두엽에 축색돌기를 뻗어 정보를 전달하는 도파민계 신경세포들의 상당수가 중뇌 A10 신경핵 속에 들어 있다는 것이 확인되었다. 또한 A10 신경핵의 세포체에서 뻗어나간 축색돌기들 중 일부는 전두엽으로 뻗어감과 동시에 일부는 측두엽의 내와(內蝸)피질로 뻗어간다는 것이 밝혀졌다. 측두엽의 내와피질은 인간 뇌에서 최고의 쾌감을 유발하는 중추 중 하나로 알려져 있다.

중뇌에서 시작되는 신경회로를 통해 창의성이 유발된다는 것은, 리듬 있는 시를 읽거나 책을 낭독하는 것이 창의적 사고에 도움이 된다는 뜻이다.

또한 중뇌의 작용에서 비롯된 창의적 사고는 아이들로 하여금 쾌감을 느끼게 할 수 있다. 오랫동안 수학 문제를 해결하기 위해 고심하던 아이들이 그것을 푸는 독창적인 사고를 떠올리는 순간 말할 수 없는 쾌감을 느끼게 된다. 아이들은 문제를 해결하고 낭독을 하면서 쾌감을 경험하고, 이것이 평생 동안 즐거운 마음으로 창의적 사고를 할 수 있는 기반이 되는 것이다.

📖 창의성을 키우는 6가지 독서 길잡이

뇌과학에 기초하여 아이들의 창의성을 키우는 독서방법을 알아보자.

1. 가능한 여러 분야에 대한 경험을 가지도록 하자.

아이들이 커가면서 감각정보를 걸러내는 뇌가 성장하고, 기억과 의사결정을 담당하는 대뇌피질도 발달한다.

아이들이 과학이나 예술 등 어떤 분야에 대한 초기 경험을 하게 되면, 뇌는 그에 대한 기본 신경망을 갖추게 된다. 이때 형성되는 기본 신경망은 아이들이 장차 성인으로서 특정 분야에서 덕후가 되고 창의성을 발휘하는 데 필요한 기반이 된다.

아이들은 아직 특정 분야에 대한 잠재력이 확인되지 않았다. 따라서 여러 분야의 사고와 기능에 접촉하는 경험을 많이 할 수 있도록 도와주어야 한다. 다양한 독서가 필요한 이유이기도 하다.

2. 좋아하고 잘하는 분야의 전문지식을 장시간 충분하게 습득하게 하자.

아이들이 좀더 훌륭하게 창의성을 발휘하고 결실을 맺기 위해서는 짧지 않은 기간 동안 관련 분야에 대한 전문지식을 충분하게 갖추어야 한다.

창의성의 본질적 특성 중 하나는 뇌 안에 있는 기존 신경망이 다른 방식으로 연계되어 새로운 아이디어를 발현시킨다는 것이다. 이때 선행지식과 경험이 다양하고 풍부할수록, 그리고 이것들이 내면화되어 있을수록 창의적 아이디어가 좀더 독창적이고 풍부하게 나타난다. 따라서 창의성의 소질이 엿보이는 아이일수록 평생 동안 그 분야를 위해 노력하고 투여할 의지를 적극적으로 갖추도록 지지해 주어야 한다. 독서를 통해 특정 분야의 덕후가 되도록 응원하는 것이다.

3. 풍부하고 다양한 학습환경을 만들자.

아이들의 지적 호기심을 좀더 많이 자극하고 탐구 기회를 충분하게 주기 위해서는 풍부하고 다양한 환경을 만들어 주어야 한다. 다만, 아이들을 바쁘게만 만드는 환경이 곧 지적 호기심을 자극하는 환경은 아니라는 점을 명심하자.

아이들이 자발적인 지적 호기심 없이 부모의 권유에 따라 무조건적으로 바쁘게 조기교육 학원이나 영재학원을 전전하는 경우가 있다. 결과적으로 유용한 기본 신경망이 형성되기 이전에, 아이들 뇌의 가소성을 약화시켜 학습능력이나 창의성을 저하시킬 가능성이 매우 높다. 독서습관이 조기교육보다 더 효과적이다.

4. 우뇌적 사고와 좌뇌적 사고가 균형과 조화를 이루도록 하자.

우뇌적 사고와 좌뇌적 사고가 창의성에 기여하는 방식을 단계별로 나누어 보면 다음과 같다.

   1. 우선 우뇌적 사고로 사물이나 현상을 새로운 관점에서 보아 독창적인 아이디어를 만들어낸다.

2. 좌뇌적 노력을 통해 관련 자료를 수집하고 분석하여 종합하면서 구체
   화하거나 발전시킨다.
3. 다시금 우뇌적 사고를 발휘하여 더욱 독창적이고 발전적인 아이디어
   를 재창출한다.
4. 나아가 좌뇌적 노력으로 기존 정보와 경험을 모두 종합하고 재구성하
   여 최종적 결실을 만들어낸다.

창의성의 결실은 이처럼 우뇌적 사고와 좌뇌적 사고가 모두 필요하다. 정
독과 다독이 모두 필요한 이유이다.

5. 아이가 주체적이고 능동적으로 학습하게 하라.

아이들의 뇌는 외부자극을 수동적으로 받아들여 처리하기만 하는 존재가 아
니다. 인간의 뇌는 주체적으로 해석하고 능동적으로 반응하는 존재이다. 뇌
의 이러한 정보처리 과정에서 아이들의 지적발달 수준과 선행 경험이 큰 영
향을 미친다.

따라서 창의성을 최대한 발휘하도록 하려면, 먼저 근본적으로 아이들의
주체적이고 능동적인 학습과정이 있어야 한다. 필요에 따라 부모의 생각을
받아들이더라도, 아이들 스스로 학습해야 한다. 독서에도 자기주도성이 필
요하다.

6. 멍 때리는 시간을 가져라.

아이들의 스트레스는 대개 부모들의 재촉에서 비롯된다. 재능을 빨리 발견
해야 한다는 부모들의 조급한 마음이 아이들의 뇌에 과부화를 만들어 멍하게
만드는 것이다. 인간의 작업기억은 한계가 있기 때문에 한꺼번에 7가지 이상
의 정보를 저장하기 어렵다. 그런데 아이들 뇌가 그 이상의 정보를 저장하도

록 재촉을 받으면 과부화로 인해 멍한 상태가 되는 것이다.

인간의 뇌는 휴식을 통해 정보와 경험을 정리하고 기억을 축적하는 숙고의 시간을 보낸다. 실제로 뇌가 휴식을 하는 멍 때리는 순간에 활성화되는 부위가 있다. 바로 내측전두엽, 내측측두엽, 후대상피질 등 일명 DMN(Default Mode Network)이라 불리는 부위다. 뇌는 자극이 없으면 멍을 때리며 휴식을 취하고 있다가, 뭔가 할 일이 생기면 DMN의 활동을 억제하고 할 일에 필요한 뇌 부위를 활성화한다. 적절한 휴식은 독서광에게도 필요한 것이다.

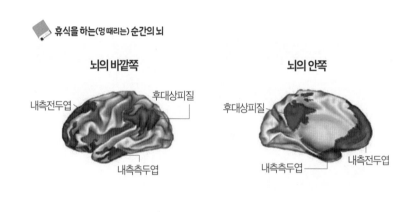

휴식을 하는(멍 때리는) 순간의 뇌

뇌의 바깥쪽

내측전두엽 ─   ┌─ 후대상피질

└─ 내측측두엽

뇌의 안쪽

후대상피질 ─

내측측두엽 ─┘   └─ 내측전두엽

3장

읽기와 쓰기를 습관화하라

읽기에서 중요한 어휘력과 추론력은 어떻게 키울 수 있을까?

또한 쓰기에서 중요한 사고력은 어떻게 향상시킬 수 있을까?

읽기,
어휘력을 늘려라

연구에 따르면, 유치원에 들어가는 연령이 될 때까지 언어적으로 빈곤한 가정에서 자란 아이들과 풍부한 자극을 받고 자란 아이들 사이에는 이미 약 3,200단어 정도의 격차가 벌어진다고 한다. 다시 말해서 5세가 될 때까지 평범한 중류층 가정에서 자란 아이들은 혜택받지 못한 가정에서 자란 아이들보다 3,200단어 정도를 더 듣고 자란다는 뜻이다.

다른 연구에서도 부모나 다른 어른이 책을 읽어주는 소리를 들으며 보낸 시간의 양이, 몇 년 후 그 아이가 성취할 독서 수준을 예언해 주는 좋은 척도가 된다고 한다.

부모의 무릎에 앉은 아이들은 형형색색의 그림책을 들여다보며, 부모가 읽어주는 이야기를 듣는 동안 서서히 종이 위에 있는 것이 글자이고, 글자가 모여 단어가 되며, 단어가 모여 이야기가 되고, 그 이야기는 몇 번이고 반복해 읽을 수 있다는 사실을 알게 된다. 소리에 관한 한 아이들은 이미 뇌에 선이 연결된 상태다.

반면에 인지과학자 스티븐 핑커(Steve Pinker)는 "문자는 고생스럽게 추가 조립해야 하는 옵션 액세서리"라고 주장했다. 아이들은 선천적으로 타고나지 않은 '읽기 과정'을 학습하기 위해서 뇌 안에 독서에 필요한 추가 회로부를 나사로 죄어줄 수 있는 환경이 필요하다. 수백 단어, 수천 개념, 수만의 청각적, 시각적 지각에 대해 수백 가지 학습을 해야 한다. 그것이 독서의 주요 구성요소를 개발하는 데 반드시 필요한 미가공 원재료이다.

그런데 어떤 아이들은 이 중요한 것을 전부 습득하지만, 어떤 아이들은 단지 환경적 이유 때문에 그러지 못한다. 아무 잘못도 없는 많은 아이들이 일상적인 필요가 충족되지 못하고 있는 것이다.

더구나 읽기에서는 유창성이 중요하다. 아이들이 글을 소리내어 읽을 때는 정확한 발음으로 뜻을 파악하며 읽어야 하고, 읽는 속도나 목소리 크기도 조절해야 하고, 간단한 문장부호를 파악하며 읽어야 한다. 또한 글을 읽고 내용을 순서대로 기억할 수 있어야 하며, 중요한 일과 그에 따른 세부 사항을 기억할 수 있어야 한다. 그리고 글의 내용에 맞는 제목을 붙일 수 있어야 한다. 읽기를 잘하기 위해서는 많은 양의 독서가 필수인 것이다.

요즘 초등학교들은 숙제를 없애고 시험을 줄이는 분위기이다. 그래도 아이들은 숙제를 잘하고 싶어하고 시험을 잘 보고 싶어한다. 그런데 어휘력이 달리면 숙제도 시험도 쉽지 않다. 초등 저학년 때는 어휘력 격차가 드러나지 않다가 3학년만 되어도 눈에 띄게 벌어진다. 숙제와 시험이 점점 힘들고 어려워지다 보면 공부와 점점 멀어진다. 독서가 필요한 이유이다.

초등 읽기의 발달

초등 저학년 때는 아이들의 뇌에 읽기 해독 경로를 만들어 주어야 한다. 저학년 때 읽기를 배우지 못하면 고학년이 됐을 때, 옆에서 아무리 격려하고 도와줘도 공부를 잘하기 어렵다. 따라서 비록 조금 늦었더라도 어떻게든 바로잡아야 한다. 저학년 때 술술 읽고 해독할 줄 아는 능력을 키워 주어야 나중에 읽기를 활용한 학습이 가능하다. 그러기 위해서는 아이들의 뇌에서 구어 경로를 조정해야 한다.

저학년 때, 거의 대부분의 아이들은 말소리의 최소 단위인 음소를 발음규칙과 함께 익히면서, 뇌의 말을 소리내는 데 관여하는 신경회로에서 몇 개의 신경회로를 파생적으로 발달시켜 자연스럽게 읽기 해독 경로로 전환시킨다. 그런데 일부 아이들은 집중적인 반복 연습이 필요하며, 뇌가 자동 읽기 경로를 개발할 수 있도록 부모가 적극적으로 개입하고 도와줘야 한다.

또한 저학년 아이들은 은유를 재미있게 생각하고, 읽기를 통해 말을 알아듣게 되면서 추상적인 소리에 대한 감각을 가지게 된다. 이때 언어감각이 뛰어난 아이들은 다른 아이들이 전혀 해독하지 못하는 읽기와 철자법을 전혀 어려워하지 않는 모습을 보인다.

부모가 아이에게 같은 말을 여러 번 되풀이해야 하는 경우도 있다. 이는 그 아이가 고집이 세기 때문이 아니라 문장을 만들지 못해서일 수도 있다. 반면 소리체계에 대한 이해력과 문장력이 좋은 아이들은 읽기를 좋아하고 글에서 많은 의미를 끌어낼 수 있다.

고학년이 되면 아이들은 문장을 잘 이해하고 만들어내는 데 힘을 쏟는다. 지시사항을 따르고, 질문을 이해하고, 다양한 문장들을 완벽하게 구사할 수 있게 된다. 독서를 많이 한 아이들은 글을 읽으면서 효과적으로 새로운 정보를 얻지만, 그렇지 못한 아이들도 많다.

교육학자 천경록 교수는 읽기 능력의 발달단계를 총 7단계로 제시하고 있다. 이 중에서 초등학교까지의 단계를 살펴보면 다음과 같다.

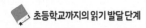
초등학교까지의 읽기 발달 단계

읽기 맹아기	읽기 입문기	기초 기능기	기초 독해기
·~ 유치원	·초등 1~2학년	·초등 3~4학년	·초등 5~6학년
·주로 음성언어 사용	·음성언어→문자언어	·읽기의 기초 기능	·초급 사고 기능 익히기
	·글자와 소리 관계 인지	익히기	·기초 독해 기능 기르기
	·소리내어 읽기	·글자 해독→독해	·독해에 큰 비중
		·음독→묵독	·묵독

읽기 맹아기(1단계): 글을 읽기 이전의 단계로 주로 음성언어를 사용한다. 아이들이 태어나서 유치원을 다닐 때까지가 이 시기에 해당한다.

읽기 입문기(2단계): 음성언어에서 문자언어로 나아가는 단계이다. 주로 초등 1~2학년인 저학년 시기이다. 아이들은 말뿐만 아니라 글로도 의사소통을 할 수 있다는 것을 깨닫고, 글자와 소리의 관계를 인지하며, 단어를 소리내어 읽을 수 있다. 소리내어 읽기가 중요하다. 글자를 소리내어 읽는 것은 아이들이 글을 읽고 있다는 증거이다.

기초 기능기(3단계): 글자 해독에서 독해로 나아가는 단계로 읽기의 기초 기능을 익히는 시기이다. 초등 3~4학년에 해당한다. 긴 문장을 의미 중심으로 끊어 읽기를 시작하며, 글을 유창하게 소리내어 읽게 되고, 음독에서 묵독으로 넘어가는 과도기라고 할 수 있다.

기초 독해기(4단계): 초급의 사고 기능을 익히는 단계로 볼 수 있다. 초등 5~6학년이 이 시기에 해당한다. 해독보다 독해에 더욱 큰 비중을 두며, 소리내지 않고 마음속으로 읽는 묵독(Silent Reading)이 강조된다. 사실과 의견 구별하기,

정보 축약하기, 생략된 정보 추론하기, 이어질 내용 예측하기, 비유적 표현의 의미 이해하기, 표현의 적절성 판단하기 등과 같은 기초 독해 기능을 기르는 단계이다.

어휘력의 힘

기초 어휘는 일상생활에서 사용 빈도가 높은 어휘로 1,675단어 정도이다. 초등학교에 입학하기 전에 사용하는 어휘 수준이다. 초등 3~4학년 때는 새로 배우는 어휘가 7,736단어 정도이고 누적 어휘가 13,474단어에 이른다. 중학교를 졸업하면 어휘가 4만 단어 가량으로 늘어나 있어야 한다. 보통 성인이 사용하는 어휘가 2만에서 10만 단어 사이이다. 초등 고학년만 되어도 거의 성인 수준에 이르고, 중학생만 되어도 성인의 평균 수준에 다다른다는 말이다.

어휘력은 문해력의 기초이며, 모든 학습의 기초이다. 국어 외에도 수학에서 긴 서술형 문제를 풀거나 풀이를 설명할 때, 과학에서 '생체계, 순환, 전도' 등, 음악에서 '당김음, 아니리, 도리' 등 어떤 새로운 개념이나 내용을 배우더라도, 먼저 새로운 어휘를 익혀야 한다. 그래야 글을 이해할 수 있고 긴 글도 거침없이 읽어나갈 수 있다.

학교 수업시간에도 마찬가지이다. 수학 5학년 1학기 2단원에 약수와 배수가 나온다. '약수, 배수, 공배수, 공약수' 등의 어휘는 활동이 연계된 수업으로 따라갈 수 있지만, 사고력 수학이라고 하여 십간십이지 표를 보고 규칙을 찾는 활동에서 아이들은 '간지'라는 말이 무슨 뜻인지 몰라 빈칸에 글자를 적지 못한다. 분명 교과서에 십간십이지와 반복되는 규칙에 대해 자세히 설명되어 있어도, 낯선 단어가 줄지어 등장하면 당황하여 읽고 이해하는 걸 포기한다.

과학 시간에는 실험계획을 세우면서 '변인 통제'가 중요하다고 하는데, 이게 무슨 말인지 이해가 안 된다.

하루 수업이 이렇게 흘러가면 교과서는 아이들에게 외계어 투성이로 보인다. 새로운 것을 받아들이고 배우려면 글을 읽고 이해하는 일이 선행되어야 한다. 글에 포함된 어휘의 뜻을 정확히 모르면 글을 읽고 해석하는 능력, 즉 문해력이 떨어지고 글귀가 어두울 수밖에 없다.

교과서도 만만치 않다. 아이들이 교과서를 이해하기 위해 꼭 알아야 하는 어휘를 '학습도구어'라고 한다. 학습도구어는 대화나 일상에서 사용되는 어휘와 구별된다. 적어도 자기 학년의 교과서에 나오는 학습도구어만큼은 충분히 숙지해야 그 학년의 교과서를 읽고 이해할 수 있다.

교과서에서는 학습도구어를 노란색 상자 안에 뜻을 풀어 설명해 놓거나 글자를 굵게 표시하거나 색을 달리해서 눈에 띄게 하기도 한다. 심지어는 귀여운 캐릭터가 나와 말을 해주기도 하면서 아이들이 쉽게 이해할 수 있도록 돕고 있다.

문해력의 발판에는 어휘력이 자리잡고 있다. 어휘력이 낮은데 문해력이 높을 수는 없다. 초등학교 시기에는 더하다. 성인이야 이미 알고 있는 어휘가 많고 배경지식도 풍부하기에, 새로운 어휘를 만나도 앞뒤 문맥을 통해 뜻을 쉽게 유추할 수 있다.

반면 초등 아이들은 아는 어휘가 많지 않고 배경지식도 얕은데다가 앞뒤 문맥을 파악하는 것이 서툴러 유추가 힘들다. 이야기책이라면 흐름이 중요하므로 모르는 어휘가 나와도 재미를 잃지 않는 선에서 넘어가도 괜찮지만, 공부를 할 때는 이렇게 해서는 안 된다. 모르는 어휘가 나오면 확인하고 이해하는 습관을 들여야 한다. 그래야 교과서 내용을 알 수 있고 수업과 시험에서 묻는 내용을 이해할 수 있다.

20세기 철학자 루드비히 비트겐슈타인은 "언어의 한계가 세계의 한계다"

라고 했다. 내가 말로 표현하지 못하는 것은, 내가 경험하지 못하고 알지 못하는 세계이다. 나는 내가 경험하고 아는 것만 표현할 수 있다.

우리는 언어를 통해 사고하고, 머릿속으로 생각한 것을 언어로 표현한다. 그러므로 내가 모르는 어휘는 내가 생각할 수 없는 부분이다. 따라서 어휘력 부족은 비단 국어 능력의 문제에 그치는 것이 아니라 삶의 질에 대한 문제이며, 앞으로 아이들이 살아갈 세상의 크기와 관련된 문제이다.

연구에 따르면, 초등학교 6년 동안 교과서로 배울 수 있는 어휘는 2만 7천여 개이고, 중복해서 나오는 어휘를 합하면 약 90만 개에 이른다고 한다. 즉, 아이들이 초등학교 6년의 교과서에 담긴 내용을 수업시간에 충분히 익히기만 해도 어휘력 부족 현상은 나타나지 않는다는 말이다.

📖 어휘력을 키우기 위한 6가지 부모 길잡이

아이들은 부모의 책 읽는 모습을 보며 자라야 한다. 그리고 부모들은 되도록 아이들이 어렸을 때부터 책을 읽어주는 것이 좋다. 부모가 이야기를 들려주며 함께 대화를 주고받는 것은 아이들의 뇌발달에 매우 중요하며 언어발달에도 도움이 된다.

국어력은 독서력이라고 할 수 있는데, 초등 6학년 때까지 부모가 책을 읽어주면 효과가 크다. 부모가 책을 읽어주면, 아이들은 부모의 풍부한 배경지식 때문에 혼자 읽는 것보다 5배 이상 이해할 수 있다. 또한 또래 아이들끼리 독서모임을 만들어 주는 것도 좋은 방법이다. 책을 읽고 난 뒤에 친구들과 생각과 느낌을 나누면서 언어와 사고력을 키울 수 있다.

초등학교에서는 읽기 교과서를 중심으로 텍스트를 읽고 내용을 이해하는 데 주력해야 한다. 가령 다음 주에 배울 것을 집에서 먼저 공부해도 좋고, 아이가 내용을 다 읽고 난 후 부모가 질문을 해서 어느 정도 이해했는지 확인하는 것도 좋다. 국어 문제집을 푼다면 타이머를 사용하여 주어진 시간 안에 문제를 푸는 연습도 필요하다.

1. 어휘 문제집이 아니라 생활에서 어휘를 익혀라.

학습 효과를 높일 때 가장 중요한 것은 학습 동기이다. 학습 동기는 내 생활과 관련이 있고, 내 경험과 연결지을 수 있어야 높아진다. 그런데 어휘 문제집에는 아이들이 궁금해하는 단어가 아니라, 알아야 할 단어와 중요하다고 생각되는 단어가 먼저 나온다.

아이가 좋아하는 레고의 조립 설명서를 읽다가 '이 단어의 뜻이 뭘까?' 하며 모르는 단어를 찾아본 경우와, 어휘 문제집에 있는 단어를 익힌 경우는 기억하고 활용하는 데 차이가 있을 수밖에 없다.

지금 아이들이 생활하고 있는 현장이 말과 글을 배우기 위한 최적의 장소이다. 24시간 우리말과 우리글을 보고 듣고 말하고 쓰며 사는 이 공간에서 생활하면서 자연스럽게 습득하는 것이야말로, 어휘력을 높일 수 있는 최고의 방법임을 기억하자.

2. 아이의 어휘 상태를 충분히 반영하라.

아이들마다 주제별로 강한 어휘가 있고, 약한 어휘가 있다. 부모들은 아이들의 수준에 맞춰 그때그때 뜻과 예시를 알려주어야 한다. 생활 속에서 대화와 토론을 하다 보면 어떤 주제는 내 아이에게 너무 쉽고, 어떤 주제는 너무 어렵다는 것을 판단할 수 있다. 따라서 아이들이 재미있어하고 즐거워하는 책부터 시작하는 것이 좋다.

초등 1학년생이건 6학년생이건, 독서를 힘들어하는 아이들은 그림책부터 시작하는 것이 좋다. 아이의 어휘력을 고려할 수 있기 때문이다. 어휘력 수준을 반영해야 독서를 계속할 수 있고, 계속하다 보면 어떻게든 재미와 즐거움을 찾는 게 아이들이다. 즐겁게 책을 읽다 보면 더 많은 어휘를 알게 되고, 그러면 책 읽기가 좀더 수월해져 더 많은 책을 더 다양하게 읽고 이해하는 일이 쉬워지는 선순환이 일어나는 것이다.

3. 대화량을 늘리기 위해서는 좋은 관계를 쌓아라.

어휘력을 높이고 싶다면, 부모가 고급 어휘를 익히는 데 시간을 들이기보다, 아이와 공감하고 이해하며 더 좋은 관계를 쌓는 데 신경쓰는 것이 낫다.

흔히 어휘력을 높이려면 독서가 핵심이라고 한다. 하지만 그보다 우선인 것은 대화와 공감이다. 아이들은 자신의 수준보다 한 단계 높은 수준의 이야기를 들을 때 적절한 언어 자극을 받는다. 더불어 상대가 나와 친밀한 관계를 맺는 사람이라면 그 자극의 영향력이 더 크다.

평소에 부모의 관심사인 회사 이야기, 요즘의 경기나 세금이나 부동산 같은 경제 이야기도 좋고 정치 이야기도 괜찮다. 여행이나 미술, 공연, 영화, 음악 이야기도 좋다. 부모가 좋아하는 스포츠, 취미 이야기도 좋은 선택이다. 가끔 아이들이 관심 있어 하고, 아이들과 관련된 주제를 이야기하는 것도 좋다. 관심사라면 아이들이 참여할 수 있어 좋고, 관심사가 아니라면 새로운 어휘를 접할 기회를 제공한 셈이니 이 또한 좋다.

성인인 부모와의 대화에는 흐름이 있다. 그래서 아이들이 모르는 단어가 나와도 앞뒤 맥락을 통해 뜻을 유추할 수 있다. 자연스럽게 단어와 뜻을 익힐 수 있는 장점도 있다. 아이들이 식탁에서 배우는 어휘량은 책을 읽을 때의 10배라는 통계가 있다. 다양한 연령의 사람들이 모여 다양한 주제에 관해 이야기하는 짧은 시간의 대화가 아이들의 어휘량과 학습능력을 향상시킬 수 있다는 것을 기억하자.

4. 학교 수업에 충실하라.

수학은 '개념어'가 꽤 많이 등장하는 과목이다. 예를 들어 진분수, 가분수, 대분수의 개념을 익히고, 이등변삼각형이나 마름모 같은 도형의 개념을 배운다.

교사들은 이런 어휘가 처음 등장하면 아이들의 눈높이에 맞춰 뜻을 더 쉬운 말로 풀어서 설명한다. 또한 유사한 경우와 반대되는 경우를 설명하고, 실생활에서 어떻게 사용되는지 알려주고 이해하는 데 도움을 주는 활동을 하게 한다. 이 개념이 어떨 때 필요한지, 왜 나온 건지 쓰임새와 배경도 알려준다. 그래서 아이들은 분수 단원을 마칠 즈음에는 '분수'의 뜻은 물론 하위 개념인 진분수, 가분수, 단위분수, 대분수를 구별할 수 있게 된다.

아이들이 학교에서 하는 수업을 귀하게 여기고 충실하게 할 수 있도록 지도해야 한다. 선생님의 수업에 충실하게 귀를 기울이고 발표하고 반응하는 것이야말로, 초등학생이 어휘력을 키울 수 있는 좋은 방법 중 하나이다.

5. 영상 매체를 이용하라.

영상 매체를 잘 이용하면, 아이들의 어휘 범위를 확장할 수 있다. '흘려듣기'는 '엄마표 영어'를 할 때 주로 사용하는 말인데, 글자 그대로 주의를 기울이지 않은 채 배경음악을 듣듯 영어 음원을 들려주는 방식이다. 영어를 처음 배울 때 노출시간을 늘리는 가장 쉬운 방법이다. 아이들이 모국어를 처음 배울 때 입력량이 충분히 쌓여야 말문이 열리듯이, 영어를 배울 때도 입력량이 충분히 채워지도록 다른 활동을 하면서도 들을 수 있게 하는 것이다.

아이들에게 영어 흘려듣기를 하듯, 국어 흘려듣기를 시작해 보자. 방송 뉴스는 신문처럼 정치, 경제, 사회, 날씨, 스포츠 등 다양한 분야의 새로운 소식을 전한다. 따라서 신문에 담긴 전문용어와 고급 어휘를 쉽게 만날 수 있다.

처음에는 아이들이 낯선 어휘들이 어렵게 느껴질 수 있지만, 가볍게 흘려 들어도 된다고 하면 힘들어하지 않는다. 뉴스에 주요 이슈가 나오면 생각보다 관심 있게 보고, 이런 이슈는 반복해서 등장하므로 금방 알아듣기도 한다. 아이들이 코로나 대유행이나 AI 같은 전문용어를 서슴없이 내뱉을 수 있는 이유이다.

6. 독서가 먼저다.

아이들이 어휘를 다 익힌 후에 책을 읽으려고 하면 힘들다. 책을 읽으면서 어휘를 늘려가야 한다. 어휘의 뜻을 정확히 많이 아는 것보다 마음대로 부릴 수 있는 능력을 키워야 하기 때문이다.

책을 읽으면 어휘의 정확한 뜻은 물론 활용까지 알 수 있다. 여기에 사고력과 문해력까지 키울 수 있다. 어휘력을 향상할 수 있는 가장 빠르고 쉬운 방법은 독서이다. 다른 방법을 고민하지 말라. 이것만은 확실하다.

국어를 포함한 세상의 모든 공부는 결국 글을 읽고 이해하는 데서 출발한다. 수학, 사회, 과학은 물론 영어도 마찬가지이다. 영어 읽기 수준도 한국어 책 읽기 수준이 뒷받침되지 않으면 더 이상 오르지 않는다. 독서가 먼저라는 것을 기억하자.

긍정적인 독서태도가 중요하다

한국의 부모들은 아이가 독서를 많이 하는 것에만 초점을 맞추지, '제대로' 독서를 하는 것에는 소홀한 경우가 많다. 책을 많이 읽는 것이 아이들의 사고력을 높이는 가장 좋은 방법이긴 하다. 그런데 실제로 많은 아이들이 책을 많이 읽기는 하지만, 사고력이 나아지지 않는 경우가 흔하다. 오히려 사고력이나 창의력이 떨어지는 경우도 있다. 특히 만화책이나 쉬운 책을 통해 단편적인 지식만을 받아들이면 사고력이 떨어진다. 독서태도나 습관이 중요한 이유이다.

제대로 읽으려면 필요한 기술

미국의 영문학 교수 마크 바우어라인(Mark Bauerlein)은 복잡한 글을 제대로 읽어내기 위해서는 다음과 같은 3가지 기술이 필요하다고 한다. 그런데 이 기술은 인터넷이나 스마트폰에 익숙해 있는 요즘의 아이들이 개발하기에는 어려운 것으로 보인다.

1. 예측력

아이들은 보통 채팅형 문자 메시지로 단순한 내용을 빠르게 주고받는 데 익숙하다. 하지만 글을 읽을 때는 겉으로 드러난 의미와 더불어 그에 내포된 뜻을 파악해야 한다. 따라서 이후에 전개될 내용을 차분하게 예측하는 시간을 가질 필요가 있다.

2. 집중력

글을 제대로 읽으려면, 필요한 정보를 작업기억 속에 지속하면서 생각의 흐름을 유지할 수 있을 정도로 집중력이 필요하다. 복잡한 글에는 다소 생소한 장면이나 개념이 나오는 경우가 많아 아주 잠깐 집중해서는 내용을 이해하기 어려우므로, 친구들과 문자 메시지를 주고받는 등의 과제 전환이 이루어지는 것을 막고, 읽기라는 한 가지 과제에 계속 집중하게 해야 한다.

3. 추론력

등장인물 소개 등과 같은 간단한 정보를 습득하기를 원하는 경우가 많다. 이렇게 해서는 글을 제대로 읽기 위해 필요한 추론력을 키우기 힘들다. 저자의 의견에 동의할지 반박할지를 결정하고, 자신만의 생각을 확립하려고 노력하는 등 적극적이고 비판적으로 읽는 태도를 가져야 한다. 복잡한 글을 읽다 보면 지식의 부족과 경험의 한계에 직면하게 되는데, 이런 한계를 보완하고 글을 더 깊이 읽어보려고 노력해야 한다.

학습만화를 주로 읽으면

학습만화를 읽으면 지식을 얻을 수는 있지만, 독서가 주는 이점인 독해력, 사고력, 어휘력 향상은 기대하기 어렵다. 아이가 책을 많이 읽긴 하는데 학습만화 위주로 읽는다면, 어휘력 측면에서 큰 도움이 안 된다. 학습만화는 아이들의 흥미를 고려한 콘텐츠로 다양한 지식을 축약해서 담고 있다. 즉, 지식과 흥미를 동시에 줄 수 있는 책이기 때문에 인기가 높다.

그런데 아이들은 한번 학습만화에 빠지면 글이 긴 책은 읽지 않으려고 한다. 학습만화책에도 중간중간 어려운 단어를 그림 아래에 설명해 놓기도 하지만, 아이들은 그 글은 읽지 않는다. 학습만화는 흐름이 빠르고 다양한 어휘를 사용하지 않기 때문에, 학습만화만 봐서는 새로운 어휘와 고급 어휘를 만날 기회가 많지 않다.

한국교육정보미디어학회의 연구에 의하면, 초등학생들의 77.2%가 학습만화를 선호했고, 이들의 국어 어휘력 평균 점수는 일반도서를 선호하는 아이들에 비해 9.14점이 낮았다고 한다.

학습만화는 사고력에도 나쁜 영향을 미친다. 소설책을 읽다가 모르는 단어가 나오면, 우리는 앞뒤 문맥을 보고 대충 이런 의미겠다고 추론하여 뜻을 유추한다. 추론은 전두엽의 주된 기능 중 하나이다. 문맥과 앞뒤 내용을 통해 추론하여 새로운 단어로 어휘를 확장하는 것이 독서의 큰 이점인데, 학습만화로는 이 이점을 얻기가 어렵다. 만화책 한 권에 그림과 함께 다양한 지식을 전달하려니 이야기의 개연성이 떨어지고, 긴 글로 이야기하지 않기 때문에 추론하기가 어려운 것이다.

물론 아이들이 다른 책들도 즐겁게 읽으면서 학습만화도 잘 읽는다면 큰 문제가 되지 않는다. 그런데 학습만화를 좋아하는 아이들은 긴 줄글 책을 거부하는 경향이 있다. 어휘력이 부족한 경우 글자가 많은 책은 읽기 어려우니 더욱 만화책만 찾게 되고, 그러다 보니 어휘력은 더욱 빈곤해지는 악순환이 일어나기도 한다.

📖 독서태도를 향상시키는 6가지 부모 길잡이

독서교육의 목표는 책을 잘 읽게 하는 데 그치지 않고, 아이들이 삶 속에서 독서를 통해 성장할 수 있게 하는 것이다. 독서가 아이들의 삶에서 발현되기 위해서는 지속적이고도 자발적으로 책을 읽어야 하며, 이를 위해서는 독서태도가 중요하다. 독서가 단지 공부로 인식되는 것이 아니라 새로운 앎에 대한 기쁨과 즐거움으로 인식되는 긍정적인 변화를 가져와야 한다.

1. 독서에 대한 긍정적인 태도를 만들어라.

먼저 읽기에 대한 동기, 흥미, 신념 등과 같은 긍정적인 태도가 중요하다. 따라서 아이가 평상시에 독서에 대한 성공적인 경험을 많이 할 수 있도록 이끌어야 한다. 아이가 읽기 성공 경험을 맛보았다고 판단되면, 이제 부모는 적절한 읽기 과제를 제시하면서 허용적 태도를 유지할 필요가 있다.

풍부한 책 읽기를 통해 '독서의 즐거움'을 경험하는 아이들은 성공적인 평생 독서가가 될 가능성이 높다. 독서에 대한 긍정적인 태도는 읽기 능력의 발달에 중요한 영향을 끼친다. 더구나 긍정적인 독서태도는 오랜 경험을 통해 서서히 형성된다. 따라서 부모들은 독서교육을 통해 긍정적인 독서태도를 만들려는 노력을 독서 지도의 전 기간을 통해 반드시 기울여야 한다.

2. 수준에 맞는 책부터 시작하라.

아이들에게 독서의 즐거움을 알게 하려면 쉬운 책으로 시작해야 한다. 한두 치수가 큰 옷을 사듯, 수준을 높여서 책을 사거나 권하면 아이들이 독서를 싫어하게 된다. 두세 권을 놓고 고민될 때는 조금이라도 더 쉬운 책을 선택하자. 이렇게 쉬운 책이 어휘력 향상에 무슨 도움이 될까 싶지만, 아이가 즐겁게 읽는다면 더 효과적이다.

책을 선택할 때에는 한 페이지에서 아이가 모르는 단어가 10개를 넘지 않아야 한다. 책에 나오는 단어의 90% 이상을 알아야 모르는 단어의 뜻을 앞뒤 문맥을 보며 유추할 수 있다. 한 페이지에서 모르는 단어가 10개 이상이면, 내용을 이해하지 못한 채 넘어가고 있을 확률이 높다.

3. 가족이 함께 읽어 보자.

가족이 함께 모여 읽는 10분은 독서습관 형성에 매우 효과적이다. 저녁을 먹고 난 후 정해진 시간이 되면 각자 좋아하는 책을 거실로 들고 나와 10분 동안 읽는 것이다. 가족이 10분 동안 아무 말 하지 않고 집중해서 읽기만 하면 된다. 혼자 읽으라고 하면 손사래를 치는 아이도 함께 읽자고 하면 한번 해보겠다고 하고, 내키지 않는 일도 10분이면 해볼 만하다고 여긴다.

4. 소리내어 읽게 하라.

일단 아이들이 좋아하는 그림책 위주로 매일 서너 권씩 소리내어 읽도록 하면 좋다. 한글을 읽을 수 있다는 것과, 책 내용을 이해하며 읽는다는 것은 완전히 다른 이야기이다. 아이들이 소리내어 읽으면, 정말 잘 읽고 있는지 알 수 있다. 아이들도 눈으로 읽을 때보다 더 집중해서 읽고, 손으로 하나씩 짚어가며 정확하게 소리내기 위해 노력한다. 날마다 밥을 먹는 것처럼, 양치질을 하는 것처럼 꾸준히 소리내어 책을 읽다 보면 읽기의 요소인 음운 인식 능력이 좋아지고, 난독증을 예방할 수 있으며, 그날 읽은 책들의 제목을 쓰게 한다면 쓰기 장애도 예방할 수 있다.

5. 종이책으로 읽게 하자.

스마트폰이나 디지털 미디어기를 통해 책을 읽어 버릇하면, 아이들이 종이
책을 읽는 데 어려움을 느낄 수 있다. 디지털 미디어기와 종이책은 읽는 방식
에 차이가 있기 때문이다. 종이책 읽기가 익숙하지 않은 채로 학교에 입학하
면, 줄글로 된 교과서와 문제집과 책을 쉽게 읽어내지 못한다.

　디지털 미디어기에 의한 읽기의 특징이 '훑어 읽기'인 만큼, 이렇게 읽는 것
에 익숙한 아이들은 '깊이 읽기'를 어려워한다. 노르웨이 연구진이 10대 학생들
에게 좋아할 만한 주제의 단편소설을 골라 A 그룹은 디지털 미디어기로 읽
게 하고, B 그룹은 종이책으로 읽게 했다. 실험 결과, 종이책으로 읽은 그룹이
디지털로 읽은 그룹보다 시간 순으로 줄거리를 재구성하는 능력이 더 높았다.

6. 독서량이 중요하다.

초등 아이들의 독서는 아기들의 말문 터트리기와 비슷하다. 꾸준히 하나씩
쌓아가는 중이지만, 지금까지 쌓아온 어휘의 항아리가 가득차서 넘치기 전
까지는 뚜렷한 결과가 나타나지 않을 수 있다.

　뉴욕타임스 선정 17주 연속 베스트셀러 『소리내어 읽어주기 핸드북』(*The
Read-Aloud Handbook*)의 저자인 짐 트렐리즈(Jim Trelease)는 모르는 단어를 익히려
면 12번은 봐야 완전히 이해하고 사용할 수 있다고 주장한다. 독서량이 중요
한 것이다. 부모가 읽으라고 하지 않아도, 아이들이 심심하면 혼자서 책을 꺼
내 읽다가 키득거리기도 하고 울기도 하며 옆에서 무슨 일이 일어나도 거의
관심을 두지 않을 정도로 책 읽는 습관이 만들어져야 한다.

독서 추론력을 키워라

국어 시험은 지문을 읽고 "가장 옳은 답을 고르시오"와 같은 형태의 문제가 많다. 다른 답도 틀리지는 않지만, 최선의 답을 고르라는 문제이다. 수학 시험에서 "가장 옳은 답을 고르시오"라는 문제가 있는가? 이것은 사회도 과학도 마찬가지이다. 억지로 만들지 않는 이상 이런 형태의 문제는 거의 없다.

결국 국어 시험은 작가 혹은 출제자의 마음을 가장 잘 헤아릴 줄 알아야 그것이 최선의 답이 되는 것이다. 이런 까닭에 국어를 잘하려면 옳고 그름을 잘 구별해야 한다. 여러 정보 중에서 가장 적절하고 알맞은 정보를 찾아내는 것이다. 다시 말해 국어는 '추론력'이 있어야 잘한다.

책 읽을 때 추론력을 해치는 5가지 적

많은 아이들이 책을 읽을 때, 저자의 의도대로 읽는 것이 아니라 자기 의도대로 읽는다. 학교 시험을 볼 때도 출제자의 의도를 생각하지 않고 자기 마음대로 판단한다.

어떤 부모들은 아이가 글을 '주관적'으로 읽는 것이 더 창의적이라고 생각한다. 하지만 책을 주관적으로 읽는 것은 잘못된 읽기이다. 진정한 창의력은 저자의 의도를 제대로 이해하고 난 후 이를 다양한 시각에서 비판하고 여러 가지 대안을 제시하는 것이다.

읽기에서 추론은 기존의 사실적 정보를 바탕으로 정교화하거나 예측하여 새로운 사실을 찾아내는 능력이다. 추론력이 부족한 아이들은 읽은 글의 내용을 제대로 파악하지 못하므로, 그것을 기반으로 새로운 사실을 추론하는 것이 더욱 어렵다. 이를 해결하기 위해서는 글의 첫머리에서 글 전체의 흐름에 대한 내용을 익히고, 그 흐름에 따라 글을 읽고 이어질 내용을 추론하는 능력을 갖추어야 한다.

아이들이 책을 읽을 때 추론력을 해치는 5가지 적이 있다.

1. 빨리 읽기

아무리 어려운 책을 줘도 금방 읽어 버리는 아이들이 있다. 그냥 건성으로 읽고 넘어가는 것이다. 생각을 하지 않고 읽기 때문이다. 책을 읽을 때마다 생각하며 읽는 습관을 들여야 한다.

2. 자기 마음대로 읽기

저자의 의도를 따라가기보다는 자기 방식대로 글을 이해하고 받아들이는 아이들이 있다. 시험에서도 출제자의 의도와 상관없이 문제를 풀어서 틀리기 일쑤다. 대다수 아이들은 문제를 풀 때조차 지문 자체에 근거를 두는 것이 아니라, 자기의 경험이나 가치에 따라 판단하기 때문에 문제에서 요구하는 바를 놓치는 경우가 많다.

　모든 책은 저자가 생각을 하면서 써내려간 결과물이다. 그러므로 책을 읽을 때는 그 결과물만을 이해할 것이 아니라, 저자의 생각하는 과정을 그대로 따라가야 한다. 자신의 생각을 개입시키지 않고, 저자가 생각하는 방식이 아이들의 뇌에 입력되면서 추론력도 따라 높아진다.

3. 대충 읽기

척 봐서 복잡하거나 어렵다고 느끼면, 읽지 않고 별표만 하고 넘어가는 아이들도 있다. 생각하는 것이 부담스러운 것이다. 이렇게 해서는 추론력이 좋아지지 않는다.

4. 평가와 감상 없이 읽기

평가와 감상은 글을 읽고 자신의 생각에 비추어 비판적으로 판단하거나 좋고 나쁨을 이야기할 수 있는 능력이라고 할 수 있다. 아이들은 내용 파악 능력이 미흡하다 보니 비판적 읽기가 되지 않아 글을 읽고 적절성을 판단하는 능력이 매우 부족하다. 그러다 보니 자신감이 떨어져 감상조차 하지 못하는 경우가 많다. 이런 경우 추론력이 늘 수 없다.

5. 요약 없이 읽기

추론력이 부족한 아이들은 글에서 세부 내용을 파악하는 것은 어느 정도 하지만, 대강의 내용이나 글의 구조를 파악하는 기능이 부진하다. 따라서 한 편의 글을 읽고 전체 내용을 요약하는 활동을 통해 글의 대강의 의미를 파악하는 능력을 길러주어야 한다.

추론력이 높은 아이들은 책을 읽을 때 낱말과 문장의 뜻을 제대로 이해하고, 중요한 내용과 그렇지 않은 것을 구별하며, 어려운 내용이 나오면 그것을 제대로 이해하기 위해 자신이 알고 있는 지식이나 경험을 동원하기도 한다. 되풀이해서 읽거나 다른 자료를 찾아보는 등의 노력도 게을리하지 않는다. 그뿐만 아니라 글의 내용을 자신의 배경지식과 연관시켜 관련 사항에 적용하기도 하고, 종합해서 새로운 지식을 만들어내기도 한다.

1. 일단 훑어보기를 하자.

책을 본격적으로 읽기 전에, 우선 전체적인 흐름을 파악하는 것이 좋다. 제목과 차례, 도표, 사진, 그래프 등을 살펴보고, 도입부와 결론을 읽어보게 하자. 요약이 있는 경우에는 요약 부분도 읽어본다. 특히 책 제목은 대체로 전체 내용을 압축적으로 표현한다. 게다가 표지에 제목과 내용을 함축적으로 표현한 그림이 있는 경우, 전체 내용을 상상하고 추론하기 좋다.

먼저 제목과 표지만 보고 어떤 내용일지 추론해 보면, 책의 내용을 이해하는 데 도움이 된다. 또한 읽기 전에 책의 내용을 미리 생각해 봤기 때문에, 저자의 생각과 내 생각의 흐름을 비교할 수 있는 좋은 기회가 될 수 있다. 문학작품은 저자의 생각대로 글이 이어지기 때문에 첫 문단만 읽고는 전체 내용을 파악하기가 쉽지 않다. 그러나 설명문이나 논설문은 요지가 분명한 글이어서 첫 문단만 읽고도 뒤의 내용을 얼마든지 추론할 수 있다.

2. 배경지식을 동원하여 연결하라.

글 속에 모르는 어휘가 70% 이상 있다면 그 글을 정확하게 이해하기 어렵다.

따라서 모르는 어휘는 그냥 지나치지 말고 뜻을 찾아보고 의미를 파악하며 읽어야 한다. 모르는 어휘가 나올 때마다 예측하고, 문맥을 살펴 뜻을 유추해보고, 사전을 통해 정확한 뜻을 아이와 함께 찾아보자.

아이들이 글을 이해하는 데 필요한 배경지식을 가지고 있지 않다면, 부모가 미리 정보를 제공하는 것이 좋다. 아이가 글을 읽기 전에 그 주제에 대해 '이미 알고 있는 것'을 떠올리고, '이 글을 통해 알고 싶은 것'을 정리하고, 자신이 알고 있는 것이 맞는지 확인하도록 하자. 부모는 아이들이 읽는 책을 관찰해서 관심사를 알아내고 대화의 소재로 활용해야 한다.

3. 중요한 것을 찾아라.

아이들의 추론력을 높이는 가장 효과적인 방법은 다방면의 책을 많이 읽는 것이다. 그러나 책을 무작정 많이 읽는다고 추론력이 키워질까?

대부분의 아이들은 책을 읽을 때 그냥 내용을 이해하는 것으로 끝난다. 저자의 생각을 그저 수동적으로 받아들이고 적극적인 사고를 하지 않는다. 하지만 '저자가 이렇게 생각한 이유가 무엇인지' 답할 수 있어야 하고, '저자가 어떤 과정을 통해 이렇게 생각하게 되었는지' 그 과정을 생각해 보아야 한다. 따라서 책을 선택한 목적을 염두에 두면서 핵심어와 기능어를 찾아가며 읽어야 한다. 의문점에 대한 답을 찾아가며 읽는 것이다.

특히 책에서 이탤릭체나 굵은 글씨, 색이 있는 글씨 등에 더욱 주의를 두어야 한다. 저자가 강조하는 개념이나 책을 통해 습득해야 할 정보는 놓치면 안 된다. 아울러 중요한 단락은 여유를 가지고 천천히 읽어야 하며, 필요하면 여러 번 반복해서 읽는 것도 좋은 방법이다.

추론은 막연한 자기 생각이 아니다. 주어진 지문을 꼼꼼이 읽고 그 지문을 바탕으로 생각해야 함에도 불구하고, 막연한 자기 생각으로 추론하는 아이들이 많다. 추론은 기발한 아이디어와 풍부한 상상력이 아니라, 사실에 대한 정확한 이해에서 출발한다는 것을 기억하자.

4. 질문을 통해 사고력을 높여라.

독서를 통해 추론력을 키우려면, 아이들이 저자가 그렇게밖에 생각할 수 없는 이유를 파악해야 한다. "책 제목을 보고 어떤 느낌이나 생각이 들었어?"라는 단순 질문부터 배경지식을 동원한 어려운 질문까지 어떤 종류의 질문이라도 관계없다. 아이들은 의문점이 생기면, 자기가 알고 있는 모든 지식과 외부 정보를 동원해 그것을 해결하려고 의식적, 무의식적으로 노력하며, 그 과정에서 지식이 깊어지고 분명해진다.

추론력을 키울 때, 논리적 모순을 찾아내는 훈련은 매우 중요하다. 쉽게 풀어쓴 다양한 논리책을 활용하여 연역법과 귀납법, 삼단논법 등의 개념을 익히게 하자. 특히 논설문의 경우 글의 목적이 무엇인지 파악하고, 주장에 대한 타당한 근거가 제시되었는지 확인하며, 필자의 주장에 대해 비판적으로 검토한 후 수용 여부를 결정해야 한다.

5. 등장인물의 심정을 헤아려 보자.

등장인물이 처한 상황이나 심정을 헤아리는 연습을 하면 추론에 많은 도움이 되며, 이것을 능숙하게 할 줄 알면 중학교에 가더라도 고전이나 소설과 같은 이야기 중심의 책을 추론하는 것을 잘할 수 있다.

특히 문학작품은 열린 마음을 가지고 읽어야 하며, 사전을 찾듯이 단어를 분석하기보다는 다양한 의미를 탐색해야 한다. 주인공이나 등장인물과 나를 동일시하며 카타르시스를 경험하고 글이나 말로 표현할 수 있어야 한다.

추론력을 키우기 위해서는 지문의 내용을 구체화해서 자기 자신이 그와 똑같은 상황에 처한 것처럼 생각하는 것도 중요하다. 시나 소설을 읽고 작가나 주인공이 처한 상황을 이해하지 못하면 내용을 추론할 수 없기 때문이다.

아이들이 교과서에 나온 시를 보고, 시인의 정서에 공감하기보다는 참고서에 나온 설명을 외워 버리는 경우가 많다. 이렇게 되면 배우지 않은 시가 나오면 추론이 안 된다. 시 한 줄을 읽고서도 감동할 수 있고 핵심을 파악할 수 있어야 한다.

내가 예술가라고 가정하고, 다른 사람들에게 표현하고 싶은 나의 생각이나 감정을 떠올려보게 하자. 일상에서 평범하게 스쳐 지나가던 감정을 주제로 잡아 되돌아보고, 그 당시 내 마음을 깊이 있게 관찰하게 한다. 외로움을 주제로 한다면, 혼자 느꼈던 외로운 순간을 떠올려보게 한다. "환한 낮에 교실에서 친구들과 공기놀이를 하다가 순간적으로 따돌림을 당한다고 느꼈어요. 외롭고 고독했어요." 더 나아가 나의 생각이나 경험을 바탕으로 저자의 생각을 결합해서 새로운 생각을 만들어보는 것도 좋다. 이것이 바로 창의적 책 읽기이다.

6. 요약하라.

추론력을 높이는 가장 좋은 방법은 '요약하기'이다. 저자의 의도를 정확하게 파악하지 않고서는 제대로 요약을 할 수 없다. 제대로 된 요약은 저자의 의도를 정확히 이해하고 난 후 이것을 자기의 용어로 바꿔서 표현하는 것이다.

앞 단계에서 읽은 정보를 기초로 하여 책을 보지 않고, 자신의 말이나 글로 요약을 하거나 질문에 답을 해보게 하는 것도 좋다. 머릿속에만 있는 지식은 불완전한 경우가 많고 쉽게 기억에서 사라진다. 머릿속 지식을 어떤 형태로든 표현하게 되면, 그 과정에서 지식이 더욱 공고해지며 장기기억으로 넘어간다.

낭독의 힘

낭독은 아이들이 읽기 기능을 몸에 익히도록 하기 위한 최적의 방법이다. 말하는 능력을 높이는 데도 유용하며, 읽기에 어떤 문제가 있는지도 알 수 있다. 특히 디지털 읽기 방식에 익숙한 아이들, 정확하게 읽지 않고 빠르게만 읽으려는 아이들에게 대충 빨리 읽어버리는 습관을 고칠 수 있다.

글을 읽고도 내용을 이해하지 못하는 아이들은 어절 단위로 잘 끊어 읽지 못하는 경우가 있다. 낭독은 정확한 발음으로 의미 단위로 묶어 읽지 못하는 아이들이 글을 이해하는 데 도움을 줄 수 있다. 자꾸 낭독하다 보면 어디서 끊어 읽어야 하는지, 어디까지가 의미의 단위인지를 구별할 수 있게 되므로 자연스레 글에 대한 이해도가 좋아진다.

또한 눈으로 글자를 살펴가며 낭독을 하므로 책에 더 쉽게 몰입한다. 아이가 낭독을 잘하지 못한다면 정확하게 읽지 못하는 것이다. 책 전체를 소리내어 읽기가 힘들다면, 부모와 아이가 한 페이지씩 번갈아 읽는 것도 좋다. 이렇게 책을 읽고 난 뒤에 아이와 함께 가볍게 이야기를 나누는 것도 좋은 방법이다.

정확성과 유창성이 중요하다

아이들은 낭독을 통해 귀로 들리는 소리를 듣고 음성언어를 이해할 뿐 아니라 듣기 능력이 좋아지고 어휘력이 쌓이며 이해력을 키울 수 있다. 또한 자신과 다른 아이들이 읽는 소리에 대한 청각적 인지를 기를 수 있다.

청각적 인지는 특히 초등학교 저학년 문해력 교육의 핵심이며, 아이들은 이를 통해 소리와 문자의 대응관계를 제대로 파악할 수 있다. 무엇보다 부모가 소리내어 읽어주는 것은 아이들에게 의미를 전달하는 동시에 훌륭한 낭독 모델이 될 수 있다.

낭독은 읽기 영역에 해당하지만, 쓰기와 문법 등 다른 영역과도 밀접하게 관련을 맺고 있다. 또한 글자를 익히는 기틀이 되므로 실생활에서 자연스럽게 이루어져야 한다.

낭독에서 중요한 것은 정확성과 유창성이다. 특히 초등학교 저학년 때에는 정확성을 좀더 강조해야 한다.

예전에 서당에서 학동들이 천자문을 소리내어 외우던 모습을 상상해 보자. 이처럼 큰소리로 낭독을 하면 글자와 소리의 대응관계가 서서히 뇌에 새겨져 정확해지고, 같은 문장을 반복하다 보면 더듬거리는 횟수가 서서히 줄어들어 유창성이 좋아진다.

학습은 의미 있는 반복이 지속될 때 일어난다. 낭독을 하면 문자언어가 뇌에서 음성언어로 바뀐다. 이때 뇌는 청각·시각·언어·공간·기억·집중·추론 등을 담당하는 다양한 부위가 활성화된다. 이 과정이 반복되면 뇌가 학습 내용을 통째로 암기하게 된다.

오래전에 옛 선비들은 과거시험을 치르는 것이 평생의 과제였다. 그런데 과거시험은 '사서오경'이라는 방대한 분량의 책들에서 어떤 구절이나 주제가 나올지 알 수 없었다. 선비들은 많은 책을 통으로 외워야만 치를 수 있는 과거를 준비하면서 낭독을 했다.

낭독의 발달

낭독은 먼저 '낱말 소리내어 읽기'에서 시작해서 '문장 소리내어 읽기'로 점차 발전해간다.

청주교육대학 심영택 교수에 의하면, 낱말을 소리내어 읽는 데는 3가지 음운 환경을 설정해 볼 수 있다.

첫째, 음운 변동이 없는 낱말 낭독이다. 주로 받침이 없는 낱말(예: 가구)이나, 받침이 있더라도 받침의 발음규칙에 적용을 받지 않는 낱말(예: 기역)이 해당된다.

둘째, 연음규칙이 적용되는 낱말 낭독이다. 연음규칙은 받침 뒤에 모음으로 시작하는 음절이 올 경우, 받침을 다음 음절에 그대로 옮겨 발음하거나(예: 걸음→거름), 대표음으로 바꾸어 옮겨 발음하는 것(예: 겉옷→거돋, 값있는→가빈느)을 말한다.

셋째, 음운 변동이 다수 일어나는 낱말(예: 독립→동닙) 낭독이다.

문장을 소리내어 읽는 데는 한 글자씩 읽을 때와 글자들을 이어 읽을 때에 소리가 다른 것을 인식해야 한다. 처음에는 부모가 먼저 소리내어 읽어 시범을 보이거나 함께 낭독하는 것으로 시작하여, 점차 아이들이 혼자서 문장을 정확하게 소리내어 읽도록 해야 한다. 특히 음운 변동이 일어나는 곳에 밑줄을 긋게 하여, 문장 안에서 일어나는 음운 변화를 정확하고 바르게 읽을 수 있도록 하는 것이 좋다.

초등 1~2학년은 낱말과 문장을 정확하게 소리내어 읽어야 하고(읽기의 성취 기준), 한글 낱자의 이름과 소릿값을 알고 정확하게 발음하고 쓸 줄 알아야 한다(문법의 성취 기준).

즉, '읽기'의 측면에서는 낱말과 문장 단위에서 정확한 발음으로 읽을 수 있게 하되, 소리와 글자가 다른 경우 변화의 원리를 이해하여 정확하게 소리내어 읽을 수 있어야 한다. 또한 낱말과 문장을 정확하게 소리내어 읽기를 반복함으로써 글자의 모양과 발음을 연결시켜 기억할 수 있도록 하고, 글자의 뜻이 자연스럽게 연상될 수 있도록 한다.

'문법'의 측면에서는 한글 낱자의 이름과 모양을 차례로 익히고 자연스러운 순서에 따라 쓰도록 하며, 이 낱자들의 결합으로 이루어진 글자를 바르게 쓰고 발음할 수 있도록 해야 한다.

초등 3~4학년은 소리와 표기가 다를 수 있음을 알고 낱말을 바르게 발음하고 쓸 줄 알아야 한다(문법의 성취 기준). 또한 소리대로 표기되는 낱말과 그렇지 않은 낱말을 비교하는 활동을 통해 표기와 발음이 서로 다른 차원이라는 점, 그리고 낱말을 한글로 적을 때에는 일정한 규칙을 따라야 한다는 점을 자연스럽게 깨닫도록 해야 한다.

📖 낭독을 위한 6가지 부모 길잡이

아이들이 한글의 자모를 인식하고 글자의 짜임을 알며, 낱말 소리내어 읽기, 문장 소리내어 읽기로 이어지는 낭독의 발달을 북돋워 주어야 한다.

1. 자모 인식이 먼저다.

먼저 아이들이 자음자와 모음자를 인식한 후 이름을 알도록 한다. 자모 인식은 책과 주변 사물들을 통해 구별하기, 허공에 그려보기, 몸으로 자모자 모양 만들기, 책에서 자모자 찾기 등의 놀이활동을 통해 자연스럽게 익힐 수 있다.

자모를 인식할 때는 글자와 소리의 관계를 이해하고 기억하여 바르게 읽는 데 초점을 두며, 그 범위를 글자, 낱말, 글로 확장해간다. 같은 자음자라도 어떤 모음자와 결합하느냐에 따라 다른 글자가 되며, 결합의 방향이 다르다는 사실도 이해할 수 있도록 도와준다. 또한 낱말 카드를 다양하게 결합하여 여러 가지 낱말을 만들어 보고 소리내어 읽을 수 있게 한다. 아울러 같은 낱자를 가지고 여러 가지로 결합될 수 있는 조합을 미리 생각하여 아이들에게 보여주고, 이를 통해 자음자와 모음자의 결합방식에 따라 글자의 뜻이 달라질 수 있음을 알게 해주는 것이 좋다.

2. 낱말 낭독을 다양한 방식으로 해보자.

의미를 알고 소리내어 읽을 수 있도록 가능한 아이들의 배경지식에 있는 낱말을 활용하자. 이는 의미를 알고 읽는 데 도움을 준다. 소리와 글자가 다르다는 것을 인식할 수 있을 정도의 기본적인 낱말을 활용하되, 다양한 음운 변동이 일어나는 낱말은 되도록 피해야 한다. 음운 변동이 너무 다양하게 일어나면 외우려고 들기 때문이다.

부모가 먼저 낱말을 소리내어 읽어 시범을 보이고, 아이가 따라 읽게 한다. 낱말 낭독은 부모가 먼저 읽고 아이가 따라 읽기, 부모와 아이가 번갈아 읽기, 같이 읽고 각각 읽기 등 다양하게 시도할 수 있다. 부모는 아이가 자음자와 모음자가 모여야 소리를 내게 된다는 것을 알고, 낱말을 소리내어 읽을 수 있는지 확인하도록 한다.

3. 문장 낭독은 자연스럽게 하도록 한다.

문장 낭독은 문장의 뜻을 생각하며 말하듯이 자연스럽게 읽는 것이다. 처음에는 부모가 읽어주는 문장을 따라 읽게 한다. 문장 낭독은 부모가 소리내어 읽는 것을 듣고 따라 읽기, 아이가 손가락으로 짚어가며 읽기, 수수께끼를 풀며 따라 읽기, 문장의 뜻을 마음속으로 생각하며 따라 읽기 등 다양한 놀이활동으로 확장할 수도 있다.

문장을 소리내어 읽으면, 문장의 뜻을 알 수 있고, 입으로 읽으면서 귀로 들을 수 있으며, 문장을 소리로 나타낼 수 있고, 글자와 소리의 관계를 알 수 있다. 문장 낭독은 의미 중심 접근법으로 그림을 활용할 수도 있다. 그림에 어울리는 문장을 완성할 때에는 맞춤법에 지나치게 치중하기보다는 표현 능력에 중점을 두는 것이 좋다.

4. 낭독에 적절한 책을 골라라.

아이들이 낭독을 계속하려면 먼저 그것을 즐길 수 있어야 한다. 그러기 위해서는 어떤 책을 고르느냐가 중요하다. 창작동화나 전래동화는 본래부터 읽고 들려주기 위한 문장으로 쓰였기 때문에 낭독에 적합하다. 아이들이 익숙하고 좋아하는 문장이라면 낭독을 즐겁게 계속할 수 있다. 그러면 낭독에 몰입하게 되고 이는 기억력과 집중력을 키워준다.

유대인 아이들은 책을 머릿속으로 읽지 않고 입 밖으로 소리내어 읽는다. 낭독이 집중력을 높이기 때문이다. 소리내어 읽을 때는 시각, 청각, 운동이 동시에 활용되기 때문에 그만큼 뇌가 활성화된다.

5. 시범으로 읽어줘라.

낭독은 사전 연습이 중요하다. 아이가 낭독을 할 수 있도록 부모가 먼저 큰소리로 읽는 시범을 보여주는 것이 좋다. 이때 부모가 음의 고저나 띄어 읽기에도 관심을 기울이고 읽으면, 아이들에게 좋은 사전 연습이 된다. 사전 연습은 낱말, 문장, 이야기 순으로 한다. 가정에서 정기적으로 저녁에 부모가 시범으로 낭독을 해주면 좋다. 어느 정도 되면, 아이가 혼자서 낭독을 할 수 있게 한다. 아이가 낭독한 것을 녹음한 후 들려주는 것도 피드백에 좋다.

6. 일제히 읽기와 따라 읽기도 도움이 된다.

낭독의 한 방법으로 가족이 일제히 읽기와 따라 읽기가 있다. '일제히 읽기'는 초등 저학년의 문자 입문기에 가족이 모여 입을 모아 일제히 읽는 방식이다. '따라 읽기'는 부모나 낭독을 잘하는 형이 시범을 보이면, 아이가 큰 소리로 따라 읽는 것을 말한다. 일제히 읽기나 따라 읽기에 적합한 글은 창작동화나 명작동화이고, 선언문이나 연설문 같은 것도 적당하다.

4차 산업혁명 시대의
글쓰기

초등학교 저학년들은 인지과정에서 일어나는 모든 생각들을 정리하여 글을 쓰기 어렵다. 왜냐하면 아이들의 머릿속에서 인지과정은 동시다발적으로 일어나지만, 글을 쓰는 행위는 순차적으로 이루어지기 때문이다. 그래서 아직 글쓰기의 초보인 저학년 아이들은 자신의 생각을 글로 옮기는 데 어려움을 겪게 된다. 그러므로 저학년생들은 인상 깊었던 일이나 겪은 일을 중심으로 주변에서 일어나는 일들을 쓰도록 하는 것이 좋다. 저학년 아이들은 주변에서 쉽게 접할 수 있는 인물이나 사물을 표현하는 경험을 통해 주변의 대상에서 특징을 발견하는 것이 중요하다.

고학년으로 갈수록 일이 일어난 순서나 인과관계, 혹은 공통점과 차이점을 중심으로 쓰는 등, 글의 성격에 따라 내용 전개나 조직 방식이 달라짐을 깨닫게 된다. 초등학교 각 학년별로 글 쓰는 수준에 대해서는 앞에서 설명했으니 참고하기 바란다.

책을 읽고 글을 쓰는 것은 4차 산업혁명 시대에도 삶에서 중요하다. 정보 활용은 우리의 생활양식, 가치관 및 사회변동의 핵심이 된다. 4차 산업혁명 시대에는 누구나 창조적이어야 하며, 글쓰기는 정보를 활용하여 창의력을 발휘하는 데 중요한 역량이다.

초등 아이들에게 글쓰기를 가르칠 때에는 정보를 의미 있게 가공하고, 스토리를 만들고, 다른 사람들을 감동시킬 수 있도록 해야 한다. 즉, 다른 사람들이 감탄하는 글을 쓰는 기반을 만들어야 한다. 다른 사람들이 예상치 못한 것, 그들의 마음을 뒤흔들고, 충분히 매력적이며, 이야기가 있고, 똑똑한 글쓰기로 사회적 연대감까지 만들어내야 한다.

1. 예상을 벗어나 놀라움을 만들어라.

뇌는 예측하는 기관이다. 뇌는 우리가 문장을 읽을 때 다음에 어떤 내용이 나올지 계속 예측을 한다. 그런데 예상치 못한 내용이 나오면 더 빠져들게 된다.

아이들의 정보활용 능력을 높이려면 읽고 쓰는 데에서 창조하는 기쁨을 알아야 한다. 틈날 때마다 책을 읽고 글을 쓰면서 정보를 활용하는 창조활동을 계속한다면 뇌는 새로워질 수 있다. 글을 쓸 때 예상치 못한 놀라움과 반전은 창의력의 바탕이 된다.

2. 마음을 흔들어라.

글쓰기에서는 논리적인 설명도 중요하지만 감정을 건드리는 것이 필요하다. 예를 들어 '아프리카 난민을 돕자'라는 캠페인을 할 때, 난민의 숫자나 경제적 상황을 수치화하여 설명하며 논리적으로 풀어 쓰는 것도 필요하지만, 한 명의 난민이 얼마나 힘들게 살아가는지 보여주는 것이 더 효과적일 때가 많다.

아이들 자신의 생각이나 감정을 미각·촉각·시각·청각·후각 등 오감을 활용해 생생하게 떠올리는 연습을 하고, 이를 바탕으로 글쓰기를 하게 해보자. 아이들이 그 순간의 날씨와 냄새, 소리까지 기억해 표현할 수 있도록 당시 상황을 생생하게 떠올리고, 당시의 감정을 묘사할 수 있도록 이끌어 보자.

3. 글에도 매력이 필요하다.

매력적인 글은 다른 사람의 호기심을 끌어낸다. 휴가를 떠난 후보다 계획할 때 더 행복한 것처럼, 앞으로 나올 뭔가 더 나에게 유용하거나 감동을 주는 내용에 대한 호기심을 자극해야 한다. 아이들에게 여행을 계획할 때와 같은 종류의 즐거움을 느낄 수 있게 호기심을 자극한다면 매력적인 글쓰기가 될 수 있다.

글을 쓸 때 질문으로 시작하여 호기심을 끌어낼 수도 있고, 궁금증을 자아내는 묘사로 글 속으로 다른 사람을 끌어들일 수도 있다. 매력 있는 글은 그 글을 쓴 아이들에게 행복감을 높여주고, 다시 쓰고 또 써가는 욕구를 일으킬 수 있다.

4. 머리로 똑똑하게 써라.

"초고는 가슴으로 쓰고, 두 번째 수정부터는 머리로 쓴다."는 말이 있다. 아이들이 글을 쓰기 위해서는 이해력, 구성력, 문장력이 필요하다. 글을 쓰는 목적은 사건을 개별적으로 설명하는 것이 아니라, 그 의미를 벗기거나 드러내 넓은 세상 이치를 깨닫는 것이다. 따라서 글을 쓰기 전에 똑똑하게 읽는 것이 중요하다.

책을 읽은 후 글을 쓸 때는 저자의 생각을 잡아내어 객관적 사실과 지식, 진리를 발견하고, 이를 내 안으로 체현(體現)시켜 표현해야 한다. 따라서 사람들이 이해하기 쉽게 짧고 명료하게 써야 한다. 그러기 위해서는 글쓰기의 기본 요소인 1) 세계상을 깊이 있게 이해할 수 있는 지식, 2) 현상과 세계를 적절히 드러낼 수 있는 구상력, 3) 생각과 사고를 문자로 표현할 수 있는 문장력이 모두 필요하다.

5. 사회적으로 연결하라.

글을 쓰는 목적은 읽는 사람들의 삶을 풍요롭게 하고, 아울러 아이 자신의 삶도 풍요롭게 해주고자 하는 것이다. 인간의 뇌는 다른 사람과의 연결을 갈망한다. 글쓰기는 이러한 뇌의 갈망을 충족시키는 수단이 된다.

연구에 의하면, 사람이나 생각을 생생하게 설명한 글은 사회적 신호를 해석하는 뇌 영역을 활성화한다고 한다. 나의 생각, 세계관, 가치, 감성 등 아이만의 개성이 담긴 글을 보고 다른 사람들이 반응을 한다. 글쓰기는 개인적인 작업이지만 다른 사람을 변화시키고 더 나은 세계를 향해 영향력을 행사하는 것이다. 아이들의 아무리 작은 생각이나 몸짓도 세상에 영향을 미치고 전 우주와 연결된다는 사실을 알아야 한다.

6. 구체적인 이야기를 담아서 써라.

구체적으로 쓸수록 읽는 사람들이 글의 상황을 상상하게 되고 글에 몰입하게 된다. 예를 들어 '새'보다는 '까치', '청소한다'보다는 '물걸레질한다'란 표현이 더 구체적으로 마음에 와닿는다. 사람들은 이야기가 풍부한 글에 더 호감을 느끼며 신뢰감을 가진다. 그것이 이야기의 힘이다. 아이들이 글에 구체적인 에피소드를 담아서 쓰면, 읽는 사람들이 그 글의 상황이 그려지면서 더욱 몰입하게 된다.

국어, 글쓰기로 사고력을 높이자

국어력은 모든 학습력의 기본인 만큼, 초등학교 때 점검해야 한다. 시험 때면 늘 책상 앞에 앉아 열심히 공부하는데 성적이 오르지 않는 아이들이 있다. 이런 아이들은 국어력을 점검해 봐야 한다. 답을 찾는 것보다 문제를 이해하는 것이 더 어려운 아이들이 많기 때문이다.

글을 쓴다는 것은 문자언어에 의한 표현행위일 뿐만 아니라 일련의 문제를 해결하는 사고과정이고, 자신의 의미를 구성하는 과정이며, 지식을 정교화하는 과정이다. 즉, 다양한 의미를 구성하는 행위라 볼 수 있다.

이제 글쓰기가 의미를 구성하는 행위라는 인식은 글쓰기 연구자들뿐만 아니라 글을 쓸 수 있는 사람이면 누구나 가질 수 있는 생각이 되었다. 아이들이 어떤 글을 쓰기까지 생각하는 과정은 매우 고차원적인 사고력을 유발하게 되고, 글을 쓰면서, 그리고 글을 쓴 후에도 앞서 말한 다양한 과정들이 반복되기 때문이다.

글쓰기

글쓰기는 오랜 시간 동안 많은 글을 직접 써서 감을 익혀야 잘할 수 있다. 실제로 평소에 글을 많이 써본 아이들은 주제를 받으면, 바로 어떤 내용을 어떻게 전개해야 할지를 머릿속에 떠올린다. 그에 반해 글쓰기 경험이 없는 아이들은 무엇을 어떻게 써야 할지 감을 잡지 못해 한두 줄 쓰는 것도 힘들어한다.

글쓰기는 사고력을 키우는 데 매우 효과적인 학습법이다. 한 편의 글을 쓰기 위해서는 많은 생각을 해야 하며, 고심 끝에 써낸 글을 검토하고 수정할 때도 사고력이 필요하다. 글을 수정하는 일은 단순히 글자를 바꾸는 것이 아니라 더 적절한 표현, 논리에 맞는 내용을 생각해내어 고치는 일이기 때문에 사고력 향상에 많은 도움이 된다.

또 글을 쓰면, 아이들이 글을 쉽게 읽는 것은 물론이고 글의 구조를 어렵지 않게 파악하고 논지를 정확하게 알게 된다. 즉, 통찰력이 생긴다. 그뿐만 아니라 머릿속에 한꺼번에 쏟아지는 수많은 정보와 지식을 이해하기 쉽게 잘 정리하게 된다.

글쓰기 경험이 풍부한 아이들은 수업시간에 어떤 주제를 배우면, 교사의 설명을 듣는 것과 동시에 머릿속에 핵심 내용과 주변 설명, 중요한 내용과 참고할 사항 등을 빠른 시간에 정리해 곧바로 노트에 옮겨 적는다. 한마디로 이런 아이들은 '구조화'를 잘한다. 이렇게 핵심을 잘 파악하고 구조화도 잘하는 아이들이 추론을 쉽게 하는 것은 당연한 일이다.

아울러 글을 쓰는 과정은 '자기 모니터하기'의 과정이라고 할 수 있다. 글쓰기를 '의미 구성의 과정'이라고 정의하면, 이 과정에는 필연적으로 자기의 인지 행위를 점검하고 통제하는 메타인지적 행위가 필요하다. 이것이 곧 '자기 모니터하기'의 과정이다. 자기 모니터하기 능력은 글을 쓰는 각 단계에서 각각의 전략을 제대로 활용하는 데도 필요하지만, 글쓰기와 전체 과정을 점검하고 통제하는 데에도 필요하다.

국어 교과서에는 글 내용과 비슷한 경험 쓰기, 글 내용을 나의 상황에 비추어 쓰기, 시로 표현하기, 뒷이야기 상상하여 쓰기, 그림 보고 말풍선 달기, 인물의 말이나 행동을 통해 알게 된 성격을 생각하며 쓰기, 공통점과 차이점이 드러나게 쓰기, 이야기 새롭게 꾸며 쓰기, 원인과 결과가 잘 드러나게 쓰기 등 수십 가지 형태의 글쓰기 활동이 나온다.

겪은 일 쓰기

겪은 일을 글로 쓴다는 것은 일상적인 일들에 대해 일종의 생활문을 쓰는 것이다. 생활문은 특정 장르로 규정지을 수는 없으나, 초등학교에서는 일기나 편지, 감상문, 기록문, 기행문, 반성문 등 아이들이 일상에서 접하게 되는 글들이 모두 포함된다.

초등 1~2학년에서는 일기가 글쓰기의 첫 활동이다. 겪은 일을 쓸 때는 정보의 사실성이나 정확성을 요구하는 설명문, 의견의 논리성을 추구하는 설득적인 글보다는, 자신의 느낌이나 생각을 자유롭게 표현하는 정서적 차원의 접근이 좋다. 또한 글이 경험한 내용이 바탕이 될 때 더 구체화될 수 있다.

1~2학년 아이들은 자기중심적 사고를 하므로, 자신의 생각을 다른 사람에게 사회적 언어를 사용하여 객관화해서 표현하기 어렵다. 이 연령대 아이들은 자기 주변에서 일어난 일부터 표현하는 것이 가장 쉽다. 따라서 일기 쓰기로 겪은 일 쓰기를 구체화할 수 있다. 처음에는 한두 문장을 중심으로 표현

하는 것부터 시작해서 점차 문단 정도의 글을 쓸 수 있도록 해보자. 아이들에게 바로 직접 쓰게 하기보다는 인상 깊은 내용을 친구에게 이야기하듯이 말해보게 하는 활동으로 시작하는 것도 좋은 방법이다.

📖 겪은 일 쓰기 6가지 부모 길잡이

1. 인상 깊었던 일이나 겪은 일을 글로 쓴다.

아이들이 쉽게 글감을 마련할 수 있도록 인상 깊었던 일이나 자신이 경험한 재미있는 일을 친구들에게 이야기하듯이 쓰게 해보자.

　문자언어의 관습과 규범에 익숙하지 않은 아이들이 부담없이 쓸 수 있도록, 처음에는 즐거웠던 경험을 글과 그림으로 함께 표현하도록 하는 것도 좋다. 또한 아이들이 인상 깊었던 일이나 겪은 일을 글로 계속 쓰고 이를 나누는 과정을 통해 쓰기에 대해 호감을 가지고, 쓰기를 통해 자신을 표현하는 법을 익힐 수 있게 도와주자.

2. 아이디어를 부모와 함께 떠올리자.

매일매일의 한 일, 보고 들은 것, 겪은 것, 생각한 것, 읽은 것을 떠올려 보게 해보자. 이때 부모가 아이들에게 주제를 주거나 떠올리라고 요구하면 버거워한다. 초등 1~2학년의 경우 부모가 함께 글감을 잡아보는 것이 좋다. 즉, 부모가 먼저 겪은 일들에 대해 제한적인 주제들을 떠올릴 필요가 있다. 부모가 자신의 사고방식을 시범으로 보여주는 것인데, 언어를 통해 사고방식의 시범이 가능하다.

3. 감정표현에 관심을 가지자.

아이들은 글을 쓰면서 자신의 감정을 정확하게 들여다보게 된다. 글쓰기는 사고력만 키우는 것이 아니라 아이들의 마음을 달래고 감정을 치유하는 힘이 있다.

초등 1~2학년 아이들은 물론이고 5~6학년들에게도 글쓰기는 자신의 감정을 성찰한다는 점에서 큰 의미를 갖는다. 아이들은 지식을 배우듯이 감정 표현을 배워야 한다. 부모나 친구들에게 나를 이야기할 수 있어야 한다. 감정을 글로 표현하고, 다음에 어떻게 행동하고 말해야 할지 연습하는 것은 사회화 과정에 좋은 디딤돌이 된다.

4. 그림일기로 부담을 줄이자.

초등 1~2학년 아이들은 글자의 부담을 줄이기 위해 그림으로 표현하게 하기도 한다. 단, 그림에 너무 치우쳐 많은 시간을 할애하지 않도록 유의해야 한다. 이때 글과 그림은 서로 보완적인 성격을 갖는다. 그림을 그리면서 재미있는 글쓰기 아이디어를 떠올리기도 하고, 글에 미처 표현하지 못한 요소를 그림으로 그려 내용을 풍성하게 할 수도 있다.

5. 일단 초고를 써보자.

막상 겪은 일을 쓰기 시작하려면 내적, 외적으로 문제에 부딪힌다. 실제로 아이들은 이러한 장애에 부딪히면서 일기 쓰기에 많은 부담을 느낀다. 정교한 글을 쓰려면 많은 시간이 걸리는데, 현실적으로 일기 쓰기에 내줄 시간이 부족하다.

더구나 부모들이 기대한 정교한 의미나 기준을 맞추려면, 아이들의 부담은 배가 된다. 따라서 초등 1~2학년 아이들은 일단 부모의 기대와 관계없이 쓰게 하는 것이 좋다. 그래야 아이들도 생각나는 틀을 잃지 않을 수 있다. 일단 초고를 쓴 후에 다듬는 과정을 가지는 것이 좋다.

6. 낭독이나 공감을 나누어 글을 다듬자.

초등 1~2학년 아이들은 발달단계상 자신의 글을 읽고 모니터하는 활동이 어렵다. 글을 모니터한다는 것은 단순히 글을 다시 살펴보는 행위가 아니라, 글에 대한 메타인지가 따라야 한다. 그런데 이것은 글의 의미를 구성하는 초보 단계의 아이들에게는 매우 버거운 일이다. 따라서 저학년 아이들이 글을 다듬으려면 자신의 글을 소리내어 읽어보거나, 또는 부모가 읽어보고 아이에게 칭찬과 공감을 해주면서 다듬어갈 수 있을 것이다.

설명문 쓰기

초등 3~4학년 아이들은 알맞은 이유를 들어 어떤 대상이나 사실에 대해 자신의 의견을 밝히는 글을 쓸 수 있다. 아이들은 이런 글을 쓰면서 자신의 생각을 명료화·정교화·구체화하게 되며, 논리적인 글을 쓰는 능력을 향상시킨다.

초등 1~2학년 아이들은 자신과 주변에서 일어난 일에 대한 생각을 내용과 형식에 제한 없이 자유롭게 썼다면, 3~4학년 아이들은 자신의 생각을 좀 더 구체적으로 정리해 의견으로 제시하는 글을 써야 한다. 더 나아가 학교나 사회 문제에 대해서도 생각하는 바를 주장으로 내세우고 적절한 이유나 근거를 들어 글을 쓸 줄 알아야 한다. 이때 읽는 사람을 고려하여 의견을 명확히 표현해야 하며, 다른 사람들이 자신의 의견을 이해할 수 있도록 이유를 알맞게 밝혀야 한다.

1. 정보를 수집하라.

설명문을 쓸 때에는 우선 대상에 대해 잘 알 필요가 있다. 따라서 정보부터 수집해야 한다. 그런데 초등 3~4학년에게는 많은 정보를 수집해 글로 소화하는 것이 버거운 일이다. 따라서 기존의 간단한 설명문들을 비교하는 활동을 통해 설명문이 무엇이고, 어떤 내용이 들어가야 하는지를 살펴보는 것이 중요하다. 또한 어떤 대상에 대해 어떤 식으로 설명해야 하는지, 내용은 일의 순서에 따라 어떻게 나누는 것이 좋을지 알아야 한다.

5~6학년이 되면 이제 조사한 내용을 자신의 글에 맞도록 정리하는 방식을 익히게 된다. 글뿐만 아니라 그림이나 사진 등 여러 자료를 찾아보고 조사한 내용을 글의 목적에 맞게 분류하며, 다양한 정보를 자신의 글에 맞도록 구조화하는 데 활용하는 능력을 기르기 위함이다.

2. 쉬운 주제를 다룬 신문 사설을 읽어라.

논술을 쓰기에 앞서, 쉬운 주제를 다룬 신문 사설을 읽어보면 도움이 된다. 사설은 아무 근거 없이 주장을 펴지 않는다. 보통 주장을 뒷받침하는 근거로 설문조사, 연구논문, 책, 통계자료 등을 인용한다.

초등학생이 쓰는 설명문도 마찬가지이다. 포털 사이트에서 짧게 검색 몇 번 하는 대신 신문, 책, 통계결과를 바탕으로 주장을 뒷받침할 수 있어야 한다. 인터넷에서 어떤 키워드로 검색해야 원하는 자료를 얻을 수 있는지도 함께 연습하는 것이 좋다.

3. 도식조직자를 활용하라.

도식조직자(Graphic Organizer)는 글이나 책의 이야기 구조를 효과적으로 보여주는 도구이다. 이경선에 의하면, 부모가 도식조직자를 사용하는 법을 시범으로 보여주며, 개념적, 절차적 지식에 관한 원리를 가르쳐준 후, 아이가 학습하여 점차 내면화되도록 이끌어 주면 좋다. 예를 들어 설명문의 도식조직자를 활용하여 비교/대조의 전개방식을 파악하도록 알려줄 수 있다. 일반적으로 초등 1~2학년의 경우 도식조직자를 활용해 먼저 낱말 사이의 의미군을 익힌 후에 사용하는 것이 좋다.

설명문을 위한 '비교/대조' 도식조직자의 예

비교 및 대조

이름_____   날짜_____

양서류   파충류
_____   _____

다른 점은…   같은 점은…   다른 점은….

4. 목적을 가지고 글을 쓰자.

설명문은 설명의 유형에 적합한 방식으로 써야 한다. 글의 목적에 따라 비교/대조나 예시 들기, 순서대로 설명하기 등 적합한 설명방식을 선택해야 한

다. 주어진 주제에 대한 다양한 자료를 조사하고 여러 입장을 탐색한 후 자신의 견해를 밝힌다. 이때 다양한 측면에서 심화된 사고를 유도하기 위해서는 부모와 토론하고, 다른 사람들의 의견을 참고하는 것이 좋다. 그래야 다양한 입장에서 편협하거나 성급한 결정을 내리지 않을 수 있다.

5. 독서 후 내용을 정리하자.

글쓰기 과정에서 텍스트를 읽고 난 후 내용을 정리하는 것도 중요하다. 따라서 읽기 전략이 숙달된 후에 글쓰기에 접근하는 것이 좋다.

읽기를 통해 근거와 주장 간의 논리적 관계를 다양하게 유형화할 수 있는데, 초등학교 단계에서 주로 활용되는 유형화 방식은 원인/결과, 문제해결, 비교, 유추, 예시 등이 있다. 읽기를 통해 이러한 도식조직자들을 익히고, 이를 활용하여 글의 짜임새를 구성하도록 이끌어 보자.

6. 생각의 깊이가 더 중요하다.

초등 5~6학년의 글쓰기라고 하면 논술만을 떠올리기 마련이다. 독서도 논술, 역사도 논술, 교과서도 논술로 이어진다. 하도 논술만 강조하니, 정작 아이들이 '논술'이라는 말만 들어도 진저리를 치기도 한다.

역설적이지만, 아이들이 논술을 잘하려면 논술만 써서는 안 된다. 논술은 여러 글쓰기 갈래 가운데 하나일 뿐이다. 이런저런 글을 다양하게 쓰다 보면 자연스럽게 논술도 잘 쓸 수 있다. 논술만 연습하면 글을 기교 있게 구성하는 일은 잘할지 모른다. 그러나 생각이 깊지 않다면, 다양한 주제로 논술을 써야 할 때 한계에 부딪칠 수밖에 없다는 것을 기억하자.

4장

· · ·

학년별 읽기와
쓰기 교육

초등학교 학년별로 읽기와 쓰기를 어떻게

구체적으로 가르쳐야 할까?

취학 전
읽기와 쓰기 교육

． ．
．

노벨 물리학상을 받은 리처드 파인만의 아빠는 매일 저녁 파인만을 무릎 위에 앉혀 놓고 브리태니커 백과사전을 함께 보았다고 한다. 브리태니커 백과사전의 내용을 그대로 읽어주기만 한 것이 아니라, 책에 나온 내용을 현실에서 적용해 보도록 했다.

"티라노사우루스 렉스의 키는 7~8미터이고, 머리 둘레는 2미터 정도란다. 엄청나지? 그럼, 우리 이 설명에 대해 한번 생각해 볼까? 7~8미터는 어느 정도로 큰 걸까? 이 공룡이 우리집 정원에 서 있다고 상상해 보는 거야."

"이야! 우리집 지붕을 다 뚫어버리지 않을까요?"

"하하, 7~8미터면 티라노사우루스 렉스의 머리가 우리집 2층 창문 정도에 닿을 만한 키야. 어마어마하지? 근데 머리 둘레가 2미터나 되니 창문 안으로 고개를 들이밀 수는 없겠다."

요즘 많은 아이들이 취학 전에 읽기를 습득하기는 하지만, 대부분의 아이들은 초등학교 입학 이후 '체계적'으로 읽기를 배우기 시작한다. 그렇지만 일부 영리한 아이들은 과자 봉지, 거리 간판, 식당 차림표와 같이 주위에 있는 단어들을 보고 취학 전에도 스스로 글자를 읽기 시작한다. 아이들이 글자를 배우기 시작하는 연령은 다분히 집에서 받는 격려, 도움 그리고 롤모델에 달려 있다.

그림책은 아이들이 쉽게 접근하고 친근해질 수 있는 매체다. 그림책을 읽으면서 내용에 대해 깊이 생각해보고 재구성하거나 이야기를 꾸미기도 하면서 창의력을 키울 수 있다. 또한 다른 사람들의 어려움을 이해하고 모험을 체험하거나 윤리적 가치를 알게 되어 협업능력도 키울 수 있다.

우리나라의 많은 아이들은 취학 전에 쓰기를 시작하기도 한다. 아이들은 읽기는 무척 좋아해도 쓰기는 뒤처지는 경우가 많은데, 읽기와 쓰기는 초등학교에 가면서 함께 발전한다.

취학 전 읽기의 발달

취학 전 아이들은 책을 읽어주면, 주인공이 그때 어떤 기분이었는지, 이야기의 결과가 어떻게 될지를 추측할 수 있다. 전래동화·명작동화·생활동화 그림책뿐만 아니라 개념 그림책, 주제 그림책 등을 수시로 볼 수 있도록 하자. 도서관에서 아이 스스로 책을 골라 빌리게 하는 것도 좋은 방법이다.

글자를 안다면 자기나 부모, 친구의 이름, 오늘의 식단 등을 읽어보게 하는 것도 좋다. 아이가 스포츠에 관심이 있다면, 이미 알고 있는 선수나 팀 이름 등을 스스로 읽어보도록 격려하는 것도 좋은 방법이다.

1. 그림책을 반복해서 읽어주자.

매일 그림책을 읽어주자. 물론 시간을 조금밖에 내지 못하는 날도 있을 것이다. 그렇더라도 매일 짧게라도 읽어주는 것이 중요하다. 목표를 세워 읽어주는 시간을 점차 늘리는 것이 좋다.

아이는 글자와 책에 친숙해지는 경험을 통해 글자의 모양을 인식하고 읽기에 흥미를 가진다. 글은 글자라는 언어부호 체계로 나타나기에 해독하기 어려울 뿐만 아니라, 표정이나 몸짓 등 관련된 맥락이 없기에 의미를 이해하는 것이 어렵다. 따라서 부모가 주어진 글을 말로 바꿔 전달해주는 과정이 필요하며, 아이는 이 과정에서 글자 자체보다는 글의 구조나 내용에 집중하게 된다.

그림책을 반복해서 읽어주면 아이들은 내용을 다 파악한다. 아는 것이 나오면 기분이 좋아지고, 익숙한 것을 읽어주면 다음 내용을 알기 때문에 마음이 편안해진다. 그뿐만 아니라 반복해서 읽어주면 그림책에서 더 많은 지식을 얻게 된다.

2. 호기심을 자극하라.

아이들은 새로운 정보를 얻기 위해 자연스럽게 그림책을 활용할 수 있다. 아이가 흥미 있어 하는 주제의 그림책, 동시나 언어놀이 그림책, 음악 및 미술, 과학, 백과사전식 그림책 등을 마련해 놀이를 하다가 궁금한 내용을 찾아보거나 수시로 활용하도록 격려해 보자.

"개미 말고 땅 속에서 사는 곤충은 또 어떤 것이 있을까? 책에서 찾아보자", "땅을 파다 보니 뿌리가 나왔는데, 이 뿌리는 우리가 먹을 수 있을까? 우리가 먹을 수 있는 뿌리는 뭐가 있을까? 책에서 찾아볼 수 있을까?" 이런 과정을 통해 아이들은 그림책이 필요한 정보를 얻고 즐거움을 주는 유익한 도구임을 알게 된다.

3. 주변에서 친숙한 글자를 찾아라.

아이들이 읽기에 관심을 가지도록 하려면, 먼저 주변에서 자주 접할 수 있는 간판, 광고지, 우유나 치약 등의 상자, 포스터, 현수막 등에서 친숙한 글자를 놀이처럼 찾고 읽어보는 경험을 해야 한다.

아이들은 자신과 가족, 친구, 유치원의 반 이름, 길거리 간판, 화장실, 비상구 등 자주 접하는 사람과 사건, 주변상황을 나타내는 글자에 많은 관심을 보인다. 그림책이나 신문 등에서 익숙한 글자를 발견하면 즐거움을 느끼며, 이런 경험을 통해 글자가 무엇인가를 나타내는 것임을 알게 된다.

특히 부모와 함께 들으며 몸으로 놀았던 전래동요 가사를 그림과 함께 실은 노래판, 실물과 함께 제시한 동시, 좋아하는 이야기 그림책 같은 것에 관심이 많으니 적극적으로 활용해 보자.

4. 리듬감 있게 읽자.

독서는 뇌의 다양한 부위를 자극하고 이들을 연결하여 창의력을 발휘하게 한다. 특히 의성어나 의태어가 많은 책은 우뇌를 발달시키는 데 효과적이다. 아이들은 운율을 반복할 때 가장 잘 배울 수 있다. 따라서 운율이 들어 있는 그림책을 읽어주거나 읽게 하는 것은 창의력 발달에 효과적이다.

그림책을 아무 생각 없이 그냥 소리내어 읽어서는 안 된다. 문장 속에는 '끊어 읽기'라는 리듬이 있고, 중요한 단어나 운율이 있다. 그런 부분들을 잘 살려서 읽어야 한다. 읽는 리듬을 빠르게 혹은 느리게, 높게 혹은 낮게, 크게 혹은 작게, 점점 크게…, 다양하게 그 글의 맛을 살려 읽는 것이 좋다.

　　노래나 멜로디를 들으며 일정한 박자를 맞출 줄 아는 아이는 글 읽는 법도 더 쉽게 배운다는 연구결과가 있다. 아이가 "저기"라고 말했다면, 부모가 "저기"라고 따라 말한 다음 "여기, 공기, 전기, 도자기, 제기"처럼 운이 맞는 다른 단어들을 알려주는 것도 좋은 방법이다.

5. 적절한 질문을 던지고 대화를 하라.

그림책을 읽어주면서 가끔 아이에게 "지금 무엇에 대해 이야기하는지 손으로 가리켜 봐"라고 해보자. 아이가 말로 표현할 수 있을 정도로 언어가 발달하면 "지금 어떤 상황일까?", "다음에는 어떻게 될까?" 등으로 물어보자. 그림책을 읽어주면서 개념을 설명하거나 지식을 주입하기보다는, 이처럼 추측이나 상상, 예측이 가능한 질문을 하는 것이 좋다.

　　아이와 함께 감상을 나누자. 지금 읽어주고 있는 그림책에 대한 감상을 들어보고, 나는 어떻게 생각하는지 부모의 감상을 들려주는 것도 좋다.

　　그림책에는 단어가 별로 없어도 풍부한 개념이 녹아 있다. 보통 그림과 삽화로 개념을 표현하는 경우가 많다. 상황이 잘 표현되어 있는 짧은 그림책을 가지고, 그림이나 내용에 대해서 아이에게 질문하고 충분히 이야기를 나누어 보자.

6. 그림을 단서로 내용을 추측해 보자.

아이들은 그림책의 그림을 구석구석 보며 이야기의 구성을 이해하고 줄거리를 추측해 보기도 한다. 그림을 보고 질문을 하거나 내용을 추측해 이야기하면 격려하고 그 생각을 존중해 주어야 한다. 아이들은 그림을 단서로 주인공, 사건의 배경, 사건과 사건의 연결 및 해결과정 등을 이해할 수 있다.

만약 아이가 글자를 읽는 데에 작업기억을 모두 쓰는 경우, 이야기의 전개과정에는 집중을 못하기 때문에 이야기를 이해하는 데 도움이 되지 않는다. 따라서 부모는 그림이 내용에 적합하고 잘 어울리는 그림책을 골라 읽어주는 것이 좋다.

아이들에게 중요한 것은 이야기 이해력이며, 이는 그림을 단서로 내용을 이해해갈 때 점차 길러진다. 아이가 그림을 보고 그림책과 다른 내용을 추측해 이야기하더라도, 잘못된 점을 지적하고 바로잡아 주기보다는 아이의 생각을 존중해 주자.

취학 전 쓰기의 발달

취학 전 아이들은 자기나 가족, 친구의 이름, 매일 먹는 우유 이름, 집에 가면서 보았던 간판, 홍보지 등 주변에서 보았던 친숙한 글자에 흥미를 가지고 몇 글자라도 써보고자 한다. 물론 글자의 철자법이 맞지 않을 수 있고, '우유'의 '유' 자만을 몇 장씩이나 계속 쓸 수도 있다. 이때 맞춤법을 자꾸 강조하면 아이가 여러 다른 태도를 습득하지 못할 수 있으니 주의해야 한다.

아이들이 글자에 흥미를 가지는 시기는 말이나 생각을 글로 옮길 수 있음을 이해하는 과정이며, 차차 새로운 낱말이나 긴 문장을 쓰는 것에 대한 관심으로 확장된다. 이 과정에서 아이들은 글을 자주 쓰려고 시도하는 동기, 다양한 주제에 대한 생각 표현하기, 자기가 쓴 글의 내용을 부모에게 읽어주고 반응에 관심 두기, 자기가 쓴 글의 내용 존중하기 등을 경험해야 한다. 따라서 맞춤법 등을 자주 지적하기보다는 이런 경험을 즐길 수 있도록 하는 데 중점을 두어야 한다.

아이가 잡지나 신문 등에서 마음에 드는 사진이나 그림을 뽑아 이야기를 짓고, 그 내용을 부모가 받아 적어주고 다시 읽어보는 활동을 해보는 것도 좋은 방법이다.

📖 취학 전 아이의 쓰기를 위한 6가지 부모 길잡이

1. 생각과 느낌을 표현하게 하라.

취학 전 아이들의 경우, 글자의 기능을 인식하고 자신의 생각을 그림, 글자와 비슷한 형태, 또는 글자로 나타내는 데 흥미를 갖도록 하는 데 중점을 두자. 쓰기가 자신의 느낌과 생각을 주도적으로 표현하는 중요한 방법임을 알고, 쓰기의 즐거움을 경험할 수 있도록 하는 것이 중요하다. 또한 다양한 쓰기 도구를 사용하는 것도 또 다른 즐거운 경험이 된다.

2. 아이의 표현을 존중하라.

취학 전 아이들은 부모가 알아볼 수 없으나 자신에게만 의미 있는 선이나 모양으로 느낌이나 생각을 표현하기도 한다. 부모는 이러한 표현과정에 중요한 의미를 두고 그 표현내용을 존중하고 격려해야 한다.

이때 어떤 글자를 썼는지, 그 글자는 어떻게 읽는지 등을 묻기보다, 아이에게 끄적거린 내용이나 선으로 쓴 내용을 읽어달라고 부탁하자. 아이가 불러준 내용을 부모가 받아 써주면, 아이는 말과 글의 관계에 지속적으로 관심을 보이게 된다.

3. 자발성을 존중하라.

글자 쓰기 과정은 자연스럽게 발달하며 익혀지는 것이므로, 부모가 의도적으로 연필 잡는 법, 획 긋는 법 등을 가르치고 글자를 수정하려고 해서는 안 된다.

가장 친숙한 자기 이름 글자를 반복적으로 쓰게 해서 글자 쓰기에 대한 관심을 확장해가도록 격려하는 것이 좋다. 그리고 자신의 생각과 느낌, 경험을 글자와 비슷한 형태로 표현하면서 점차 쓰기의 과정을 알아가고 쓰기의 즐거움을 알도록 하고 자발적인 동기에 의해 할 수 있는 환경을 제공해야 한다.

4. 좋아하는 그림책을 읽고 난 뒤 말로 요약을 시켜보자.

처음에는 3개 문장 정도로 짧아도 좋다. 대부분의 아이들이 '처음, 중간, 끝' 등 이야기 구성의 기본 틀을 알려주면 곧잘 잘해낸다. 이야기의 처음에는 '인물과 배경', 중간에는 '사건', 끝에는 '결말과 느낀 점'으로 구성하면 된다고 알려주어도 좋다. 처음에는 3개 문장 정도로 짧게 시작하고, 익숙해졌을 때 조금씩 늘려간다.

5. 글쓰기를 강요하지 말라.

글자를 정자법으로 쓰기, 줄쳐진 노트에 그대로 베껴 쓰기, 자모음 이름을 알고 순서대로 쓰기처럼 글자 자체에 대한 공부를 강요하면, 오히려 글쓰기에 대한 거부감을 느끼게 되므로 반드시 지양해야 한다.

6. 쓰기 도구에 관심을 갖게 하라.

쓰기 활동을 위해서는 자석 쓰기판, 화이트보드와 마커펜, 필기류와 다양한 재질의 종이 등이 필요하다. 쓰기 도구를 사용하는 경험은 아이의 소근육 발달이나 눈과 손의 협응능력과도 관련이 있기 때문에 유아의 발달 수준에 맞추어 스스로 흥미가 있을 때 시도하도록 격려하자.

쓰기 도구의 사용은 다방면으로 확장할 수 있는데, 예를 들어 쌓기 놀이에서 구조물의 이름을 지어 쓰거나, '만지지 말고 눈으로 보세요'라는 주의사항을 써 넣으려고 할 때, 부모는 무엇에 쓰고 싶은지, 무엇으로 쓰고 싶은지 등을 묻고 적절한 쓰기 도구를 선택하여 사용하게 도와주는 것이 좋다.

초등 1학년 읽기와 쓰기 교육

초등 1학년 아이들이 읽기를 유창하게 하기 위해서는 표의적 기호(뜻을 중시하는 표기: '같이', '같아', '같은'이 동일한 의미를 가진다), 표음-음절적 기호(소리나는 대로 적는 표기: '꽃이'를 '꼬치'라고 적는 것은 소리를 중시하는 것이다) 또는 의미론적 기호(구체적 외부환경과 독립된 의미를 표기. '비'에는 물방울, 떨어짐과 같은 개념이 들어 있다) 등 특정 문자기호에 어떤 가치를 부여해야 할 것인지 판단해야 하고, 그러기 위해서는 풍부한 배경지식, 신속한 자동화 능력, 적절한 인지적 유연성을 가지고 있어야 한다. 그렇기 때문에 읽기를 여러 해 동안 배우고 익히는 기간이 필요하다.

뇌 과학자들은 "사람에게는 생물학적 시간표가 있다."라고 한다. 읽기는 시각, 청각, 언어, 개념 등을 연결하고 통합할 수 있는 뇌의 능력이기 때문에 반드시 적절한 내에 적절한 방법으로 해야 한다.

읽기의 효율은 뇌에서 특화된 부위가 거의 자동화된 속도에 도달할 수 있는지에 달려 있다. 상징(문자기호)들을 자동에 가까운 속도로 인지하게 되면, 읽고 쓸 때 끊임없이 확대되는 정신적 프로세스에 훨씬 더 많은 시간을 내줄 수 있다. 뇌가 효율적으로 독서를 하게 되면 읽으면서 생각할 시간이 그만큼 많아진다.

읽기는 그냥 책을 읽는 독서로 끝나는 것이 아니라, 자신만의 시각으로 이해하고 재해석할 수 있는 능력으로까지 확장해야 한다. 더 나아가 이렇게 읽어낸 정보를 바탕으로 상상력을 더해서 새로운 것을 창조할 수 있는 능력 까지 요구한다. 이런 과정은 뇌의 고유한 기능이기도 하다.

쓰기는 자신의 생각에 붙들어 매어놓은 경험을 단어로 표현하는 일이다. 초등 1학년 아이들은 말에 더욱 익숙하다. 글에 익숙해지려면 적어도 3학년 은 지나야 한다. 때문에 글쓰기에서 철자법이나 문법은 무시해도 된다. 다만 아이들이 무엇을 표현하려고 했는가, 즉 생각을 할 수 있는 환경과 조건을 만 들어 주어야 한다.

초등 1학년 읽기의 발달

부모들 중에는 아이들이 글을 빨리 깨우쳐야 책을 더 많이 읽을 것이고, 공부 를 잘할 것이라고 생각하는 사람들이 있다. 그런데 이런 논리는 성립하지 않 는다.

단순한 훈련을 통해 글 읽기를 배우는 것은 5세 미만의 어린 아이들에게 도 그리 어려운 일은 아니다. 특정 자극을 주고 그 자극에 적절한 반응을 이 끌어내는 것은 낮은 수준의 뇌 발달로도 충분한 일이기 때문이다. 예를 들어 어린 아이들에게 그림과 글씨가 앞뒤로 적힌 카드를 가지고 맞는 글씨를 말 하도록 할 수는 있다. 하지만 이것은 엄밀히 말하면 읽기라고 할 수 없다.

아이들이 글을 읽기 위해서는 먼저 시각적인 준비가 필요하다. 눈과 물체 사이의 거리를 유지해 초점을 맞추는 것이 우선이다. 다음으로 글씨와 단어 사이에 존재하는 작은 차이를 구분할 수 있어야 한다. 또한 눈을 왼쪽에서 오른쪽으로 움직이는 방법도 알아야 한다. 사실 많은 아이들이 이런 기본적인 능력이 없는 상태에서 글씨를 읽도록 강요받고 있다. 이들은 결국 읽기를 무척 괴로운 것으로 여기고 부정적으로 생각하게 된다.

아이들이 시각적인 준비가 된 뒤에는 추상적인 사고력이 발달해야 한다. 우선 글자가 어떤 소리를 의미한다는 것을 이해해야 하며, 소리와 의미를 연결할 수 있어야 한다. 또한 글 읽기에는 적극적으로 의미를 찾으려는 노력이 필요하다. 이때 의미 찾기는 상당한 정도의 뇌 발달을 필요로 한다.

앞에서도 말했듯이, 연구에서 5세에 글을 가르치는 것보다 7세에 가르치면 훨씬 쉽고 즐겁게 배운다는 것이 입증됐다. 뇌가 어느 정도 발달해서 글을 읽기 위한 준비가 끝났기 때문이다.

준비가 덜 된 뇌도 훈련을 통해 읽기 기술을 습득하게 할 수는 있지만, 그 시기에 갖춰야 할 다른 발달 과제를 포기할 정도로 글 읽기가 중요한 것은 아니다. 또한 수동적인 훈련을 통해 읽기를 배운 아이들은 상당히 오랫동안 글에 대해서 수동적인 자세를 갖는다. 이들은 적극적으로 읽으려 하지 않으며 의미를 찾지도 않는다. 의미를 파악하면서 글을 읽는 재미를 알지 못하기 때문이다.

초등 1학년 아이가 글을 못 읽는다고 걱정할 필요는 없다. 높은 지능을 가진 아이들 중 많은 수가 글을 일찍 읽어내지 못하기도 한다. 읽기는 아이들이 가진 지능의 일부분만을 반영한다.

읽기 영역에 특별한 재능을 가진 일부 아이들은 일찍부터 스스로 글씨를 글 깨우칠 수도 있긴 하나. 그러나 이 아이들은 서설로 서의 본능석인 수순에서 글자를 알아가는 것이다. 그렇다고 이들이 반드시 초등 고학년에서 우수한 성적을 보이는 것은 아니다. 글을 늦게 읽기 시작하더라도, 다양한 경험을 가지고 문제해결 능력을 키운 아이들이 초등 4학년 이후에는 훨씬 높은 학업 성취를 보인다.

초등 1학년 아이들은 단어나 문장, 문단을 듣고 그것을 분절하는 방법을 배운다. 서서히 음절과 단어 안에 들어 있는 작은 단위의 음소들을 듣고 다룰 줄 알게 되는데, 이 능력이 바로 독서의 성공 여부를 알려주는 가장 좋은 예측 도구이다.

스탠포드대학의 코니 주얼 교수는 초등 1~2학년 과정에서 문자 해독을 학습할 때, 초창기 음소 인지가 결정적인 역할을 한다는 사실을 발견했다. 1학년 때 해독 능력이 떨어지는 아이들 중 88%는 4학년이 되어서도 독서를 제대로 하지 못했다.

📖 초등 1학년 6가지 읽기 길잡이

1. 단어 속 음소 인지가 먼저다.

부모들은 가능한 아이들이 단어 속 음소를 인지하도록 도와줘야 한다. 두운이나 각운이 두드러진 전래동요 부르기, 단어의 음절에 맞춰 손뼉 치기 같은 것이 도움이 된다. 무엇보다 큰 소리로 소리내어 읽기는 구술언어와 문자언어의 관계를 분명하게 인식할 수 있는 기회가 되며 '독서 학습의 필수 코스'라고 할 수 있다.

2. 좋아하는 분야부터 시작하라.

초등 1학년 때 읽기 습관을 들이기 위해서는 먼저 아이를 파악해야 한다. 처음에는 권장도서보다는 아이가 관심을 보이는 분야나 좋아하는 주제의 책을 고르는 것이 좋다. 관심 있는 분야의 책으로 시작하면, 아이가 흥미를 가지게 되며, 아이의 독서 패턴도 파악할 수 있다.

3. 그림이 있는 책이 좋다.

그림책은 유아기에만 본다는 생각을 버리자. 초등학생이 되었다고 글자로 된 책만 읽게 하면, 아이들이 글자를 읽는 데만 힘을 쏟기 때문에 내용 파악력이 떨어질 수 있다. 오히려 그림이 풍부한 책은 아이들이 쉽게 접하고 부담 없이 읽을 수 있도록 도와준다. 따라서 글자가 적고 단순한 구조를 가진 책을 선택하되, 초등 1학년이 이해할 만한 내용이면 된다.

상상력을 키워주는 전래동화, 지적 호기심을 채워주는 과학책, 사회적 경험을 접하게 하는 생활동화가 좋다. 욕심을 부려 처음부터 너무 어려운 책을 권하면 읽는 재미를 잃어버릴 수 있으므로, 책은 아이 스스로 고르도록 하자.

4. 전문 분야를 만들자.

독서를 하다 보면 좋아하는 책이 생기는데, 이와 유사한 종류의 책을 구해서 흥미가 계속 이어지게 하자. 이때는 이야기가 긴 내용으로 자연스럽게 바꿔줄 수 있다. 독서량이 많고 읽기를 재미있어 하면 그림이 있는 위인전도 권할 만하다. 위인전은 아이들을 상상의 세계에서 현실의 세계로 데려다주고, 현실에 대한 이해력을 넓혀준다.

5. 읽은 후에는 독후활동을 하자.

아이가 책을 읽은 후, 부모도 같은 책을 읽고 함께 이야기를 나눠보자. 초등 1학년 아이들의 읽기 수준은 대개 내용을 파악하는 정도에 그치기 때문에, 책 속에 담긴 깊은 의미를 스스로 알아내기 어렵다.

부모가 식탁에 마주앉아 자연스럽게 책에 대해 대화를 해보면, 아이들이 내용을 어느 정도 이해하고 있는지 파악할 수 있다. 또한 아이들이 찾아내지 못한 책의 주제나 중심 내용, 이야기의 전개, 작가에 대해 언급한다면, 아이들은 책에 더 흥미를 보일 것이다. 이 방법은 아이들에게 책의 맛을 알게 하고 이해력을 키워준다.

6. 혼자 읽을 수 있어도 정기적으로 부모가 읽어주자.

문자에 일찍 관심을 보이거나 서둘러 한글을 가르친 아이라면 3~4세에도 혼자 그림책을 읽는다. 그런데 이런 아이들은 글자를 읽지 못하는 아이들에 비해 그림에 집중하는 시간이 훨씬 짧다. 그림보다 문자를 먼저 읽어버리기 때문에 그림을 천천히 감상할 겨를이 없다. 따라서 그림을 보고 이야기를 연상하고 작가의 의도를 읽어내는 능력은 자연히 줄어들 수밖에 없다.

반면 글자를 모르는 아이들은 그림책을 읽어주는 사람의 말에 귀를 더 기울인다. 들리는 말과 보는 그림을 연결시키느라 더 집중해서 듣고 더 집중해서 본다.

우리가 오랜 세월 구전으로 전해내려온 이야기들을 알게 된 과정을 떠올려 보면, 아이들에게 서둘러 글자를 가르치는 것을 주저하게 된다. 글자로 읽은 책과 부모가 잠자리에서 들려준 옛날이야기 중 어느 것이 더 잘 기억에 남을까? 귀로 듣고 배운 이야기들이 글로 보고 배운 이야기들보다 훨씬 더 오래 기억에 남는다.

초등 1학년 쓰기의 발달

연구에 따르면, 1학년 아이들은 글을 쓸 때 과제에서 제시된 표면적인 목적은 고려할 수 있으나, 스스로 적극적인 동기를 부여하거나 목적을 설정할 수 있는 단계는 아니다. 그리고 과제와 관련한 아이디어를 생성하는 능력, 알맞은 아이디어를 선정하는 능력이 부족하며, 글의 내용을 전개하고 조직하는 전략이나 기능도 아직 없다. 특히 내용상 큰 흐름이 변화되는 형식 단락(예: 기, 승, 전, 결)이나 내용 단락에 대해 거의 인식하지 못한다.

또한 글자를 소리나는 대로 쓰는 경향이 있고, 맞춤법과 띄어쓰기, 조사와 문장부호 사용, 동사나 형용사 활용, 문단 나누기와 문단의 첫 부분 들여쓰기 등이 현저히 부족한 것으로 나타났다.

초등 1학년의 쓰기는 받아쓰기부터 시작된다. 아이들이 받아쓰기를 잘하려면 스스로 흥미를 느껴야 한다. 부모가 가장 많이 사용하는 방법은 외적보상이다. "받아쓰기 열 번 연습하면 팽이 사줄게." 하는 식이다. 이런 외적보상은 공부를 하려는 의욕을 일으키는 데 상당히 중요하지만, 잘못하면 외적보상이 없으면 받아쓰기를 하지 않겠다고 떼를 쓸 수 있다.

중요한 것은 아이들이 받아쓰기 자체에 흥미를 갖게 하는 것이다. 그러기 위해서는 받아쓰기를 일종의 놀이나 게임으로 만들어야 한다. 남자아이들의 경우 승부욕이 있으므로 받아쓰기로 게임을 할 수도 있을 것이다. 받아쓰기에서 100점을 맞으면 부모가 아이의 심부름을 하나 해주고, 틀리면 아이가 부모가 원하는 것을 하나 들어주는 식이다. 초등 저학년 아이와 공부할 때는 부모가 가벼워질 필요가 있다.

받아쓰기의 목적은 글자를 단계적으로 익히는 것이다. 받아쓰기는 단순히 숙제를 체크하는 의미로 활용해야 한다. 따라서 받아쓰는 내용은 책에 있는 것이나 수업시간에 공부한 내용으로 한정하는 것이 좋다. 아이들은 받아쓰기를 하면서 말을 글자로 쓸 때 소리나는 대로만 쓰는 것이 아니라는 사실을 알게 된다.

📖 초등 1학년 6가지 쓰기 길잡이

1. 자발성을 존중하라.

글자 쓰기 과정은 자연스럽게 발달하며 익혀지므로, 부모가 의도적으로 연필 잡는 법, 획 긋는 법 등을 가르치되, 아이들이 쓴 글자를 수정하려고 해서는 안 된다.

일단 아이가 가장 좋아하고 친숙한 자기 이름을 여러 번 반복해서 써보게 하자. 이를 통해 글자 쓰기에 대한 관심을 확장할 수 있도록 격려하자. 아이가 자신의 생각과 느낌, 경험을 글자와 비슷한 형태로 표현하면서 점차 쓰기 과정을 알아가도록 도와주어야 한다. 이를테면 주말에 마트나 공원, 미술관이나 박물관에 갔다왔다면, 아이가 그림을 그린 후 그 밑에 한 단어나 한 문장을 쓰게 하는 것도 좋은 시도이다. 이처럼 아이가 쓰기의 즐거움을 알고 자발적인 동기에 의해 쓸 수 있는 환경을 제공해야 한다.

2. 글자 공부를 위한 쓰기를 강요하지 말라.

어떤 부모들은 글자를 정자법으로 쓰기, 줄 쳐진 노트에 그대로 베껴 쓰기, 자모음 이름 알고 순서대로 쓰기처럼 글자 자체에 대한 공부를 강요한다. 그러면 아이는 자신의 생각을 글로 나타내려 하지 않고, 오히려 글쓰기에 대한 거부감을 느끼게 된다.

아이가 글자의 기능을 인식하고 자신의 생각을 그림, 글자와 비슷한 형태, 또는 글자로 나타내는 데 흥미를 갖도록 하는 데 중점을 두어야 한다. 쓰기가 자신의 느낌과 생각을 주도적으로 표현하는 중요한 방법임을 알고, 쓰기의 즐거움을 경험할 수 있도록 하는 데 관심을 갖자.

3. 동요와 동시를 필사하라.

초등 1학년 아이들은 글씨 쓰기를 어느 정도 익힌 다음 능숙하게 쓸 수 있도록 연습해야 한다. 글씨 쓰기를 숙련하기 위해서는 동요나 동시 필사만큼 효과적인 것이 없다. 초등 1학년 말부터 동요나 동시를 필사하면 더욱 효과적이다. 동요나 동시는 다른 글보다 짧아서 아이들이 부담을 덜 느낀다. 또한 글자나 문장이 반복적으로 나오는 경우가 많아서 같은 글자나 문장을 익히는 데 도움이 된다. 아울러 다양한 의성어와 의태어가 포함된 경우도 많아서 다양한 낱말 표현의 예시를 배울 수도 있어 좋다.

4. 창작 동시를 써보자.

창작 동시는 아이들의 상상력을 확장해 주는 대표적인 활동이다. 단순한 시어의 반복, 운율, 리듬으로 동시의 재미를 알게 되고, 언어의 아름다움, 시의 분위기, 정서, 장면 등을 구체적으로 느낄 수 있도록 이끌어 주자.

아이들은 창작 동시를 통해 창의성의 요소인 민감성, 상상력, 독창성, 언어적 감수성 등을 계발할 수 있다. 동시를 지으면서 새로운 시각으로 보기, 다른 매체로 의사소통하기, 일상생활의 새로운 아름다움 추구하기, 연관성 찾기, 특별한 것들 결합하기, 사물의 고유한 특성 찾기, 상상하기, 꾸미기가 활성화된다.

5. 광고를 만들어 보자.

광고는 명확한 주제를 가지고 있고, 이야기가 동화보다 다소 짧은 내용으로 구성된다. 따라서 짧은 광고 하나로 시간 안에 활동을 마칠 수 있으며, 정확한 목표가 있고 간결하기 때문에 집중력이 강화된다. 또한 광고는 시청각에 의존하므로 강한 인상을 남기고 잘 기억되고 지속성이 강해 설득에 효과적이며, 아이들은 광고에 잘 주목한다.

아이들에게 광고를 만들어 보라고 하면 부담스러워하지 않으며, 흥미를 가지고 써보려고 시도한다. 아이들은 광고를 만들 때 개인적인 경험과 감정을 적용하면서, 자기가 관심을 가지고 가치가 있다고 여기는 것이 존중받는다는 느낌을 받는다.

6. 좋아하는 그림책이나 뉴스를 읽은 뒤 요약을 시키자.

아이들은 '처음, 중간, 끝'에 어떤 내용이 들어가면 되는지, 이야기 구성의 기본 틀만 알려주면 요약을 곧잘 해낸다. 예컨대 이야기의 처음에는 '인물과 배경', 중간에는 '사건', 끝에는 '결말과 느낀 점'을 구성하면 된다고 알려주는 것이다. 처음에는 문장 3개 정도로 짧게 써도 좋다. 아이들이 요약에 익숙해졌을 때 조금씩 분량을 늘려간다.

초등 2학년 읽기와
쓰기 교육

초등 2학년의 읽기 단계는 자모 단계이다. 자모와 음소 사이의 연관관계를 이용하여 모르는 단어를 읽는다. 초기에는 한 글자 한 글자씩 읽기 때문에 읽는 속도가 느리지만 점점 빨라진다. 이는 자주 쓰이는 아는 단어들이 점점 늘어나기 때문이다. 아이들은 이 단계를 거치면서 단어를 이야기의 맥락 속에서 읽어내는 능력이 점차 높아지며 자모와 음소와의 관계 지식을 숙달한다.

칼 베레이터(Carl Bereiter)는 아이들의 쓰기 능력 발달을 단순 연상적 쓰기, 언어 수행적 쓰기, 의사소통적 쓰기, 통합적 쓰기, 인식적 쓰기 등 5단계로 나누었다.

초등 2학년은 단순 연상적 쓰기 단계이다. 문자언어로 의미가 명료한 글을 쓸 수 있는 가상 난순한 단세이나. 연상석 쓰기는 분사언어를 분법과 뜻에 맞게 연결하는 유창성 체계, 생각을 잘 연결하여 쓰는 아이디어 체계로 이루

초등학교 아이들의 쓰기 발달 5단계

단순 연상적 쓰기	언어 수행적 쓰기	의사소통적 쓰기	통합적 쓰기	인식적 쓰기
가장 단순한 단계	글쓰기의 일반 규칙과 관습을 익히는 단계	의도한 효과를 위한 장치 사용	·심미적, 자기만족적 글쓰기 ·논설문을 쓰기 시작	·쓰기 발달의 최고점 (반성적 사고+통합적 쓰기) ·자기 나름의 문체와 구성 나타남
초등 2학년	초등 3학년	초등 4학년	초등 5학년	초등 6학년

어진다. 이 단계의 아이들은 아직 쓰기가 미숙하며, 머리에 떠오르는 아이디어들을 읽는 이를 고려해 배열해 쓰는 것이 아니라 생각나는 대로 나열해 쓴다.

초기에는 문장을 쓰거나 생각을 나열할 수는 있지만, 흥미로운 글을 쓰는 능력이 부족하다. 또한 생각을 일관성 있게 표현하거나 주제를 드러내는 완결성도 부족한 편이다.

그러다가 아이들은 언어 수행적 쓰기 단계로 나아가는데, 작문에 관한 일반적 규칙이나 관습을 익혀가는 단계이다. 전통적인 학교 교육에서 강조하는 단계로 문장의 완결성을 갖추는 것을 말한다. 이 단계에서 아이들은 좀더 다양한 문장 유형을 익히고 모호한 함축적 표현을 피하는 등 좀더 나은 글쓰기 기술을 익힌다. 단어의 철자, 특정 구문들의 구두법, 특정 표현들의 회피나 사용 등이 자동화된 행동으로 나타난다.

초등 2학년 아이들 중에는 의사소통적 쓰기 단계까지 발전하는 아이들도 있다. 예상되는 독자에게 의도한 효과를 달성하기 위해 일정한 장치를 마련하여 글을 쓰는 단계이다. 그러나 눈에 보이는 독자는 고려하지만, 아직 대상이 없거나 드러나지 않는 일방적 의사소통 상황에서는 읽는 이의 관점을 고려하지 못한다.

초등 2학년 읽기의 발달

초등 2학년 아이들은 단어를 구성하는 음성의 작은 단위들을 점진적으로 듣고 분할하고 이해하는 음운론적 발달과정을 거치는데, 이는 문자를 해독할 때 문자-음성의 규칙을 터득하고 배우는 능력에 결정적 역할을 한다. 철자도 발달하는데, 아이들이 사용하는 언어의 문자체계가 구술언어를 어떻게 표시하는지 배우는 과정으로, 향후 이어지는 모든 언어적 과정에 결정적 토대가 된다. 아이들은 문자의 특징, 흔히 사용되는 문자 패턴, 그리고 책에 씌어진 문자의 시각적 측면과 새로운 단어의 철자를 배워야 한다.

초등 2학년 아이들은 보통 신체나 인지 발달에서 1학년 아이들과 닮은 점이 많다. 그래서 2학년만 따로 떼어 생각하기보다 1~2학년을 한데 묶어 생각하려는 경향이 있다. 저학년이라는 이유로 '아직은 못 해도, 아직은 덜 해도, 아직은 덜 발달해도' 괜찮다고 여긴다.

그런데 이제 막 읽고 쓰기를 훈련하기 시작한 1학년과 달리, 2학년은 어휘력이 한창 발달하고 읽기가 안정되는 시기이다. 익숙한 내용이나 비교적 쉬운 자료는 능숙하게 읽고 이해할 수 있어서 점차 높은 단계의 독서로 옮겨 간다. 글을 능숙하게 읽고 이해하는 아이들이 생기면서 조금씩 개인차가 나타나기 시작한다.

초등 2학년 아이들은 짧은 책을 읽고 주제를 말할 수 있어야 하며, 중요한 등장인물이 어떤 일을 했는지 기억할 수 있어야 하고, 이야기의 내용을 순서대로 말할 수 있어야 한다. 그리고 글을 읽다가 모르는 낱말이 나오면 앞뒤 문맥에 맞춰 뜻을 유추할 수 있어야 한다. 또한 글의 내용이 무엇을 말하는지 결론을 내릴 수 있어야 하며, 글에서 지시하는 사항을 따라할 수 있어야 한다.

📖 초등 2학년 6가지 읽기 길잡이

1. 그림책 위주로 독서습관을 만들어라.

초등 2학년 아이들은 읽기에 자신감이 생기다 보니, 그림책에서 벗어나 글자가 많은 책 읽기에 도전하는가 하면, 도감·잡지·사전 등 다양한 읽을거리에 관심을 보인다. 부모들은 아이들이 균형잡힌 독서를 할 수 있도록 책을 선정해 주는 한편, 독서습관을 확고히 다질 수 있도록 도와주어야 한다. 아직은 지식정보책을 읽고 이해할 수 있는 능력을 완벽하게 갖추지 못했으므로 그림책 위주의 읽기가 적당하다. 이야기나 결말을 예측해 보게 하면 책 읽기의 재미를 더욱 크게 느낄 것이다.

2. 책에 자주 노출되는 환경을 만들어라.

아이가 아직 책 읽기에 관심이 없다면, 발에 자주 채이도록 여기저기 놔두는 방법을 권하고 싶다. 책꽂이에 깔끔하게 정리해 놓은 책은 아이들에게 그저 침대나 옷장 같은 가구일 뿐이다. 아이들이 오고가면서 관심을 가질 수 있도록 동선을 따라 책을 놓아두면 된다. 지나가다 눈에 띄는 책 표지를 발견하면 무심코 펼쳐보기 마련이다. 이런 일이 반복되면 저절로 책과 친숙해진다.

3. 집에 책을 둘 때는 장소의 특성을 고려하라.

화장실에는 과학잡지처럼 호흡이 짧고 흥미로운 내용의 책을, 거실에는 자투리 시간을 활용해 읽을 수 있는 사전이나 그림책, 단편집을 두면 좋다. 만만하게 읽을 수 있는 분량이라야 읽고 싶어진다. 아이 방의 책상이나 침대 옆은 가장 많은 시간을 보내는 곳이자 차분히 시간을 보낼 수 있는 공간이다. 이곳에는 생각하며 읽을 수 있는 책과 아이가 좋아하는 책을 놓아둔다. 만약 책꽂이를 사려고 한다면 아이의 눈높이를 고려하라. 아이의 시선이 닿는 곳에 책을 꽂아두어야 한다. 아이와 함께 때때로 책들의 위치를 바꿔보는 것도 좋다. "이런 책이 있었네?", "아, 이 책 진짜 재미있게 읽었는데." 하면서 집에 있는 책을 다시 펼쳐보는 기회가 된다.

4. 연상하기를 자주 하라.

아이들이 연상을 하는 데에는 그 글과 관련된 배경지식이 중요한 역할을 한다. 특히 '연상하기'는 소설을 읽는 중에 뚜렷이 나타나는데, 어떤 장면을 보고 다른 책에서 보았던 것을 떠올리는 일, 내 삶과 관련지어 보는 일, 주인공을 따라 행하는 일이 모두 연상과 관련된 것이다. 아이들은 이러한 연상을 통해 좀더 풍부한 읽기를 할 수 있게 된다.

5. 읽기 전에 예측하라.

'예측하기'는 책을 읽기 전에 제목, 글의 앞부분, 사진, 삽화, 기타 정보 등을 활용하여 내용을 추측하는 것이다. '읽기 전'에 표지의 제목과 그림을 살펴보고 책의 내용을 예상하게 한다. 또는 '읽는 중'에 중요한 문장이 나오면 읽기를 멈추고 이어질 내용을 예측해 보게 할 수도 있다. 다음에 올 단어나 일어나게 될 사건, 또는 이어질 문단 전체의 내용을 예측해 볼 수도 있다. 예측하기를 할 때는 지나치게 계획된 절차에 제약받지 말고, 아이들이 평범한 일상 상황에서 예측하도록 하는 것이 효과적이다.

6. 질문을 하자.

읽기는 어떤 질문을 제기하고 그에 대해 답을 찾아나가는 과정이다. 좋은 질문은 효과적인 학습의 기반이 된다. 특히 '왜'라는 물음을 적절히 사용하면 아이가 좀더 집중하여 정교하게 읽도록 안내해 줄 수 있다.

아이와 부모가 서로 질문을 하고 대답을 하는 식으로 해도 좋다. 이렇게 하면 수동적인 역할에 머물던 아이가 질문과 답변을 할 기회를 가지게 되고, 부모와의 협의에 적극적으로 참여함으로써 학습동기를 부여할 수 있다. 단순하게 부모에게서 지식을 전달받기만 하는 데서 더 나아가, 아이가 부모에게 지식을 제공하고 또 제공받음으로써 학습에 더 집중하게 한다.

초등 2학년 쓰기의 발달

초등 2학년 아이들은 아직 글에서 쓰는 목적이나 동기를 명확히 밝히지 못한다. 또한 글의 내용을 일관성 있고 체계적으로 짜거나 전달효과를 높이기 위해 다양한 표현을 구사하는 기술이 미흡하고 1학년과 크게 다르지 않다. 그러나 1학년에 비해 글감이나 화제를 비교적 다양하게 만들 수 있다.

초등 2학년 때의 일기 쓰기는 학습력을 키우는 데 도움이 된다. 일기를 꾸준히 쓰면 다른 글을 쓰는 데 자신감이 생길 뿐만 아니라 이해력·추론력·상상력 등의 사고력이 향상되고 어휘력과 표현력도 좋아진다. 이 시기의 일기는 생각을 표현하는 것이 중요하지, 맞춤법이나 띄어쓰기를 잘하는 것이 중요한 것은 아니다. 아이들은 생각을 글로 써나가면서 사고력과 창의력이 키워진다.

📖 초등 2학년 6가지 쓰기 길잡이

1. 쓸거리를 만들자.

아이들이 일기를 쓸 때 어려워하는 것은 쓸거리가 없기 때문이다. 일기는 하루에 일어났던 일을 쓰는 것이라는 생각부터 버려야 한다. 뉴스나 신문기사, 책, 교과서, 놀이 등에서 다양한 소재를 찾을 수 있다.

단, 일기의 소재는 반드시 아이가 보고 듣고 느끼고 생각하는 것에서 찾아야 한다. 부모가 일기의 소재를 정해주면 당장은 편할지 모르지만, 습관이 되면 혼자 일기를 쓰지 못하게 된다. 사고력을 키우려면 아이 스스로 소재를 찾아 생각과 느낌을 글로 표현할 수 있도록 격려해야 한다.

2. 칭찬하고 격려하자.

아이들이 자유롭게 생각을 말로 엮어낼 수 있도록 칭찬과 격려로 분위기를 만들어야 한다. 쓸거리가 있더라도, 일기를 길게 쓰는 것은 힘든 일이다. 따라서 처음에는 일기장에 그림책이나 교과서 등을 베껴 쓰기부터 하면 좋다. 그러다 보면 일기 한 장 정도는 쉽게 쓸 수 있는 엄두가 난다. 또한 책을 옮겨 쓰면서 맞춤법과 띄어쓰기도 익힐 수 있어 효과적이다.

3. 글씨체를 지적하거나 맞춤법이나 띄어쓰기를 고쳐주지 말라.

글씨체를 지적하거나 맞춤법이나 띄어쓰기를 수시로 고쳐주면, 아이들이 위축되어 자유롭게 생각을 써내려갈 수 없으며 일기 쓰는 것도 싫어진다. 어떤 아이들은 하루 동안 있었던 일을 나열하는 식으로 일기를 쓰는데, 부모가 한 가지 주제로 쓸 수 있도록 도와주어야 한다. 이때에도 가능하면 깊이 관여하기보다는 적절한 질문을 해서 유도하는 것이 좋다.

4. 국어사전을 활용하라.

셰익스피어처럼 글을 쓰려면 머릿속에 거대한 어휘 창고를 마련해야 한다. 보통 사람이라면 엄두도 안 나겠지만, 다행히 우리에겐 국어사전이 있다. 국어사전은 낱말의 뜻, 반대말, 비슷한 말, 적절한 쓰임까지 알려준다. 우리가 잘 모르는 채 사용하는 말도 정확하게 설명해 준다. 예를 들어 '입장'과 '처지'는 비슷한 말로 생각하지만 사실은 그렇지 않다. '입장'은 1) 당면하고 있는 상황, 2) 각자 상황에 따라서 가지는 생각이나 세우는 주장인 반면, '처지'는 처하여 있는 사정이나 형편이다. 아이들이 글을 쓸 때 국어사전을 찾아보는 습관을 들이면 어휘력과 표현력을 높이는 데 큰 도움이 될 것이다.

5. 띄어쓰기를 익히자.

띄어쓰기를 잘하려면 먼저 띄어 읽는 것을 잘해야 한다. 입으로 소리내어 띄어 읽는 것을 충분히 연습한 다음 써야지, 무턱대고 문장 받아쓰기로 넘어가 버리면 아이들이 힘들어한다.

초등 2학년 국어 교과서는 띄어 읽기를 쉼표, 마침표, 물음표, 느낌표 등 문장부호와 연계했다. 예를 들어 집에서 가르칠 때는 쉼표에선 1초, 마침표에선 2초간 쉬고, 물음표는 끝을 올리고, 느낌표는 눈을 동그랗게 뜨게 하면, 아이들이 쉽게 따라하므로 꼭 이렇게 지도해 보자.

6. 이야기를 완성하게 하라.

괴테의 아빠는 돈이 넉넉한 평민이었고, 엄마는 프랑크푸르트 시장을 지낸 유서 깊은 집안의 딸이었다. 괴테의 아빠는 넉넉한 경제력으로 집안을 멋지게 꾸몄고, 괴테를 위해 가정교사를 두고 어릴 때부터 수학·문학·예술·프랑스어·라틴어·그리스어·히브리어·첼로·그림·피아노·비평과 독서를 가르쳤다. 엄마는 밤마다 괴테에게 전래동화를 한 편씩 들려주었다. 이때 끝 부분을 일부러 들려주지 않고, 다음 이야기를 괴테가 직접 완성해보게 했다고 한다. 한창 재미있는 부분에서 이야기를 멈추고 아이가 결말을 말하게 한 것이다.

"이 이야기는 어떻게 끝날 것 같니?", "이제 주인공은 어떻게 될까?" 아이가 여러 버전의 뒷이야기를 지어보고, 마음에 드는 이야기는 글로 써보게 하는 것이 좋다.

초등 3학년 읽기와 쓰기 교육

초등 3학년 아이들의 학교생활은 비교적 안정적이다. 즐겁고 의욕이 넘치며, 모둠활동으로 이루어지는 협동학습에도 활발하게 참여한다. 아이들 스스로 할 줄 아는 일들이 늘어나고, 부모의 인정과 지지를 받으면 잘 지낸다.

문제는 3학년이 되면서 교과목이 많아지고 수업시간도 늘어나는 등 학습량이 증가한다는 점이다. 놀이나 체험 위주의 수업을 하던 1~2학년 때와 확연히 달라진 학습량에 아이들은 학습 정체감을 느끼기 시작한다.

환상의 세계에서 완전히 빠져나와 현실 인식이 싹트는 초등 3학년 아이들은 생활동화에 흥미를 갖는다. 책 읽기는 학습 및 또래관계에 도움이 된다. 초등 3학년은 책 읽기로 마음의 안정을 찾으며 더 활기차게 살아갈 힘을 얻을 수 있다. 더구나 책을 통한 간접경험은 일상의 갈등상황에 대한 대처법이나 해결법을 익힐 수 있는 기회가 된다.

초등 3학년이면, 이제 그림책에서 이야기책으로 넘어가야 한다. 여전히 그림책을 읽지만, 이야기책도 함께 읽는 것이 좋다. 읽기 능력에 따라 다르지만, 100쪽 이상의 책을 술술 읽는 아이들도 많다. 책 읽기가 즐거운 아이들은 자연스럽게 이야기책으로 옮겨가지만, 그렇지 않은 아이들은 독서와 점점 거리가 멀어진다. 독서습관이 형성되지 않은 아이들일수록 독서를 통한 성공 경험이 반복되어야 한다.

앞에서도 말했듯이, 칼 베레이터는 글쓰기 능력 발달을 5단계로 구분했다. 초등 3학년은 단순 연상적 글쓰기에서 벗어나는 단계로서, 글쓰기는 머릿속에 떠오르는 대로 적어나가는 것이 아니며, 독자가 알아들을 수 있게 써야 한다는 것을 알고, 글쓰기 규칙과 관습을 익히는 단계이다.

초등 3학년 읽기의 발달

초등 3학년 아이들은 주변환경의 언어와 문화를 통해 점점 더 많은 단어의 의미를 알아가게 된다. 이 과정에서 의미를 이해하는 능력도 점점 강화된다. 또한 다양한 문장의 구조와 문법적 형태를 익히고 문장과 짧은 글, 긴 이야기를 구성하는 이치를 터득한다. 또한 텍스트 안에서 사건들이 서로 어떻게 연관되는지 알게 된다.

초등 3학년 아이들은 글의 내용을 정확하게 이해하고 각 문단이 어떤 것에 대해 설명하고 있는지를 파악할 수 있어야 한다. 어떤 아이들은 텍스트의 표면적인 이해에 그칠 수도 있지만, 어떤 아이들은 텍스트가 의미하는 바를 좀더 풍부하게 이해할 수도 있다. 글의 중심 찾기를 잘하는 아이라면, 읽은 글에서 요점을 명료하게 확인하는 것도 중요하지만, 아이 나름의 개인적인 의식과 관심에 따라 중심 생각을 판단할 줄 알아야 한다. 따라서 글에 대한 체계적인 이해를 강조하는 중심 생각 찾기와 더불어 아이에게 의미 있는 중심 생각 찾기에도 관심을 가져야 한다.

📖 초등 3학년 6가지 읽기 길잡이

1. 소리내어 읽어라.

아이들이 소리내어 읽기를 할 수 있도록, 부모가 집에서 밤에 동화책을 소리
내어 읽어주면 좋다. 연습은 낱말, 문장, 이야기 순으로 진행하며 발음의 고
저나 띄어 읽기에도 관심을 가져야 한다. 아이들이 소리내어 읽은 것을 녹음
한 후 들려주는 것도 한 방법이다.

소리내어 읽기가 어느 정도 숙달되면 혼자 읽기가 가능하다. 소리내어 읽
기 단계는 자모 인식과 글자의 짜임 알기, 낱말 소리내어 읽기, 문장 소리내
어 읽기로 구분할 수 있다.

2. 중심 생각을 파악하라.

'중심 생각 찾기'는 아이들 나름의 목적에 따라 글에서 중심 내용을 선별하고,
여러 가지 관심 있거나 공감하는 내용을 찾는 것이다. 결국 글에서 저자의 일
관된 생각을 찾는 것과 함께, 아이 자신의 목적이나 관심에 따라 새로 알게
된 사실이나 관심 있는 내용에 주목하는 것이 중요하다.

아이들은 '확인하기, 추론하기, 판단하기'를 통하여 중심 생각 찾기를 완
성한다. 우선 텍스트에 명시적으로 드러난 내용을 '확인'하는 작업부터 시작
할 것이다. 그러나 중심 생각이 글에 명시적으로 표현되지 않고 함축되어 있
는 경우도 있다. 이 경우 아이들은 그것을 '추론'해야 한다. 아울러 아이 나름
의 읽는 목적이나 관심에 따라 중심 생각을 선별하는 '판단하기' 과정을 거치
면서 중심 생각 찾기가 완성된다.

3. 그림책에서 이야기책으로 넘어가자.

그림책은 그림의 도움으로 내용을 상상하고 추론할 수 있을 뿐 아니라 글의 길이도 비교적 짧아 읽는 데 부담이 덜하다. 반면 이야기책은 그림이 거의 없을 뿐더러 글이 길어 읽기에 자신감이 없는 아이들은 도전을 꺼린다.

이야기책으로 넘어가기 위해서는 작은 것부터 읽기 성공 경험을 많이 쌓아야 한다. 처음에는 그림책으로 책과 친해지게 하고, 아이들이 관심을 가진 분야를 중심으로 이야기책을 추천하는 것이 좋다. 아이들은 관심 있는 분야이면 스스로 도서관을 찾아가 관련된 책을 빌려 읽기 시작한다. 이렇게 읽기 효능감이 생기면 고학년 수준의 책도 포기하지 않고 끝까지 읽는 자신감이 붙는다. 반면 이야기책으로 넘어가는 데 실패와 좌절을 겪은 아이들은 독서를 점점 싫어하게 된다. 이때 부모는 아이에게 읽으라고만 할 것이 아니라 적절한 책과 읽을 시간을 함께 주어야 한다.

4. 환상과 현실이 결합된 이야기를 읽어라.

글을 읽을 줄 안다고 책의 모든 내용을 이해하는 것은 아니다. 책을 읽다가 어려운 말이 자주 나오면 싫증이 나기 마련이다. 따라서 인물과 배경을 소개하는 도입 부분이 어렵다면, 부모가 앞부분만 읽어주어도 아이들은 스스로 책을 잡고 읽는다. 이처럼 흥미진진한 부분부터 스스로 읽게 하면, 긴 이야기라도 읽는 재미를 맛보게 된다. 이제 처음부터 끝까지 이야기의 흐름을 맛본 아이들은 긴 이야기의 재미에 빠지게 된다. 그러면서 한 단계 높은 책 읽기가 시작되는 것이다.

환상과 현실이 결합된 이야기는 다소 길더라도 판타지 요소가 흥미를 불러일으켜 상상하는 즐거움을 준다. 대표적인 것이 신화와 전설이다.

5. 훑어 읽기를 하라.

훑어 읽기는 읽어야 할 글의 양이 많아짐에 따라 짧은 시간에 좋은 정보와 필요한 정보를 많이 얻어야 할 때 효과적이다. 훑어 읽기는 전체적으로 무엇이 쓰여 있는지를 파악하기 위한 '단순한 훑어 읽기', 찾으려는 정보를 얻기 위한 '목표가 있는 훑어 읽기'로 나눌 수 있다. 그 외에도 글을 읽을 때 차례를 보며 내용 짐작하기, 표지의 문구 읽어보기, 책장을 넘기면서 띄엄띄엄 읽기 등의 방법을 활용할 수 있다.

6. 예측하며 읽어라.

'연상하기'는 아이들이 주로 제목을 보거나 책을 훑어보고, 자신이 이미 알고 있는 것을 브레인스토밍 하고, 그것을 토대로 예측하는 것이다. 다 읽지 않은 상태에서 책에 나오는 핵심 단어나 중요 구절을 미리 파악할 수 있다. 아이들이 책을 읽기 전에 배경지식을 활성화할 수 있도록 '이미 알고 있는 것', '알고 싶은 것', '알게 된 것'을 구분하여 질문을 던져보자. 책의 내용을 예측하면서 구조화하고, 질문을 던져보고, 이들 질문에 대답하기 위해 글을 읽으면 능동적으로 연상을 할 수 있다.

초등 3학년 쓰기의 발달

초등 3학년 아이들은 글을 쓰는 목적이나 동기를 스스로 의식할 수 있고, 특히 중심 글감과 관련된 화제를 풍부하고 적합하게 뽑아낼 수 있다. 또한 어떤 단서가 제공될 경우 글의 내용을 기준에 맞게 배열할 수 있다. 소수이긴 하지만, 중심 문장에 대한 뒷받침 문장을 쓸 수도 있다. 그러나 독자에 초점을 둔 내용을 선정하고, 형식적 단락을 나누고, 전달효과를 높일 수 있는 기본적인 표현방식을 사용하는 데는 아직 약한 모습을 보인다.

초등 3학년 아이들의 글쓰기를 평가해 보면, '문장 쓰기→낱말 쓰기→글자 쓰기→문단 쓰기'의 순서로 점수가 높았다. 반면 1~2학년에 비해 표준어 점수가 낮았다. 이는 사용하는 낱말의 수가 비약적으로 늘어나면서 오류 빈도도 높아졌기 때문이다. 또한 문장의 길이가 점점 길어지고 있으나 문장 호응 관련 오류도 여전히 많다. 아울러 문단 나누기와 들여쓰기에 대한 지도도 필요하다. 이 시기 아이들의 글은 맞춤법과 문장부호의 오류 양상이 좀더 복잡하게 나타난다.

📖 초등 3학년 6가지 쓰기 길잡이

1. 노트를 정리하라.

노트 정리는 단순히 수업시간에 칠판에 적힌 내용을 받아쓰거나, 책에 있는 내용의 일부를 옮겨 쓰는 정도로만 생각해서는 안 된다. 단순한 베끼기가 아니라 자기의 생각을 정리하는 과정이며, 이를 통해 생각이 정리되고 기억이 견고해지기 때문에 시험을 볼 때도 도움이 된다. 즉, 노트 정리는 결과물을 얻기 위한 것이 아니라 생각을 정리하는 하나의 과정이다.

수업시간에 보고 들은 내용을 손으로 기록함으로써 구체화할 뿐 아니라, 지식이라는 추상적 개념을 노트라는 공간적 배경으로 옮기는 작업을 통해, 아이들이 가지고 있는 배경지식과의 관련성을 찾게 되어 단순한 암기만이 아니라 이해로까지 확장되며 요약능력도 키울 수 있다.

2. '요약하기'로 중심 문장을 만들어라.

아이들이 쓴 글에 중심 문장이 들어 있지 않다면 새로운 중심 문장을 써야 한다. 대체로 초등 3학년 아이들이 쓴 글에는 중심 내용이 명확하게 드러나지 않는데, 중심 내용을 포괄하는 다른 문장을 만들어내야 하기 때문에 어려워한다. 이때 흔히 사용할 수 있는 전략이 '요약하기'이다.

요약을 잘하려면 중심 생각 혹은 글의 주제를 파악해야 한다. 중심 생각이나 글의 주제를 알면 중요한 정보와 중요하지 않은 정보를 구별할 수 있기 때문이다. 따라서 부모들은 아이가 요약을 하기 전에 먼저 글의 중심 생각이나 주제를 이해할 수 있도록 이끌어야 한다.

3. 도해조직자를 활용하라.

도해조직자는 텍스트에서 중요한 부분을 강조하여 이에 관한 지식을 담기 위해 사용하는데, 아이들이 가지고 있는 지식과 학습할 지식을 서로 관련지을 수 있도록 해준다. 또한 글의 내용을 재연하는 것을 도와주고, 글 속에 있는 중심 생각을 논리적 구조로 파악할 수 있도록 한다. 글의 주요 내용을 바탕으로 선, 화살표, 공간 배열, 순서도 등을 사용해 위계적인 다이어그램으로 만든다.

도해조직자는 글을 쓸 때 시각적 조직구조를 보여주기 때문에, 아이들이 상호관계나 논리적 관계를 구조화할 수 있도록 도와준다.

이를테면 공통점과 차이점을 중심으로 한 '비교와 대조'는 설명하려는 대상을 독자가 이미 알고 있는 익숙한 대상과 비교하여 이해를 높이려고 할 때 주로 사용한다. '원인과 결과'는 대체로 시간적 흐름과 일치하는 경향이 있지만, 정확히 일치하지는 않는다. 그렇다고 해도 그 원인으로 인해 결과가 발생했다면 화살표 등을 이용한 도해조직자를 사용할 수 있다. 특정한 기준을 중심으로 대상을 나누는 '분류', 어떤 대상을 여러 다른 기준을 통해 나누어 세밀하게 살펴보는 '분석'도 도해조직자로 표현할 수 있다.

4. 선택하고 일반화하라.

글을 쓸 때는 중요한 내용을 선택하는 것도 필요하다. 초등 3학년 아이들은 중요한 정보를 중요하다고 인식할 수 있는 능력이 필요하다.

예를 들면 요약을 할 때는 중요하지 않은 정보라고 생각되는 것을 생략하고, 중요하다고 생각되는 정보를 선택해야 제대로 된 중심 문장을 쓸 수 있다. 중심 문장을 쓸 때에는 하위 개념들을 포괄하는 상위 개념어로 묶어 대체하는 일반화도 필요하다.

예를 들어 "지구에서 가장 늦게 발견된 땅인 남극은 수천 미터 두께의 얼음으로 덮여 있는 미지의 대륙으로 … 우리나라는 수만 년 동안 침묵해 온 남극 대륙에 일찍부터 관심을 가졌다. 남극 대륙은 풍부한 지하자원이 매장되어 있고, 지구의 기후변화를 연구하는 데 꼭 필요한 곳이기 때문이다."라는 글을 썼다면, '우리나라는 지하자원과 기후변화를 연구하기 위해 오래전부터 척박한 남극 대륙에 관심을 가졌다.'처럼 일반화를 하면 중심 문장을 만들 수 있다.

5. 아이와 협의하라.

아이가 현재 쓰고 있는 텍스트와 그 작성과정을 가지고 협의를 하는 것이 좋다. 이러한 과정에서 잠정적 발달 수준을 끌어올림으로써 쓰기 능력을 키울 수 있다.

아이들은 주어진 과제를 해결할 능력이 부족하기 때문에 자신보다 능력이 우수한 부모의 도움을 필요로 한다. 이때 지적인 도움을 줄 수 있는 방법이 바로 대화이다. 부모는 아이에게 실마리를 제공하고, 흐트러진 주제를 정리하며 설명하거나, 낙담한 아이에게 동기를 북돋아주는 등 다양한 도움을 줄 수 있다.

6. 결과물보다는 과정에 중심을 두자.

아이가 아이디어를 생성하는 과정이나 부모와 협의하는 것을 보면서, 아이가 어떤 면에 장점을 보이고, 어떤 면에 단점이 있는지를 구체적으로 알 수 있다. 이를 통해 아이에게 맞는 글쓰기 내용과 방식을 제공할 수 있다.

부모가 과정을 강조하면 아이는 쓰기에 대한 부담을 줄일 수 있다. 매시간 한 편의 완벽한 글을 써야 한다는 부담을 가질 필요가 없으며, 때로는 한 시간 내내 아이디어를 내는 활동만 할 수도 있다. 그리고 글씨를 예쁘게 써야 한다거나 구두법이나 철자가 정확해야 한다는 것은 최종 단계에서나 요구하기 때문에, 이런 것에 대한 부담을 그만큼 줄일 수 있다.

초등 4학년 읽기와
쓰기 교육

초등 4학년 아이들은 슬럼프를 겪는다. 일명 '초4병'이라고 하는 이 슬럼프는 급격히 늘어난 학습량과 과제를 회피하고 싶은 마음에 생기는 현상이다.

이 시기에는 기억력과 사고력을 담당하는 새로운 뉴런이 만들어지면서, 전두엽에 흐르는, 의욕을 관리하는 도파민의 생성이 원활하지 않아 의욕이나 감동이 줄어든다. 도파민의 생성이 줄어든 탓에 웬만한 자극이 아니면 의욕이 생기지 않는다.

의욕이 저하된 아이에게 끊임없이 공부와 과제해결을 강요하면 인지력에 부정적인 영향을 주게 된다. 또 인지발달이 더딘 시기에 접어든 아이에게 이전의 과도한 학습량을 고수하는 것도 의욕을 떨어뜨리는 원인이 된다.

학교 준비물을 빼놓고 가기 일쑤이고, 과제가 무엇이었는지도 기억하지 못하는 경우가 많다. 당연히 부모의 잔소리가 늘어나고 알게 모르게 명령과

협박이 잦아지다 보니, 아이들은 부모를 피해 친구에게 하소연하는 일이 늘어난다. 안 그래도 늘어난 학습량에 스트레스가 심한데, 부모의 잔소리까지 더해지면 아이들의 슬럼프는 악화된다.

이때에는 아이가 마음을 위로해 줄 책을 읽고 공감할 기회를 만들어 주어야 한다. 책을 통해 다양한 세계를 접하다 보면 '나만 이런 고민이 있는 게 아니구나. 다른 사람들도 고민이 있고 어려움이 있구나.' 하는 마음을 갖게 된다.

초등 4학년 읽기의 발달

초등 4학년 아이들은 해독에서 독해로 나아가는 과정에 있다. 본격적으로 책을 읽으면서 자신의 생각을 정리해 글 속의 내용과 연결시키는 능력이 극도로 발달하는 시기이다.

이 시기의 아이들은 긴 문장을 의미 중심으로 끊어 읽기 시작하고, 글을 유창하게 소리내어 읽게 되며, 음독에서 묵독으로 넘어가는 과도기라고 할 수 있다. 다양한 단어들에서 나타나는 여러 자모-음소의 관계들이 큰 단위들로 통합되며, 여러 단어들에 빈출하는 철자들의 덩어리와 발음법 사이의 관계를 습득한다.

초등 4학년 아이들은 내용을 요약하라고 하면 한숨을 내쉬거나, 아니면 전체 이야기의 세부 사항까지 하나하나 다 말하는 경우가 많다. 반대로 중심 내용을 표시하라고 하면, 한 페이지에 있는 거의 모든 단어에 밑줄을 칠지도 모른다. 무엇이 중요한지를 결정하지 못하는 것이다. 4학년 아이들은 핵심 아이디어와 중요 정보를 식별하는 능력이 있어야 하며, 이야기의 내용을 기억하기 위해 예상을 할 줄 알아야 한다.

이 시기의 아이들은 글을 읽다가 모르는 어휘가 나오더라도 문맥의 흐름으로 그 뜻을 충분히 짐작할 수 있다. 그리고 품사와 이야기 배경 간의 관계를 배우기 때문에, '가을'이라는 배경에 '풍성한'이라는 형용사가 쓰였다면 다음에 '결실'과 같은 말이 나올 것이라고 짐작할 수도 있다.

📖 초등 4학년 6가지 읽기 길잡이

1. 세상일에 관심을 가져야 목표가 생긴다.

간혹 사회현상을 궁금해하는 아이들이 있다. 그런 아이들은 다른 아이들에 비해 좀더 성숙한 모습을 보이며 진로를 일찍 결정하곤 한다.

초등 4학년 아이들에게 지금 당장 자신의 미래를 설계하고 진로를 결정하라는 말이 아니다. 다만, 아이들도 자신을 둘러싼 환경에 대해 어느 정도는 알고 있어야 한다. 그래야 자신이 이 사회에서 어떤 존재로 살아가야 할지에 대해 고민할 수 있기 때문이다.

논리적이고 비판적인 사고가 싹트는 초등 4학년 때부터는 사회현상에 대해 조금씩 배울 필요가 있다. 여기서 말하는 사회현상이란 정치와 경제, 인권, 가족의 다양한 형태, 장애, 입양, 다문화, 기부 및 환원, 환경오염, 생명공학을 비롯한 유전자 조작 및 지엠오(GMO) 식품과 같은 내용이다. 다소 어렵고 무겁게 느껴질 수 있는 주제인 만큼, 지식책보다는 가볍게 읽을 수 있는 동화책으로 시작하자.

2. 문장의 구조를 파악하라.

초등 4학년 아이들은 텍스트의 구조와 요소를 효과적으로 이용해서 핵심 아이디어나 주제를 요약하고 찾아낸다. 텍스트 구조는 텍스트가 구성된 방식을 말한다. 예를 들어 건물을 지을 때 쓰는 건축 자재와 같은 것이나.

집의 골격이 벽돌과 콘크리트 속에 감추어져 있는 것처럼, 텍스트의 구조도 텍스트에 묻혀 있다. 작가는 텍스트의 틀을 구성하기 위해서 인과관계, 순서, 비교, 대조, 나열, 설명 등을 활용한다. 예를 들어 순서 구조를 만들기 위해 '첫째, 둘째, 셋째'라는 단어를 사용하고, 비교나 대조 구조를 만들기 위해 '비교해서'라는 문구를 사용한다는 것 등을 파악할 수 있는 시기이다.

3. 중심 생각을 찾아라.

글을 이해한다는 것은 작가가 말하고자 하는 바를 아는 것이다. 이것이 바로 '중심 생각'이며, 중심 생각 찾기는 글에서 필수적인 요소를 확인하거나 세부 내용을 통한 추론을 거쳐 만들어진다.

글에서 중요한 내용과 관련된 낱말을 '중심 낱말'이라고 할 때, 글의 중심 생각을 찾으려면 반복하여 사용되는 중심 낱말을 찾는 것이 필요하다. 이 중에서 가장 중요한 것이 제재(글의 재료)이며, 일반적으로 제목으로 드러나게 된다. 아이들은 제목의 효과와 기능에 대해 알아야 하며, 제재가 일반적으로 어떻게 진술되는지도 알아야 중심 생각을 찾을 수 있다.

4학년 아이들은 논리적인 이해를 거쳐 능동적으로 자신의 관심사나 과제의 맥락에 따라 중심 생각을 뽑아낼 수 있다. 또한 문단의 구조를 파악하여 지식이나 과제의 맥락에 관심을 기울이면 중요도를 결정할 수 있다.

4. 읽는 목적을 설정하라.

아이들이 글을 읽는 목적을 분명히 정하게 하는 것이 중요하다. 상황, 읽는 글의 종류, 그리고 읽을 수 있는 시간에 따라 목적이 달라질 수 있다. 글을 읽는 목적을 분명히 정하면, 읽는 과정에 집중하게 되고 처음에 설정한 목적에 가까운 결과를 얻을 수 있다. 또한 읽는 목적과 관련해서 읽기 계획을 세우게 하는 것도 좋다. 아이들은 자기 나름대로 계획을 세우는 방법을 터득하고 배운 것을 효과적으로 활용할 수 있다.

5. 추론해서 읽어라.

추론은 글을 읽고 이해하는 과정에서 제시되지 않은 정보로부터 필요한 의미
를 추측하는 것이다. 이를 위해서는 아이들의 배경지식과 저자가 제시한 단
서를 활용해야 한다. 추론은 언어 기능의 모든 영역, 즉 말하기, 듣기, 읽기,
쓰기에 모두 필요하지만, 특히 읽기에서 강조되고 있다. 부모는 추론의 첫 단
계에서 아이들의 배경지식을 활성화해야 한다. 또한 평소 질문에서 추론적
인 질문을 덧붙이는 것이 좋다.

6. 메모하라.

'메모하기'는 단어나 구 단위로 하기 때문에 요약하기에 비해서 쓰기의 부담
이 적다. 글을 읽을 때 중요한 내용에 밑줄을 긋거나 괄호를 하면 한눈에 들
어오기 때문에, 글 전체의 주제와 전체적인 내용을 파악하는 데 유용하다. 또
는 떠오르는 생각을 여백에 간단히 표기하거나 의미 지도를 그리는 방법도
있다. 부모가 다양한 방법을 알려줄 수 있지만, 아이들만의 방식대로 해나가
게 하는 것이 좋다.

초등 4학년 쓰기의 발달

초등 4학년 아이들은 글을 쓰는 표면적 목적과 중심 내용을 명확히 쓸 줄 안
다. 화제나 내용을 초점화하려는 경향이 뚜렷이 나타나며, 하나의 화제에 대
해 비교적 자세하게 표현하는 편이다. 하지만 정보성이 높은 화제나 내용을
선별하는 능력은 여전히 부족하다. 그리고 '처음, 가운데, 끝'의 구조를 가진

글을 쓰기 시작하며, 단락이나 의미를 연결하는 연결어를 사용하고, 전달효과를 높이기 위하여 비교 표현을 사용한다. 부모들은 아이가 글을 짜임새 있게 조직하는 방법과 효과적인 표현방법을 가르쳐야 한다.

초등 4학년 아이들이 쓴 글을 분석해 보면 여러 가지 맞춤법 오류들을 발견할 수 있다. 원인을 살펴보면, 먼저 정확한 낱말에 대한 노출이 부족해 일어나는 경우이다. 이를테면 아이들이 평소 언어생활 속에서 'ㅐ'와 'ㅔ'를 명확하게 구분하여 발음하는 사람을 만나기 어렵고, 아이들 역시 정확하게 구분하여 발음하지 못하기 때문이다. '그런데(그런대), 데리고(대리고), 꽂게(꽂개), 헷갈리다(햇갈리다), 베개(배개)' 등이 그 예이다.

둘째, 잘못된 언어환경의 영향으로 이런 현상이 생기는 경우이다. 받침의 'ㅎ' 오류가 대표적인데, 'ㅎ'과 'ㅅ'을 혼동하는 것이다. 아이들이 자주 틀리는 낱말로 '낫다(낳다), 낳다(낫다), 좋다(좃다)' 등이 있다.

셋째, 지역사회 환경에 의한 방언의 사용 때문이다. 이는 표준어에 대한 명확한 인식이 없는 초등학생의 경우 글을 쓸 때 자신들이 사용하는 말을 글로 옮기기 때문에 일어난다. 지역별로 차이가 있겠지만 '부셨다(뿌샀다), 기다리다(기달리다), 나를(내를)' 등이 있다. 정확한 음운 변동에 대한 이해 부족이 원인인 경우이다. '안(않), 만큼(많큼), 핥다(할다), 읊다(읖다), 않다(앉다)' 등이 있다.

📖 초등 4학년 6가지 쓰기 길잡이

1. 아이디어를 떠올리고 수집하라.

아이디어를 많이 끌어낼 수 있는 아이들은 글을 잘 쓸 가능성이 높다. 아이디어 생성 능력을 길러주기 위한 방법은 어떤 것이 있을까?

가장 많이 사용하는 것은 브레인스토밍이다. 이는 즉흥적으로 주제에 대해 머릿속에 있는 아이디어들을 떠올리는 것이다.

둘째, 열거하기(Listing)이다. 브레인스토밍과 유사하나, 주제나 범주에 따라 관련 있는 내용을 나열한다는 점이 다르다.

셋째, 이야기 나누기 활동이다. 이야기를 나누는 과정에서 자기가 미처 생각하지 못한 아이디어를 얻을 수 있다.

넷째, 관련 자료 읽기이다. 책이나 잡지, 신문 등을 읽는 활동을 통해 아이디어를 수집하는 것이다.

다섯째, 직접 경험해 보는 것이다.

여섯째, 명상하기이다. 가만히 앉아서 주제와 관련하여 자신이 알고 있는 것이나 경험한 것, 그리고 글에서 나타내고 싶은 것을 찾아나간다.

2. 조직하기를 가르쳐라.

아이들이 쓴 글을 보면, 조직적이지 못하고 개개의 사실을 이리저리 나열해 놓은 것이 많은데, 이것은 아이디어를 조직하는 능력이 부족해서 그렇다.

'조직하기'는 아이디어들 간의 관계를 파악하고 글을 어떤 순서로 쓰는 것이 좋은지를 생각해 보는 것이다. 예를 들어 다발 짓기(Clustering)나 생각 그물 만들기(Mind Mapping)와 같은 전략을 활용하면 아이디어들 사이의 관계를 파악하는 데 도움이 된다.

과거처럼 '서론, 본론, 결론' 등으로 획일적이고 엄격한 틀을 제시하기보다는, 자기가 쓸 글의 주제나 조직방식 등을 생각해서 다양한 방법으로 시각화해 보게 하면 글의 전체 구조를 좀더 쉽게 이해할 수 있다.

얼개는 글의 전체적인 흐름을 말해주는 것으로, 얼개 짜기(Outlining)는 초고를 쓰는 데에도 필요하지만 조직적인 사고를 기르는 데 도움이 된다.

3. 일단 초고를 써라.

초고를 쓸 때 완벽하게 쓰도록 하는 것은 바람직하지 않다. 아이들이 한 줄 한 줄 쓰는 데 집중하면 사고의 흐름을 방해하게 되고, 글의 전체적인 흐름을 제대로 파악하지 못할 가능성이 높다. 또한 처음부터 완벽하게 써야 한다는 부담을 가지게 되고, 결국 글쓰기를 더 어렵게 생각하고 싫어하게 된다.

초고는 어디까지나 초고일 뿐이라는 생각을 갖게 하는 것이 중요하다. 초고를 쓰면서 글씨나 맞춤법 등에 치중하면 할수록 내용에 대해 생각할 여력을 갖기 어렵다. 초고를 쓸 때에는 의미에 초점을 두어 전체적인 흐름을 파악하는 것이 중요하다.

4. 글을 쓰는 것은 계속적인 수정하기이다.

글을 잘 쓰기 위해서는 초고를 적절히 수정할 수 있는 능력이 필요하다. 일반적으로 수정은 첨가, 삭제, 대체, 이동, 재배열 등으로 이루어진다. 첨가는 덧붙이는 것이고, 삭제는 특정한 내용을 빼는 활동이다. 그리고 대체는 그 위치에서 다른 내용으로 바꾸는 것이고, 이동은 다른 곳으로 옮기는 것이며, 재배열은 앞뒤 순서를 바꾸거나 몇 부분을 하나로 줄이거나 늘이면서 재구성하는 활동을 말한다.

아이들에게 글을 수정하라고 하면 기껏 해야 글씨나 맞춤법을 바로잡거나, 아니면 낱말 몇 개를 바꾸고 마는 경우가 많은데, 이것은 바람직하지 않다. 텍스트, 문단, 문장, 낱말의 순서로 수정하게 하는 것이 좋다.

5. 실제를 중심으로 한 맞춤법을 가르쳐라.

초등학교의 맞춤법 지도는 언어 사용의 맥락 속에서 이루어져야 한다. 듣고, 말하고, 읽고, 쓰는 과정에서 문법이 관여하기 때문에 아이들이 실제 사용하는 어휘를 중심으로 맞춤법을 지도해야 한다. 예를 들어 '맏이'는 일상생활에 많이 쓰이는 낱말로, 구개음화 현상이 일어나는, 소리와 표기가 다른 낱말이다. 최근에 한 가정에 한 아이만 있는 가구들이 늘어나면서 아이들이 '맏이'라는 말을 접하는 경우가 줄어들었다. 그래서 문법적으로 기초적인 낱말이지만 제대로 못 쓰는 아이들이 많다.

실제를 중심으로 한 맞춤법을 가르치면 동기유발이 자연스럽게 이루어질 수 있다. 내적 동기가 없는 교육은 결과의 확실성을 담보하기 어려우나, 아이들 자신이 몰라서 어려움을 겪고 있는 낱말을 실제 경험할 수 있는 대상을 바탕으로 연습하면 자연스럽게 배울 수 있다.

6. 맞춤법 원리에 대한 이해도 중요하다.

한글 맞춤법은 체계화된 원리를 바탕으로 구성된 개념이다. 원리를 중심으로 맞춤법을 가르치면 파급 효과가 크다. 아이들의 인지발달 수준을 고려하여 맞춤법 원리를 가르치고, 아이들이 실제로 경험하는 어휘로 예를 들어주자. 그러면 단순히 연역적인 접근이 아닌 귀납적인 접근도 가능하다. 예를 들어 아이들이 일상에서 자주 접하는 '옷이'가 [오시], '꽃이'가 [꼬치], '앞으로'가 [아프로]로 발음되는 것을 경험하면, 이를 통해 홑받침이나 쌍받침이 모음으로 시작된 조사와 결합할 경우 연음된다는 원리(사실들 → 원리: 귀납적 접근)를 알 수 있다. 이러한 맞춤법 원리 학습을 통해 아이들의 사고력도 기를 수 있다.

실제를 강조한 맞춤법 지도가 정확성보다 유창성에 좀더 비중을 둔 것이라면, 원리를 강조한 맞춤법 지도는 정확성에 좀더 비중을 둔 것이기 때문에 정확한 개념을 갖도록 하는 것이 중요하다.

초등 5학년 읽기와 쓰기 교육

초등 5학년 아이들은 사물을 객관화하여 이해할 수 있으며 추상적 사고능력이 발달한다. 따라서 사회현상을 주제로 한 책 읽기와 독서토론이 이루어지기도 한다. 이야기 주제로는 환경보호, 에너지 절약, 어린이 인권보호처럼 사회적 통념이나 보편적 가치를 다룬 내용이 좋다. 또한 양성평등, 학교폭력, 외모 지상주의, 물질 만능주의, 사형제도처럼 다소 무거운 주제의 토론도 좋다.

독서토론이 끝난 뒤 글쓰기를 하면 사고력의 기반인 읽기와 쓰기 능력도 키울 수 있다. 자신의 생각을 논리적으로 표현하고 다른 사람과 공유할 수 있는 능력은 4차 산업혁명 시대를 살아가는 데 필수적이다. 독서토론은 미래 한국 사회에 필요한 협업능력을 키우는 데 중요하다. 공감과 자기조절력을 키우고 소통을 통하여 협업능력을 키워야 한다.

논리적 사고와 비판적 사고가 발달하며 옳고 그름을 판단하기 좋아하는 초등 5학년 아이들에게 독서를 통한 토의와 토론은 논리력과 비판력을 촉진한다. 5학년 국어 교과서에서도 토의와 토론은 큰 비중을 차지한다. 교과과정에서 토의와 토론의 비중이 높다 보니 교내 캠프나 방학 프로그램으로 토론수업이 개설되기도 하고, 도서관이나 사교육 시장에서도 고학년을 위한 토론수업이 활발하게 이루어지고 있다.

초등 5학년 읽기의 발달

초등 5학년 아이들은 해독보다 독해에 더욱 큰 비중을 두고 글을 읽게 되며 묵독이 강조된다. 읽기를 통해 사실과 의견 구별하기, 정보 축약하기, 생략된 정보 추론하기, 이어질 내용 예측하기, 비유적 표현의 의미 이해하기, 표현의 적절성 판단하기 등과 같은 기초 독해 기능을 기를 수 있다.

또한 이 시기의 아이들은 유창한 단어 읽기가 가능하다. 익숙한 단어뿐 아니라 익숙하지 않은 단어까지도 재빨리 확인하는 고도로 발달된 읽기 자동화가 이루어진다. 초등 5학년 아이들이 읽는 대부분의 단어는 아주 자주 쓰이는 단어들이므로, 맥락의 유무와는 상관없이 단어 대부분을 힘들이지 않고 읽을 수 있게 되는 것이다.

또한 초등 5학년 아이들은 다른 사람의 도움 없이 스스로 읽을 책을 선택하고, 또 끝까지 읽을 수 있다. 다만 독서습관이 나름대로 자리잡혀 있기는 하지만, 너무 빨리 읽어서 세부 내용을 잘 기억하지 못하거나, 대강 읽는 버릇이 있어서 공부할 때도 실수를 하거나, 좋아하지 않는 분야는 아예 거들떠보지 않는 등의 나쁜 습관을 가지고 있는 경우도 있다.

1. 독서토론을 하자.

독서토론이 아이들에게 미치는 긍정적인 영향은 한 가지 주제를 깊이 생각할 기회를 준다는 점이다. 깊이 생각하기 위해서는 주제에 대해 알고 있는 배경지식을 꺼내어 정리하고, 이를 주장에 사용하기 위해 다른 생각과 융합해야 한다. 또한 정돈된 언어와 설득력 있는 말투로 생각을 표현해야 한다. 그러나 지식이 얕거나 경험이 부족하면 알맹이 없는 토론에 그치게 된다.

실제로 독서토론을 하다 보면 주제에 대한 해석이 잘 되지 않은 상태에서 결론에 도달하려고 하거나, 확실하지 않은 근거들을 나열하는 경우가 많다. 배경지식이 부족하거나 깊이 생각하지 않아서이다.

토론은 어떤 공통 문제의 해결방안을 찾기 위해 둘 이상의 사람이 모여서 정보, 의견, 생각 등을 나누는 협동적인 의사소통 방법이다. 글을 읽은 후에 작가나 내용에 대해 토론을 하면 아이들의 흥미를 자극하고 사고력도 향상된다.

2. 주장의 타당성과 근거도 평가하라.

텍스트에 나오는 주장의 타당성을 평가하기 위해서는 주장뿐만 아니라 근거도 평가해야 한다. '주장할 만한 것을 주장했는가'를 아는 것이 중요하다. 이것은 주장의 옳고 그름을 판단하기 이전에, 그 주장이 주장으로서 가치를 가지는가에 대한 판단이 우선이라는 것이다.

예를 들어 "우리 지역에서 꼭 필요한 환경혐오 시설을 어디에 설치하면 좋겠는가?"라는 문제에 대해 "우리 지역이 아닌 다른 지역에 설치해야 한다"거나 "환경혐오 시설보다는 자연친화 시설을 건립해야 한다"는 주장은 문제가 된다. 주장은 그 '주장이 옳은가'를 판단하는 타당성 측면과 '그 견해나 입장이 논제를 해결하는 데 실제로 도움이 될 수 있겠는가'를 판단하는 적절성 측면에서 평가해야 하기 때문이다. 근거의 타당성을 평가하기 위해서는 여러 가지 기준이 있는데, 가장 우선시해야 할 기준은 근거가 사실 그대로인지, 옳은 생각인지 여부이다. 주장은 타당하지만 근거 자체가 옳지 않은 생각일 수도 있기 때문이다.

3. 독서 동기를 북돋워라.

초등 5학년부터는 책이 재미없더라도 끝까지 읽어내야 하며, 책 속의 생각이 나와 다르더라도 저자의 입장에서 이해하고 받아들여 객관적으로 읽을 수 있어야 한다.

읽기 이해도가 낮거나 독서습관이 들지 않은 아이라면, 독서토론에 익숙해지는 데 시간이 조금 걸릴 수 있다. 하지만 독서토론을 자주 경험하면 자신의 의견을 말하는 일에 익숙해지고, 다른 사람의 의견을 듣는 것만으로도 참여 의욕이 생긴다. 이러한 의욕은 독서 동기로 이어진다. 독서토론에 흥미가 생기면 성공적인 토론을 위해서라도 책을 잘 읽게 되는 것이다.

4. 협동하여 읽어라.

'협동하여 읽기'를 하면, 글의 내용과 자신의 경험을 비교하며 활용할 수 있다. 글을 읽어나가는 과정에서 잘 이해가 되지 않는 부분, 좀더 깊이 이해할 필요가 있는 부분, 다른 사람에게 꼭 알려주고 싶은 부분 등에 대해 부모나 친구와 협의할 수 있다.

'협동하여 읽기'의 예로는 먼저 독서토론 구성원끼리 협의하여 '한 일, 본 것, 들은 것, 생각이나 느낌이 나타난 문장'을 찾고 읽을 구성원을 정한다. 모두 함께 글을 읽다가 경험이 나타난 문장이 나오면, 읽는 역할을 맡은 아이가 읽는 것이다.

5. 창의적으로 읽자

읽은 글의 내용을 심화하기 위해 좀더 창조적인 활동을 할 수도 있다. 글을 다른 장르로 만들어 본다거나(예: 설명글 → 편지글) 독후감을 쓰는 방법 등이 일반적이다. 이 외에도 다른 결말 맺기, 이 글을 토대로 다른 이야기 짓기 등이 있고, 같은 작가가 쓴 다른 책을 읽도록 권장하는 것도 한 방법이다.

창의적으로 읽기 위해서는 문제를 다른 각도에서 보는 태도와 능력이 중요하다. 처음에는 아주 쉬운 것부터 시작하고, 점차 어려운 과제로 넘어가는 것이 좋다.

6. 독서모임을 만들어라.

아이들의 잘못된 독서습관을 바로잡는 데 가장 효과적인 방법은 독서모임이다. 초등 5학년 아이들은 다른 사람의 시선을 의식하기 때문에 함께 읽는 방법이 효과적이다. 친구들이 서로 협력자이자 경쟁자가 되어 읽기 동기를 유발하고 질 높은 독서문화를 형성한다. 책을 읽기 싫은 날도 있을 것이다. 하지만 독서모임을 하다 보면 읽지 않으면 뒤처지는 느낌이 들기 때문에 열심히 읽게 된다.

또 독서모임을 하면 자신의 관심 분야가 아닌 책이나, 평소 읽지 않던 책까지 읽게 된다. 같은 책을 여럿이 읽다 보니 내용을 서로 확인하면서 인상 깊거나 의미 있는 구절을 나눌 수 있고, 자신의 생각과 친구의 생각을 견주며 사고를 확장할 수도 있다.

초등 5학년 쓰기의 발달

초등 5학년 아이들은 글을 쓰는 목적이 분명하게 드러나게 쓸 수 있으며, 글감과 관련해 다양하면서도 풍부한 내용을 쓸 수 있다. 내용을 선정하거나 표현을 할 때 독자를 더 많이 고려할 수 있으며, 전달효과를 높이기 위해 개성적인 문체나 어조를 구사할 수 있다.

초등 5학년 아이들은 의사소통적 글쓰기에서 미적 감별력이 첨가된 글쓰기로 넘어간다. 아이들 자신이 독자가 되어 자기 글을 평가하고 감상하며 피드백을 해서 더 나은 구조와 내용으로 다듬을 수 있다.

이 시기 아이들의 글쓰기는 좀더 심미적이고 자기만족적이다. 글을 쓸 때 단지 독자를 만족시키기 위한 것뿐만 아니라 자기 자신의 즐거움을 위해서 글을 쓴다. 어떤 아이들은 글에서 단순히 독자를 설득하기 위해 논쟁할 뿐 아니라, 자기 자신의 주장에서 설득력 있는 점을 찾기 위해 논의한다. 단순한 기계적 쓰기가 아니라 즐거운 창조라고도 할 수 있겠다.

무엇보다 초등 5학년이 되면 논설문을 쓰기 시작한다. 논설문은 자신의 주장을 펼치는 글로 문제상황을 정확히 파악하고, 이에 대해 자신의 견해와 주장을 논리적으로 서술한 글이다. 자신이 옳다고 믿는 것이나 해야 한다고 생각한 것을 이치에 맞게 주장하여 자신의 관점을 독자들에게 확신시키거나 설득하여 나와 같은 생각을 가지게 하거나, 독자들의 태도나 감정을 변화시켜 같이 행동해 주기를 바라는 글이라 할 수 있다. 여기에 더하여 논설문은 '서론, 본론, 결론'이라는 일정한 형식을 가지며, 각 부분에서 요구하는 내용과 짜임이 일정한 장르를 형성하고 있다.

따라서 아이들이 논설문을 잘 쓰려면 자기 주변에서 해결해야 할 문제를 잘 파악해야 하며, 그 문제를 어떻게 해결할 것인가에 대한 창의적이고도 적극적인 사고가 필요하다. 단순한 상상이나 감정을 가지고 쓰는 글이 아니라 문제를 해결하기 위한 객관적이고 합리적인 해결방법을 모색해야 한다.

📖 초등 5학년 6가지 쓰기 길잡이

1. 글쓰기 계획을 세워라.

글을 쓰기 전에, 글쓰기 과제를 분석하고, 글을 쓰는 목적이 무엇인지, 내가 쓸 글의 독자는 누구인지 등을 생각하는 활동을 하면 좋은 글이 나온다. 캘리포니아주립대학의 게일 톰킨스(Gail E. Tompkins) 교수도 글을 쓰기 전(Prewriting)에 화제를 선택하고, 아이디어를 수집 및 조직하며, 글을 쓰는 목적과 독자를 고려하고, 독자와 목적을 생각하면서 쓰기의 형태(Forms)를 결정하며, 아이디어를 생성하기 위해 말하기·그리기·읽기·쓰기 등의 활동을 할 필요가 있다고 한 바 있다.

일반적으로 미숙한 필자는 곧바로 글을 쓰는 경향이 있으나, 능숙한 필자는 계획을 하는 데 상대적으로 많은 시간을 가진다. 글쓰기 계획에서 할 만한 활동으로는 1) 목적 설정 및 분석하는 활동, 2) 주제 분석 및 설정하는 활동, 3) 독자 설정 및 분석하는 활동, 4) 주제, 독자에 비추어 자신을 분석하는 활동, 5) 조건 분석하는 활동 등이 있다.

2. 기능적 요소를 자동화하라.

글을 쓸 때는 좋은 문장(또는 단어, 문단)이 갖추어야 할 기능적 요소를 경시해서는 안 된다. 예를 들어 주어와 서술어의 일치나 적절한 접속사의 사용, 최대한 간명한 문장 구사 등과 같은 기능적 요소는 좋은 글이 되게 하는 데 나름의 역할을 한다. 아이들이 따로 시간을 내어 이들 기능에 익숙해지도록 지도하는 것이 좋다.

물론 처음에 아이디어를 표현하는 1차 초고에서는 이런 점에 특별히 신경을 쓰지 않아도 되지만, 2차나 3차 초고를 쓸 때에는 신경을 쓸 필요가 있다. 또한 이들 기능적인 요소는 가능한 자동화되도록 숙달하는 것이 좋다. 숙달되어 특별히 의식하지 않고도 쓸 수 있어야만 의미에 좀더 관심을 가질 수 있게 된다.

3. 자기 모니터 능력을 키워라.

글쓰기 과정은 곧 '자기 모니터의 과정'이라고 할 수 있다. 글쓰기를 '의미 구성의 과정'이라고 정의할 때, 이 과정에는 필연적으로 자기의 인지 행위를 점검하고 통제하는 메타인지적 행위(Metacognitive Behaviors)가 필요하다. 이것이 곧 자기 모니터의 과정이다.

글쓰기에서 자기 모니터 능력은 전체 과정을 점검하고 통제해나가는 데에도 필요하다. 자기 모니터는 스스로에게 질문을 던지고 답하는 활동을 통해 만들어질 수 있다. 글을 써나가면서 '그래, 잘했어. 나는 역시 아이디어가 있어. 그런데 이건 아니야. 내가 왜 이러지?'와 같은 생각과 질문을 계속하는 것이 좋다.

자기 모니터 능력을 길러주려면, 일단 글을 써나가는 과정에서 스스로 평가할 수 있도록 이끌어야 한다. 아이들이 스스로 어떤 아이디어가 적절한지, 여기에 문장이나 단어를 넣어도 되는지, 이런 식으로 표현하는 것이 적절한지 등을 판단해보게 하는 것이다. 체크리스트를 만들어 모니터한 것들을 체크하게 하는 것도 좋은 방법이 될 수 있다.

4. 비유적 표현으로 글을 써라.

아이들이 비유적 표현을 이해하기 위해서는 시를 읽는 것이 도움이 된다. 시속에 들어 있는 주요 사고나 정서를 파악해 그 틈새를 찾아내고, 그 틈새를 비집고 들어가 자신의 체험으로 채우는 것이다. 시적 화자의 생각을 비집고 들어가는 활동은 아이들이 아직 정리되지 않은 자신의 경험, 또는 아직 접하지 못한 경험을 손쉽게 자기 것으로 할 수 있다는 점에서 효과적이다.

비유적 표현으로 글을 쓰려면 다른 사람의 글이나 아이디어를 받아들이는 모방의 과정이 필요하다. 그러나 모방에 머물지 않고 더 나은 것을 얻기 위한 목적(innovation)으로 다른 사람의 아이디어를 활용하여 비유적 표현을 할 수도 있다.

5. 사회적 상황을 고려하라.

지식과 앎, 언어와 사고 등의 기원을 '정해진 것'으로 보는 절대주의적 지식관을 가진 사람들이 있다. 반면 이것들이 공동체 구성원들의 '사회적 상호작용'을 통해서 구성된다고 보는 견해도 있다. 이들은 지식을 주관성과 객관성의 언어적 상호작용에 의해 존재하는 결과물로 보며, 역동적인 대상으로 파악한다.

사회구성주의자들은 이처럼 사고를 개인의 정신활동의 결과로 보지 않고 사회적 상호작용을 통해서 만들어진 것으로 본다. 이는 '의미 구성의 과정'이 인지적인 차원에서 이루어지는 것이 아니라 사회적 차원에서 이루어진다는 논리로 이어진다.

이들은 작가와 독자의 담화, 공동체와의 사회적 상호작용을 중시하며, 글쓰기에서도 의미 협상과 대화를 강조한다. 이렇게 하면, 아이들이 독서에 더욱 적극적으로 참여할 수 있고, 부모들은 아이들의 독서에서 방관자가 아니라 중개자, 촉진자, 설계자로서 역할을 확대할 수 있다. 또한 아이들의 독서 성공률을 높일 뿐 아니라, 작가와 독자의 의미 협상으로 인해 글의 맥락을 더 잘 파악할 수 있게 된다.

6. 독서토론 일기를 써라.

책을 읽고 주인공들에 관한 의견을 글로 적어보게 하는 것도 좋은 방법이다. 자신이 이해하고 기억하기 쉽게 정리하면 그것이 최고의 노트이다. 한번 정리하고, 복습하면서 추가로 정리할 내용이 있으면 보충해서 정리하면 된다. 독서토론 일기는 나중에 실제 토론에서 자신의 의견을 발언할 때 도움이 된다. 아이들이 노트에 적어온 것을 발표하게 함으로써 다른 사람의 의견을 들어보는 것 또한 도움이 될 것이다.

초등 6학년 읽기와
쓰기 교육

초등학교 6학년 아이들은 사춘기에 진입하여 갑자기 말이 없어지거나, 감정 조절을 못하여 쉽게 흥분하거나, 화를 벌컥 내고 소리를 지르는 아이가 있는가 하면, 친구들을 괴롭히는 아이도 있다. 무기력증에 빠져 공부도 싫고 심지어 노는 것도 싫다는 아이도 있다. 6학년 아이들이 사춘기 증상을 보인다고 해서 학업에 충실하지 않은 것은 아니다. 다만 아이들은 성장 중이고, 성장하는 동안 많은 변화가 있을 뿐이다.

부모는 아이가 사춘기임을 인식하고, '오늘 기분은 어땠는지, 학교에서 즐거운 일은 없었는지'와 같은 긍정적인 이야기와 감정을 나눌 필요가 있다. 부모와 자녀의 대화가 원활해야 아이가 어떤 공부를 할지, 어떻게 살아갈 것인지에 대한 이야기를 나눌 수 있다.

사실 아이들은 이 세상이 얼마나 넓은지, 할 수 있는 일이 얼마나 많은지 잘 모른다. 또 꿈이 있다 하더라도 어떤 과정을 거쳐 이룰 수 있는지 잘 모른다. 그러다 보니 교사, 공무원, 의사, 변호사, 과학자 등 교과서에 등장하는 직업들 가운데 가장 친숙한 것 하나를 꿈으로 정하는 경우가 많다.

부모들은 아이들이 어릴 때부터 재능을 발견해 주기 위해 노력하지만, 예체능처럼 도드라지는 재능이 아니고서는 무엇을 잘하는지 발견하기 쉽지 않다. 그런데 성실성, 개방성, 외향성이나 친화성 또한 탁월한 재능이다. 가령 성실하고 인내심이 강한 아이는 목표를 달성하기까지 흔들림 없이 나아갈 수 있는 덕목을 지녔다. 외향적이고 친화성이 높은 아이는 대인관계가 원활해서 협력을 요구하는 일을 누구보다도 잘한다. 즉, 삶의 태도와 성격도 계발하고 키워가야 할 재능이라는 것을 기억하자.

초등 6학년 읽기의 발달

초등 6학년이 되면 아이들은 자신의 미래를 불안해하며, 자신의 적성을 알고 싶어한다. 그래서 여러 가지 능력이나 적성에 관한 검사를 해보고 싶어한다. 이런 검사는 결과를 맹신하지만 않는다면 진로를 탐색하는 데 도움이 된다.

초등 6학년 아이들이 "장차 커서 뭐가 될래?", "어느 분야의 일을 해야 잘할 것 같니?"와 같은 질문에 답하기란 쉽지 않다. 그런데 학교에서는 매년 장래희망을 적어내라고 하고, 만나는 사람마다 꿈이 무엇인지 물어보니, 아이들은 그때마다 당혹스럽다고 말한다.

부모들의 마음도 조급하다. 아이의 재능을 빨리 발견하여 이를 계발시켜 주는 것이 부모의 역할이라 여기기 때문이다. 하지만 부모는 아이의 꿈을 결정해 주는 사람이 아니다. 아이 스스로 꿈을 선택할 수 있도록 돕는 조력자일 뿐이다. 이 세상에 얼마나 많은 꿈이 있으며, 이 가운데 아이가 질할 수 있는 것이 무엇인지 알려주어야 한다. 일일이 체험을 통해 가르쳐 줄 수 없으니 책 읽기로 도움을 주면 된다.

꿈을 이룬 사람들의 이야기를 읽다 보면 그 사람처럼 되고 싶다는 마음이 생긴다. 목표의식과 열정을 배울 수 있어 특히 초등 6학년 아이들에게 의미가 있다. 꿈을 가지려면 관심과 흥미를 보이는 일을 직접 체험해 보거나, 관련 도서를 읽으며 지식과 정보를 쌓아야 한다. 독서를 통한 진로탐색과 간접경험은 아이들이 꿈이 없다면 꿈을 가질 수 있게 해주고, 꿈이 있다면 구체화할 수 있게 해주어 진로와 적성을 찾는 바탕이 된다.

초등 6학년은 읽기 과정에서 토의와 토론이 활발하다. 토의는 여러 사람이 모여 공동의 주제를 가지고 서로의 의견을 나누는 활동이다. 토의를 하기 위해 모인 구성원들은 제시된 문제에 대해 함께 검토하고 협의하는 과정을 갖는다. 같은 주제로 의견을 나눈 뒤 좋은 아이디어들을 모은다. 공동의 문제를 해결할 때 유용한 활동이다.

반면에 토론은 어떤 문제에 대하여 여러 사람이 서로 다른 의견을 논의하는 일이다. 다시 말해 공통 주제에 대해 자신의 주장을 제시하는 일종의 '말하기' 활동이다. 토론을 할 때는 상대방의 생각보다 자신의 생각이 옳다는 것을 입증해야 한다. 즉, 자신의 주장을 뒷받침할 근거를 들어 명확하고 자신감 있게 말하는 능력이 요구된다. 설득력 있는 내용과 어조가 필요한 활동이다.

아이들은 토의와 토론 활동을 통해 의사소통의 자세와 방법을 배울 수 있을 뿐만 아니라 다른 사람을 통해 자신이 미처 생각하지 못했던 바를 깨닫거나 독단에 빠졌던 오류를 수정하고 교정할 수 있다. 또 새로운 생각을 받아들여야 할 필요성도 배운다. 이러한 과정을 통해 사람마다 생각하는 방식이 다르다는 것을 이해하게 된다. 다른 사람의 이야기를 자신의 생각과 비교하고 비판하며 듣는 사이에 상위 인지능력도 향상된다. 이때 읽기가 큰 역할을 한다.

1. 비판적 읽기를 하라.

비판적 읽기는 글의 주제를 이해하거나 줄거리를 파악하는 데에서 더 나아가 글쓴이가 주장하는 내용이 타당한지 아닌지를 파악하는 능동적 활동이다. 비판적 읽기는 아이들로 하여금 스스로 읽도록 하며, 능동적으로 읽고 쓸 수 있게 한다. 또한 제시된 자료를 비판적으로 읽게 되면 동기가 좀더 강해지며, 효과적인 이해를 위해 관련 자료를 찾아보는 등 다른 활동을 자연스럽게 더 하게 된다.

글을 비판적으로 읽을 때에는 글 내용의 정확성, 신뢰성, 공정성 등을 확인해야 한다. 예를 들어 신문 광고를 비판적으로 읽을 경우 광고가 무슨 목적으로 만들어졌는지, 광고의 내용을 얼마나 신뢰할 수 있는지 등을 생각하며 비판적인 관점으로 읽는 활동을 할 수 있다.

2. 읽기를 정교화하라.

아이들이 글을 이해한다는 것은 곧 읽은 글의 새로운 정보를 자신이 알고 있는 정보에 결합시키는 과정이다. 읽기를 정교화하는 것은 능동적, 적극적 자세를 기본으로 하여, 아이들이 이미 알고 있는 정보나 자료에 연결시킬 수 있도록 새로운 정보에 무엇인가를 추가하는 것이다. 이것이 가능하려면 아이가 다양한 의견들을 표현하도록 북돋워 주고, 많은 대답들을 정답으로 수용하며, 아이의 문화와 배경지식을 가치 있는 것으로 인정해야 한다.

3. 장르를 바꾸어 읽어라.

주어진 글을 좀더 깊이 이해하기 위해 다른 장르로 바꾸어 보는 방법도 있다.

예를 들어 이야기의 구성요소를 바꾸어 다른 각도에서 볼 수도 있다. 이야기의 구성요소는 크게 인물, 사건, 배경 등 3가지인데, 이들 구성요소를 바꾸는 활동을 해보면 창의적인 아이디어가 나올 수 있다. 이러한 활동은 읽기 활동이 통합적으로 이루어진다는 점에서 의미가 있으며, 아이들도 흥미를 가지고 적극적으로 참여하게 된다.

4. 비유적 표현을 파악하고 사용하라.

초등 6학년은 글을 읽으면서 무엇이 중요한 문단이나 문장, 낱말인지 찾을 수 있어야 하고, 중심 낱말을 보고 글의 내용을 짐작할 수 있어야 한다. 또한 글이나 낱말에 감추어진 뜻을 파악할 수 있어야 하고, 읽을 때와 쓸 때 비유적인 표현을 파악하고 사용할 수 있어야 한다. 그리고 글의 내용을 통해 그것이 사실인지, 아니면 의도적으로 설득하려고 하는 것인지를 판단할 수 있어야 한다. 아울러 글 속에 등장하는 인물이 그렇게 행동할 수밖에 없었던 사회적인 배경과 상황 등을 연계하여 그 행동을 판단할 수 있어야 한다.

아이들이 비유적 표현을 파악하기 위해서는 먼저 사물이나 동물을 대상으로 형상화한 텍스트를 활용하고, 이후에 좀더 추상적인 상황이나 정서를 다룬 텍스트 읽기로 수준을 높여가는 것이 좋다.

5. 경쟁적 토론을 하라.

논쟁은 찬성과 반대처럼 두 가지로 나뉘는 문제에 대해 자신의 주장을 논리적으로 펼치는 활동이다. 찬성팀과 반대팀 혹은 긍정 측과 부정 측으로 나누어 상대편 주장의 오류를 지적하고, 자신의 주장에 근거를 제시하여 상대팀은 물론 심사위원과 청중까지 설득해야 한다. 특히 상대를 공격하여 무조건 이기기만 하면 되는 게 아니라 설득과 공감으로 내 편으로 만들어야 한다. 따라서 상대를 공격하여 이기려는 마음보다는 내 생각에 동조해 줄 근거를 제시하는 것이 중요하다.

6. 집단지성을 발휘하라.

초등학교에서 토론은 교사가 특정 주제에 관해 질문을 하고 아이들이 응답하는 식으로 이루어지는 경우가 많다. 그러나 이러한 방법으로는 집단적 지성을 발휘하기 어려우며, 설사 발휘되었다고 하더라도 우수한 몇몇 아이들에게 국한될 뿐 나머지 아이들은 오히려 토론으로 인해 위축될 수 있다. 소수가 아닌 다수의 아이들이 참여해야 집단지성을 발휘할 수 있다. 따라서 집단지성을 얻기 위해서는 집단적인 토론을 일상화해야 한다.

아이들이 토론에 흥미를 갖도록 그들의 생활과 직결된 문제를 주제로 정하고 집단적으로 의사소통할 기회를 주어야 한다. 깊이 있는 토론이 되기 위해서는 그 주제에 대해 충분히 이해할 수 있도록, 사전에 충분한 자료를 제공하거나 출처를 알려주어 아이들이 준비할 수 있게 하는 것이 좋다.

초등 6학년 쓰기의 발달

초등 6학년 아이들은 글에서 쓰는 목적이나 동기를 명확히 할 수 있고, 단락 간, 단락 내 구성을 이전 학년보다 좀더 체계화할 수 있으며, 제한적이긴 하나 몇 가지 문장 표현을 구사할 수 있고, 창의적이고 개성적인 문체나 어조를 살려 쓸 수 있다.

초등 6학년의 글쓰기를 평가해 보면 '문장 쓰기→낱말 쓰기→글자 쓰기→문단 쓰기'의 순서로 점수가 높았다. 맞춤법이나 띄어쓰기, 문상부호의 사용이 전반적으로 좋아졌다. 낱말 쓰기에서는 설명을 자세하게 하려다 비슷한 낱말을 반복적으로 사용하는 경향이 있었다. 또한 문맥에 알맞은 낱말을 사용하는 능력, 동사나 형용사를 활용하는 능력, 조사를 사용하는 능력이 많이 향상되었다. 아울러 문단 나누기, 중심 내용과 뒷받침 내용으로 구성하기, 지시어 및 접속어 사용하기, 문단의 첫 부분 들여쓰기도 눈에 띄게 좋아졌다.

그러나 비표준어를 사용하거나 논점을 생략하는 경우가 눈에 띄게 늘었고, 일부 아이들은 소셜 네트워크 서비스(SNS) 채팅 언어를 그대로 사용하기도 했다. 높임, 피동, 사동, 부정 등의 문장을 가끔씩 사용하는 경향이 있으나 정확하게 사용하는 경우는 드물었다.

초등 6학년 아이들은 '인식적 쓰기'가 가능하다. 이는 반성적 사고를 지닌 아이들, 통찰력을 가진 아이들에게 나타난다. 인식적 쓰기는 쓰기 발달의 최고점으로, 이때 쓰기는 더 이상 단순히 사고의 생산물이 아니라 사고의 통합물이다. 지식의 저장, 검토, 교정을 거쳐야 하기 때문에 사고가 확장되며 함축적이 된다. 인식적 쓰기는 반성적 사고와 통합적 쓰기가 결합될 때 가능해진다. 사고의 내용을 단순히 전달하기 위해 글을 쓰는 것이 아니라 글쓰기가 사고의 도구가 되어 통합되는 것이다.

📖 초등 6학년 6가지 쓰기 길잡이

1. '표현하기' 능력을 길러주자.

표현하기 능력을 길러주기 위한 방법으로는 우선 '말로 쓰기'가 있다. 쓸 내용을 미리 말로 해보면 글쓰기에 대한 부담을 줄일 수 있다. 또한 처음에는 글씨나 맞춤법 등에 얽매이지 않고 쓰고자 하는 것을 처음부터 끝까지 쭉 '내려쓰기'도 표현력을 기르는 좋은 방법이다.

글의 표현력을 높이려면 특히 문장을 쓸 때 활용되는 일반적인 수사학적

기법을 잘 알아야 한다. 글의 조직방식, 문단의 구성원리나 문장의 구성방식 등을 미리 생각해 보는 것이다. 글의 구성을 생각하며 마인드맵을 그려보는 것도 도움이 된다. 초고를 쓰면서 글의 제목에 초점을 두어 각 문장이 주제와 관련되는지, 앞뒤 문장이 제대로 이어지는지를 시각적으로 연결지어 보게 한다. 그 외에도 글감 정하기, 제목 붙이기, 첫 부분 쓰기, 첫 문장 쓰기, 문장 완성하기, 구체적으로 쓰기, 사실과 의견 쓰기, 은유 표현 쓰기, 속담을 이용하여 쓰기, 중심 문장과 뒷받침 문장 쓰기, 끝부분 쓰기 등도 표현하기 능력을 길러주는 데 도움이 된다.

2. 다른 사람과 협의하여 집단지성을 발휘하라.

교육학자 이재승에 의하면, '협의하기(Conferencing)'는 글을 쓰기 전에 부모나 친구와 대화를 나눔으로써 자신의 생각을 좀더 정교화하는 활동이다. 아이들은 협의를 통해 다양한 아이디어를 접하고 자신의 생각을 정교화하며, 자신의 생각을 독자의 관점에서 확인하는 가치 있는 경험을 하게 된다. 이렇게 되면 아이들의 글은 부모와 친구들과의 상호작용의 결과가 되어 집단지성을 발휘하기 쉬워진다. 또한 아이들은 이 과정에서 사회적 상황을 만들어내고 사회적 맥락을 파악하게 된다. 아울러 개인과 개인, 혹은 개인과 공동체와의 대화를 통해서 문제를 해결하는 문제해결력을 키울 수 있다.

3. 솔직하고 거짓 없이 써라.

글을 너무 인위적으로 쓰려고 하다 보면 거짓된 내용을 담게 된다. 특히 설명글이나 설득하는 글을 쓸 때, 있지도 않은 일을 있었던 것처럼 쓰거나 과장하면 다른 사람이 잘못된 정보를 갖거나 오해할 수 있으므로 바람직하지 않다.

설명글이나 주장하는 글을 쓸 때는 선입견이나 편견 없이 객관적인 입장에서 써야 한다. 또한 다른 사람의 생각으로 자신의 글을 채우거나 약간 수정하는 식으로 써서는 곤란하다. 글은 자신의 생각이나 느낌을 솔직히 써야 한다.

4. 독자를 고려하여 신중하게 쓰자.

아이들은 깊이 있게 생각하지 않고 글을 쓰는 경우가 많은데, 자신의 글에 책임을 질 수 있어야 한다. 자신이 쓴 글이 자칫 어떤 사람에게 큰 상처나 피해를 줄 수 있다는 것을 인식해야 한다. 예를 들어 인터넷 댓글에서 무심코 쓴 말이 당사자에게 얼마나 많은 아픔을 줄 수 있는지 알아야 한다.

대충 쓴 글을 읽고, 읽는 이가 감동을 받기는 어렵다. 독자가 이해하기 어렵거나, 독자에게 중요한 부분에는 부연 설명을 해주고, 글씨나 편집 같은 경우도 세심하게 해야 한다. 성의 없이 글을 쓰는 것은 읽는 이를 무시하는 행위이다.

5. 6단 논법을 가지고 글을 써라.

6단 논법은 주장을 '안건, 결론, 이유, 설명, 반론 꺾기, 정리'의 순서로 표현하는 방법이다. 글을 쓰는 틀을 정해주는 것은 아이들의 생각을 일정한 틀 안에 가두어 둔다는 단점이 있기는 하다. 하지만 6단 논법은 처음 주장하는 글쓰기를 할 때 도움이 된다. 토론을 할 때에도 먼저 6단 논법으로 글을 쓴 후 이를 토대로 임할 수도 있다.

'신호등 토론'이라는 것이 있는데, 먼저 교통 신호등의 색깔로 각자의 의견을 표현하고, 진행자가 토론을 전개해나가는 방식이다.

1. 먼저 아이들의 일상과 밀접히 관련된 토론 주제를 정한다.
2. 각자 자신의 의견을 한 방향으로 정한다.

3. 그 후 그 이유를 적어서 칠판에 붙인 다음, 진행자가 다양한 의견들을 정리하여 얘기해 준다.

4. 참가자 모두가 삼각 신호등을 1개씩 가지고, 질문에 대해 자신의 의견이 찬성일 경우에는 초록색, 반대일 경우에는 빨강색, 판단이 서지 않아 잘 모르는 경우에는 노란색이 보이도록 한다.

5. 진행자는 이때 6단 논법의 질문들을 가지고 진행하는데, 토론을 하기 전과 후에 신호등 색깔을 이용한 찬성과 반대의 수가 증가하는지, 감소하는지 관찰한다. 집단지성을 빠르게 발휘할 때 사용하기 좋다.

6. 다른 사람의 저작물을 활용한 경우 출처를 분명히 밝히도록 한다.

다양한 매체에서 조사한 내용을 자료로 하여 글을 쓸 때는 쓰기 윤리를 지키는 것이 중요하다. 자신의 경험이나 생각만으로 쓸 내용을 구체화하기 힘들 때, 책, 신문, 텔레비전, 인터넷 등에서 자료를 조사하여 글을 쓰는 경우가 있다. 중요한 내용을 중심으로 조사한 내용을 정리하거나 독자의 요구, 관심, 상황에 따라 조사한 내용을 달리 정리할 수 있으며, 읽는 이의 흥미를 끌기 위해 구체적인 사례를 소개할 수도 있다. 또 자신의 생각과 느낌을 표현하는 데 도움이 되는 그림이나 사진, 도표, 동영상 등을 활용할 수도 있다.

요즘과 같이 다양한 매체를 통해 자료를 수집하여 글을 쓰는 경우, 무의식적으로 다른 사람의 저작물을 마치 자신의 것처럼 무분별하게 사용하는 경우가 있다. 하지만 이것은 엄연히 지적 재산권을 침해하는 행위에 해당하므로 자신의 것과 남의 것을 명확하게 구분해야 한다.

:
:
:

5장

읽기와 쓰기의 부진

아이들이 읽기와 쓰기가 부진한 이유는 무엇이며,

기억력 · 집중력 · 실행기능 등 각각의 문제는

어떻게 해결해야 할까?

기억력으로 인한
읽기와 쓰기의 부진

생각하기와 기억력

읽기와 쓰기는 사실상 '생각하기'이다. 국어 과목뿐만 아니라 수학 과목도 생각하기의 학문이다. 사회 과목에서는 읽기 자료로, 과학 과목에서는 실험과 탐구활동 형태로 생각하기가 필요하다. 교과서에서는 생각하기 표현은 "-해 봅시다" 형태로 되어 있다. '생각해 봅시다, 조사해 봅시다, 설명하여 봅시다, 이야기하여 봅시다, 탐구하여 봅시다.' 등 많다.

생각하기는 정답을 안 준다. 왜냐하면 아이들이 스스로 해결하라는 뜻으로 교과서에서 내준 숙제이기 때문이다. 아이들의 생각하는 힘을 높여주기 위해서 전략적으로 만들어 놓은 것이다. 생각하기는 기억력을 기반으로 한다.

1. 작업기억력

아이들은 학년이 올라갈수록 더 많은 양의 작업기억을 수행해야 한다. 교사들은 거의 매일 숙제를 내주고 가정통신문을 주면서 부모의 사인을 받아오라고 한다. 또한 외워야 할 과목도 자꾸 늘어나서 기억력이 부족하면 공부하는데 어려움을 겪는다.

작업기억이 뛰어난 아이들은 정보를 좀더 효율적으로 처리하여 자극에더 빨리 반응하고, 문제를 해결할 때도 뇌 활동을 덜 요구한다. 작업기억이뛰어나면 집중에 방해가 되는 것이 있어도 굴하지 않는다. 일시적으로 주의를 다른 데 돌리고 나서 다시 작업으로 되돌아올 때도 자기 자리를 찾을 수있다.

아이가 매일같이 숙제에 필요한 책을 학교에 두고 온다면 작업기억력에문제가 있을 확률이 높다. 작업기억력은 '생각하기'의 기본이 되는 것이다. 아이가 학교에서 돌아오면 교사가 무얼 지시했는지 꼼꼼하게 물어보거나, 학교 가기 전에 가방을 잘 챙겼는지 확인하는 등으로 작업기억을 북돋을 수있다.

2. 장기기억력

아이들의 뇌가 경쟁력을 가지려면 어휘력과 배경지식이 중요하다. 어휘력과배경지식이 많으면, 아이들은 필요할 때 수시로 꺼내 쓸 수 있기 때문에 작업기억을 비워 사고하고 문제를 해결하는 데 쓸 수 있다.

어휘력과 배경지식은 곧 장기기억이다. 장기기억은 저장용량이 아주 큰데, 실제로 그 크기가 무한정이다. 설혹 어떤 낱말을 쉽게 기억해내지 못했더라도, 장기기억에서 사라진 것은 아니다. 단지 그 기억이 어니에 있는시 잦시못했거나, 기억을 재생해내는 데 실패했을 뿐이다. 나중에 어떤 계기나 실마리를 통해 기억해낸다면 이는 장기기억에 해당한다.

장기기억은 서로 관련이 있는 개별 정보를 조직화할 때, 기억할 때와 저장할 때의 상황이 서로 비슷할 때, 반복적이고 지속적으로 학습할 때 등에 잘 기억한다. 장기기억은 '생각하기'의 자료로 사용될 수 있다.

작업기억의 뇌

전두엽은 집중력을 유지하는 뇌이기도 하지만, 작업기억의 대부분을 통제하는 기능도 한다. 해마는 작업기억에 있는 정보를 장기 저장소로 보내고, 학습을 강화하는 데 중요한 역할을 한다. 또한 해마는 작업기억에 새로 전달되는 정보를 기존의 저장된 경험과 비교하는 등 '생각하기'에 필수적인 뇌이다.

작업기억을 잘 수행하려면 전전두피질과 전대상피질이 활성화되어야 한다. 전전두피질은 다른 뇌 영역들을 활성화하거나 억제함으로써 목적을 위해 행동을 이끌어낸다. 그리고 전대상피질은 인지적 통제가 요구되는 작업에서 실행상의 실수를 감시하거나 찾아내는 역할을 하며, 충돌하는 정보 중에서 결정을 내릴 때 활성화된다. 또한 안와전두피질, 해마, 편도체와 연결

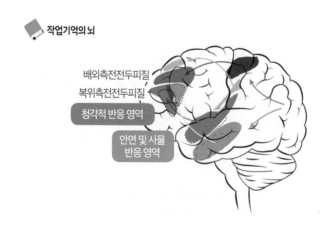

작업기억의 뇌

배외측전전두피질
복위측전전두피질
청각적 반응 영역
안면 및 사물
반응 영역

되어 감정을 제어한다. 그 외에도 두정엽은 시공간 작업기억과 관련이 있으며, 측두엽은 언어 작업기억과 관련이 있다. 작업기억에는 이처럼 여러 뇌가 관여하는 것이다.

작업기억은 아이들이 정리와 조직화 능력을 발휘하는 데도 꼭 있어야 한다. 작업기억이 뛰어난 아이들은 아이디어를 기억 속에 저장할 수 있고, 과제에 참가하는 동안 어떤 식으로 친구를 도울지 결정할 수 있다.

스웨덴의 신경학자 톨켈 클링베르그(Torkel Klingberg)의 연구에 의하면, 작업기억에 관여하는 뇌는 어린 시절 리더십을 향상시키는 데 영향을 준다고 한다. 작업기억이 정리와 조직화 능력과 관련되어 있으므로, 생각하는 능력도 바로 거기에 달려 있다는 것이다.

작업기억의 발달

정리와 조직화 능력이 발달하려면 인지적 유연성과 작업기억이 필요하다.

인지적 유연성이란 하나의 시도가 실패했을 때 목표를 달성하기 위해 대안적 방법을 찾거나 행동을 상황에 맞게 조정하는 능력을 말한다. 작업기억은 단기간에 작업 관련 정보를 기억하는 능력이다. 예를 들어 이미 시도한 적이 있는 퍼즐을 맞출 때 그 해결책을 떠올리는 것이다.

작업기억은 언어능력이 생성되기 전에 형성된다. 따라서 아이들은 언어적 작업기억보다 비언어적 작업기억이 먼저 발달한다. 하지만 일단 언어능력을 갖게 되면 아이들의 작업기억은 훨씬 확장된다. 왜냐하면 아이들이 정보를 되살릴 때 시각적 이미지와 언어를 동시에 끌어올 수 있기 때문이다.

아이들은 작업기억이 요구되는 일을 할 때, 성인들처럼 두뇌를 넓게 쓰기보다는 전두엽에만 의존하는 경향이 있다. 따라서 아이늘의 삭업기녁을 좀 더 활성화하기 위해서는 성인들보다 더 많은 노력이 필요하다. 이는 곧 아이들이 과제를 할 때 작업기억을 제대로 발휘하지 못한다는 의미이기도 하다.

따라서 아이들과 과제를 할 때는 집중할 수 있도록 내용을 짧게 나누어야 하며, 하나의 활동에 한두 가지의 지시사항만 주문해야 한다. 아이들은 작업기억이 부족하여 복잡한 지시사항을 잘 이해하지 못할 뿐 아니라 3가지 이상의 과정을 기억하기 어렵기 때문이다.

작업기억은 훈련으로 계발된다

작업기억은 시각 주의력, 청각 주의력처럼 훈련을 하면 계발될 수 있다. 영국 스털링대학 학습기억연구센터의 트레이시 패키암 앨로웨이(Tracy Packiam Alloway) 박사팀은 11세부터 14세까지의 아이들에게 작업기억을 향상시키는 8주 프로그램을 실시했다. 그 결과 최하위의 아이가 최상위까지 오르는 성과를 얻었다. 작업기억의 개선으로 IQ까지 평균 10점이나 올랐다. 그만큼 작업기억은 IQ에도 많은 영향을 미치는 것이다.

여기서 연구팀이 주목한 것은 지나치게 짧고 간결한 정보는 작업기억을 감소시킬 수 있다는 것이다. 아이들에게 주는 정보가 너무 단순하고 간결할 경우, 뇌가 주의를 기울이는 시간이 점점 짧아지며, 이에 따라 작업기억도 감소한다는 것이다. 학습에 플래시 카드나 비디오보다는 책이 더 효과적인 것도 그 이유 때문이다. 독서는 작업기억을 확장시킨다.

아이들이 날이 갈수록 생각하거나 다른 사람에게 자기의 사고를 전달하는 능력이 줄어들고 있다. 이는 요즘의 즉흥적인 감각이나 감정을 부추기는 학습방법과 무관하지가 않다.

작업기억은 가장 효과적인 방법으로 문제를 해결하고, 논리적으로 생각하고, 새로운 상황에 적응하는 데도 도움이 된다. 무엇보다도 창의력을 발휘하는 데는 작업기억의 멀티태스킹 기능이 필수적이다.

그러나 작업기억력은 단순한 암기력과는 구분해야 한다. 단순한 암기력은 주로 글이나 숫자 등을 시각적으로 기억하는 것으로 감각이나 감정 등과 같은 공감각적인 요소가 빠져 있다. 예를 들어 영화 '레인맨'에 나오는 자폐 스펙트럼 장애를 가진 형 레이먼드 배빗(더스틴 호프먼)은 암기력이 뛰어난데 그것이 사고력이나 문제해결력으로 이어지지 않는 경우이다. 작업기억은 적극적인 기억력으로, 머릿속에 입력된 정보를 지속적으로 기억하면서 필요할 때 원하는 정보만을 떠올려 적절히 조합하고 조작해 문제해결에 사용한다.

📖 작업기억력을 높이는 6가지 부모 길잡이

1. 읽기와 쓰기를 할 때 이유와 의미를 찾아라.

아이들은 과제의 이유와 의미를 알게 되면 작업기억력이 강화된다. 특정한 이유가 있을 때 그 사실을 더 잘 기억할 수 있다. 예를 들면 부모가 아이에게 "내일 학교에 과학도감을 가져가는 걸 잊지 않았겠지?"라고 말하는 것보다, "학교에 꼭 과학도감을 가져가. 안 가지고 가면 자연관찰 시간에 곤충을 구별하지 못해 네가 원하는 것을 찾을 수 없으니까."라고 말해주는 편이 과학도감을 잊지 않고 챙기는 데 더 효과적일 것이다.

물론 이러한 방식은 다소 신중하게 접근할 필요가 있다. 왜 그 일을 해야 하는지에 대해 끝없이 설명을 요구하며, 일이나 과제를 회피하려고 하는 아이들도 있기 때문이다. 그럴 때는 아이의 첫 번째 질문에만 대답해주고, 그 이상의 질문에는 말려들지 않는 것이 좋다.

2. 스스로 선택하게 하고 흥미를 갖게 하라.

아이들은 독서를 통해 스스로 즐기면서 몰입하는 경험을 익혀야 한다. 독서 목록을 스스로 만들어 읽고 싶은 책을 선택하게 하면 상대적으로 독서를 덜 싫어하게 된다. 혼자 읽도록 내버려두지 말고, 책을 읽어주거나 아이가 책을 읽는 것에 관심을 보여주는 것이 좋다.

아이들은 기분이 고양되면 작업기억이 높아진다. "타이머가 울리기 전에 이 책을 다 읽을 수 있는지 볼까?"처럼 책 읽기를 게임처럼 바꿀 수도 있다. 타이머가 울린 뒤 누가 더 많이 기억하고 이해했는지 확인해 볼 수도 있다.

3. 종이책이 더 좋다.

앞에서 말했듯이, 사람들은 특정 문자정보를 찾으려 할 때, 원하는 텍스트가 어디에 나왔는지 위치를 추적하는 경향이 있다. 종이책은 전자책에 비해 훨씬 분명한 위치감을 제공할 수 있다.

종이책은 왼쪽과 오른쪽 페이지가 있고 총 8개의 모서리가 있다. 페이지를 펼치면서 시작 부분인지 끝 부분인지 당장 알 수 있고, 종잇장을 손으로 만지며 두께와 질감, 때로는 냄새까지도 느낀다. 책장을 손가락으로 넘기는 행위 자체가 리듬감을 주고, 책 속 여행이 어디까지 진행됐는지 손쉽게 알아볼 수 있다. 책 전체를 놓치지 않으면서 지금 읽고 있는 위치가 어디인지를 객관적으로 느낄 수 있다.

인간은 언제나 '손맛'을 원하기 마련인데, 전에 읽었던 내용을 다시 찾아보고 싶을 때, 종이책은 자유롭게 그 부분을 휙 펼쳐볼 수 있고, 앞으로 나올 내용도 잽싸게 넘겨볼 수 있다. 떠오르는 생각을 여백에 적을 수도 있고 밑줄을 치고 형광펜으로 표시할 수도 있을 뿐 아니라 원하는 대로 페이지를 접고 구길 수도 있다. 이런 활동들은 작업기억력을 높인다.

4. 독서습관을 만들어라.

독서습관이 잘 잡힌 아이들은 어휘량과 배경지식이 풍부하다. 당연히 새로운 교과 내용이나 낯선 내용을 훨씬 쉽게 이해한다. 설사 모르는 단어가 섞여 있어도 앞뒤 문장을 통해 뜻을 수월하게 유추해낸다.

독서도 책을 많이 읽다 보면 습관화될 수 있다. 매일 정기적으로 독서를 하면, 책의 내용이 기억에 오래 남는데다가 지식을 어떻게 적용할지 생각할 기회가 많아진다. 처음에는 책 읽기가 부담스럽지만 정기적으로 독서를 하면 자동화되고 부담도 줄어든다.

읽는 책의 수준도 높일 수 있다. 책을 정기적으로 읽으면서 읽기의 기본 기술을 습득하면 어려운 책을 읽을 수 있는 고급 읽기 기술도 익힐 수 있다. 어려운 책을 읽으려면 창의적인 문제해결력이 필요할 수도 있는데, 정기적으로 책을 읽으면서 익혀둔 기본 기술을 이용하면 수월하게 읽을 수 있게 된다.

5. 정리하고 조직화하라

발 디딜 틈 없이 방을 어지르거나, 필기도구나 알림장을 찾느라 허구한 날 정신없이 가방을 뒤지곤 한다면 정리 및 조직화 능력에 심각한 어려움을 겪고 있을 가능성이 높다. 이런 아이들을 위해서 부모는 문제해결력을 높여주어야 한다.

공부방에서 사용할 수 있는 물건 수를 제한하거나, 물건을 종류별로 수납할 수 있는 상자들을 주고 각 상자마다 눈에 띄는 라벨을 붙이는 것도 좋은 방법이다. 또한 부모가 기대하는 정리정돈 수준을 미리 보여주고, 어떻게 하면 그에 맞는 수준으로 정리할지 알려줄 수도 있다. 예를 들면 부모가 정리한 방의 모습을 사진으로 찍은 후, 아이가 정리를 마친 방의 사진과 비교해 보도록 하면 정리와 조직화 능력을 좀더 키울 수 있다.

6. 작업기억을 높이는 놀이를 하라.

암산하기: 부모가 덧셈과 뺄셈 등 연산을 위한 숫자를 불러주고, 아이가 암산을 해서 대답하는 놀이다. 처음에는 두 개의 수로 시작해 차차 숫자의 개수를 늘려보자. "5 더하기 4, 빼기 7은?" 덧셈과 뺄셈을 번갈아해 주면 좋다. 머릿속에서 작업기억을 사용할 수 있게 기다려 주어야 한다.

구구단 거꾸로 소리내어 외우기: 구구단을 거꾸로 말하는 놀이다. 정보를 조작하는 것은 작업기억의 몫이다. 구구단 거꾸로 외우기가 어느 정도 익숙해졌다고 판단되면, 대신 간판이나 신문의 헤드라인을 거꾸로 소리내어 외우는 것도 좋은 놀이가 된다.

카드놀이: 초등 3~4학년 아이들은 도구를 사용한 놀이에 관심을 보인다. 카드놀이가 대표적인데, 상징을 이해하는 데 도움이 되며 판단력과 기억력을 향상시켜 준다.

1) 먼저 아이가 무작위로 섞인 카드에서 7장의 카드를 선택한 다음 숫자를 외운다. 2) 30초가 지나면 카드의 뒷면이 보이도록 일제히 뒤집은 다음, 외웠던 순서와 반대 방향으로 숫자를 소리내어 말하면서 확인한다. 이 외에도 숫자와 그림을 짝지어 외우기, 높은 수부터 혹은 낮은 수부터 외우기, 홀수와 짝수로 나누기 등으로 놀이를 확장할 수 있다.

주의력으로 인한
읽기와 쓰기의 부진

아이들이 '학습이 잘되었다'는 말은 외부로부터 유용한 정보를 최대한 많이 수용하여 장기기억 속에 저장해 두었다가 필요할 때 필요한 정보를 인출할 수 있다는 것이다. 아이들이 '읽기나 쓰기에서 인지능력을 잘 발휘한다'는 것은 구체적으로 다음 사항을 뜻한다.

1. 먼저, 시각이나 청각을 통해 유용한 정보를 최대한 많이 수용한다. 이때 주의력이 필요하다. 아무리 유용하고 필요한 정보라도 아이가 주의 깊게 듣거나 보지 않는다면 아무 소용이 없기 때문이다.

2. 시각 주의력과 청각 주의력을 발휘해 감각으로 수용한 정보들은 단기기억으로 올라간다. 단기기억은 적은 양의 정보를 짧은 시간 동안만 기억할 수 있다. 이 단기기억은 작업기억을 거쳐 장기기억 속에 저장될 가능성이 있다.

3. 장기기억 속에 새로운 정보가 저장되려면 작업기억 과정을 거쳐야 한

다. 작업기억 단계에서는 새로운 정보와 기존 정보를 연계하는 활동이 일어나야 한다.

아이들이 정보를 수용하여 저장했다가 필요할 때 인출하기까지는 여러 '장애물'을 통과해야 하는데, 학습장애나 학습 부진 아이들은 이런 장애물을 통과하기가 훨씬 어렵다. 그 장애물 중 대표적인 것이 바로 주의력이다.

학습장애나 학습 부진 아이들은 주의력이 낮아서 필요한 정보에 오랫동안 집중하지 못거나, 주의가 산만해서 정작 필요한 정보보다는 불필요한 정보에 주의를 기울인다. 특히 무수히 많은 정보 중에서 꼭 필요한 정보에만 집중하는 '선택적 주의력'이 중요한데, 이 아이들은 어떤 정보가 중요한 정보인지를 잘 알지 못할 수 있고, 설사 알아도 짧은 주의 집중력 때문에 필요한 정보를 선택하기 어렵다.

따라서 읽기와 쓰기를 잘하려면, 필요한 정보에 '선택적'으로 필요한 시간 동안 주의를 기울이도록 하는 다양한 전략을 배우고 훈련시켜야 한다.

산만한 아이들의 뇌과학적 의미

ADHD는 도파민 신경회로의 결함과 관련이 있다. ADHD 증상을 앓는 아이들의 경우 도파민 신경회로의 발달이 1~2년 정도 지연되고 있는 것으로 알려져 있다. 특히 도파민이 작용해야 할 전전두엽의 발달이 정체되고 있는 것이 특징이다. ADHD 증상은 도파민 신경회로의 활성을 증가시키는 약물로 치료한다.

학습에 어려움을 겪는 아이들은 정보처리의 각 과정마다 매우 불리한 특성들을 갖고 있기 때문에, 이를 보완해 줄 다양한 전략을 고안하여 제시하고 훈련시켜 잘 활용하도록 해야 한다. 학습장애 및 학습 부진 아이들은 주의 집중력이 부족하기 때문에 유용한 정보를 수용하는 데 필요한 주의를 충분히 기울이지 못할 수 있다. 이런 경우 시각적 자극이나 청각적 자극 같은 주의 집중 자극 단서를 사용해야 한다. 따라서 어수선하고 산만한 아이들이 주의력을 가지고 읽기와 쓰기를 하려면 몇 가지 노력이 필요하다.

우선 안정감을 느낄 수 있게 집 안을 깨끗이 정리정돈하고, 공부와 놀이를 구별해 시간표를 짠 후 정해진 시간에 맞춰 행동할 수 있게 해야 한다. 또한 부모나 형제, 자매의 말을 귀기울여 듣게 하는 훈련도 산만함을 줄이는 데 효과적이다. 경청하는 훈련을 할 때는 가능한 지시 내용을 짧고 명료하게 하고, 아이들이 이해했는지 확인하는 과정을 거쳐야 한다.

📖 주의력을 높이기 위한 6가지 부모 길잡이

1. 시각적 주의력을 높여라.

아이들에게 꼭 기억해야 할 일에 대해 일러줄 때는 눈을 마주보며 말하는 것이 좋다. 학교 가기 전에 가방을 잘 챙겼는지 확인하고, 학교에서 돌아오면 교사가 무얼 지시했는지 꼼꼼하게 물어보고 알림장을 보고 숙제를 하게 한다. 그날의 숙제란에 '받아쓰기', '수학문제 풀이'라고 쓰여 있으면 마친 후 그 자리에 동그라미를 그리게 한다. 준비물도 마찬가지이다. 다음 날 시간표에 '1교시 국어', '2교시 미술'이라고 쓰여 있을 경우 필요한 준비물을 다 챙기면 그 자리에 동그라미를 치게 한다. 그리고 저녁식사 전이나 밤에 씻기 전에 부모가 알림장을 확인한다.

아이들이 좋아하는 캐릭터를 이용하는 것도 도움이 된다. 화이트보드에 캐릭터 자석을 붙여 아이가 현재 머무르고 있는 단계를 표시한다. 아이가 다음 단계로 넘어가면 캐릭터 자석도 한 단계 올라가는 것이다. 이렇게 하면 아이들은 캐릭터를 통해 하나씩 진급해나가는 이미지를 쉽게 떠올릴 수 있다.

2. 과제의 분량을 줄여라.

특히 과제 개시와 주의 집중에 문제가 있는 아이들은 결과가 눈앞에 보여야만 일을 시작하는 경향이 있다. 이런 아이들에게는 두꺼운 책을 한번에 읽게 하기보다는, 짧은 책을 여러 권 읽게 하는 것이 훨씬 효과적이다. 긴 과제는 여러 과제로 나누어 준다. 만약 두꺼운 책이지만 꼭 읽어야 하는 학습에 필요한 책이라면, 분량을 쪼개 작은 과정들로 나눠 준다. 한 챕터씩 읽게 하거나 한번에 15분씩 읽게 하는 것이 좋다.

3. 미리 준비하라.

만약 시험이 있다면 미리 공부계획을 세우게 한다. 연구에 의하면, 새로운 것을 배울 때는 한꺼번에 학습하는 것보다 나누어서 학습하는 편이 훨씬 더 효율적이다. 즉, 시험 전날 밤에 2시간 동안 몰아서 공부하는 것보다는, 2시간을 쪼개어 여러 번으로 공부하는 것이 효과적이다.

4. 결과를 염두에 두고 행동하라.

사진이 어떻게 나올지 전혀 감을 잡지 못한 채 무작정 셔터를 눌러대는 아이들이 있다. 이런 아이들은 자신의 행동이 초래할 결과를 전혀 예측하지 못한 채 곧장 행동으로 뛰어들기 때문에 어려운 상황에 빠지기 쉽다. 결과를 생각하지 않고 수업 중에 장난을 치거나, 숙제를 제출하지 않거나 하는 것이다.

아이들은 전전두엽에서 끊임없이 미리 예측해야 한다. 선택 가능한 방법들을 생각해 본 다음 최선책을 고르고, 그 방법이 잘못될 경우에 대비해 두어 가지 대안을 보완책으로 마련하는 습관을 들여야 한다.

5. 잘하고 있는지 확인하라.

결과물을 만드는 작업은 너무 빨라도 안 되고, 너무 느려도 안 된다. 산만한 남자아이들은 일을 충동적으로 건성건성 해치우지만, 산만한 여자아이들은 혼자 방에서 노닥거리고 빈둥거린다.

부모는 아이가 결과물을 만들어내는 시간을 수시로 체크하여 제때에 처리하는지 항상 관리해야 한다. 아이도 공부를 하는 중에 스스로 잘하고 있는지 확인하고, 공부를 마친 뒤에는 제대로 했는지 평가해야 한다. 이렇게 함으로써 아이는 스스로를 규제하고 올바로 공부할 수 있다. 일기 고쳐 쓰기, 수학문제 풀고 검산하기, 토론시간에 발표하다가 주제에서 빗나간 것 알아차리기 등이 여기에 해당된다.

6. 집중할 수 있는 환경을 만들어라.

아이들이 최대한 집중할 수 있도록 TV 소리 같은 외부의 방해요소를 최소화해야 한다. 다른 사람의 말을 건성건성 듣고 흘리는 아이들이 있다. 이런 경우 아이가 부모의 말을 제대로 들었는지 확인하는 것이 좋다. 부모가 말한 후에, 아이에게 그 말을 따라해 보게 하는 것도 한 방법이다.

아이가 산만해지면, 하고 있던 활동을 멈추고 잠시 휴식을 취하게 한 후 공놀이를 하면서 공을 주고받는 동안 대화를 나누어 본다. 이런 종류의 운동은 생각을 체계화하고, 언어를 더욱 유창하고 복잡하게 다듬는 데 도움을 준다. 또한 대화를 유지하는 능력도 향상시켜 주고, 이야기를 나누는 동안 상대와 시선도 맞출 수 있게 된다. 일단 아이가 캐치볼이나 농구처럼 간단한 신체활동을 수행하는 법을 배우게 되면 긴장을 풀고 경험을 즐기게 된다.

실행기능으로 인한
읽기와 쓰기의 부진

실행기능이란 무엇인가

'실행기능'은 지시를 따르거나 한 가지 과제에서 다음 과제로 옮겨가고, 결정하고, 아이디어를 고수하며 문제를 해결해서 목표를 성취할 수 있게 도와준다. 실행기능에 문제가 있다면, 비록 우유를 쏟거나 흘리지 않고 무사히 가져온다 하더라도, 부모는 이 아이가 살아가는 동안 계획하거나 주의 집중, 정리 및 조직화, 감정 조절 능력이 요구되는 한층 복잡하고 어려운 과제와 맞닥뜨렸을 때 어려움을 겪으리라는 것을 누구보다 쉽게 짐작할 수 있다.

실행기능의 대표적인 요소는 다음과 같다.

- 반응 억제
- 작업기억
- 감정 조절

- 주의 집중

- 과제 개시

- 계획하기 및 우선순위 정하기

- 정리 및 조직화

- 시간 관리

- 목표 집중

- 융통성

- 메타인지

실행기능에 필요한 또 하나의 요소는 작업기억력의 일부인 '과제 이행'이다. 과제 이행이란 한 가지 활동에서 다음 활동으로 넘어가거나, 부모에게서 친구와의 놀이로 관심을 돌리거나, 한 가지 과제에서 다른 과제로 집중력을 높여가는 능력이다. 과제 이행 기술은 문제해결 능력을 익히는 데뿐만 아니라, 다른 아이와 놀거나 대화를 나눌 때도 중요하다. 과제 이행을 하려면 우선 머릿속으로 과제를 제시하고, 그것을 기억하고, 관심을 새로운 과제로 옮겨간 후, 이전 아이디어에서 새로운 것으로 변화를 시행해야 한다.

실행기능이 떨어지는 아이들은 자신의 행동이 다른 사람에게 어떤 식으로 영향을 미치는지 잘 깨닫지 못한다. 그래서 자주 자제력을 잃고 상황에 따른 반응을 조절하는 데 어려움을 겪는다. 쉽게 울고, 우연한 상황에서 발작적으로 웃음을 터뜨리거나 갑자기 떼를 쓰며 바닥을 구르기도 한다.

이런 아이들은 또래보다 매우 거칠고 어리석게 행동한다. 충동적이고, 부주의하며, 종종 통제 불가능한 듯 보이고, 쉽게 산만해지기도 한다. 감정 조절 능력이 떨어져 작은 문제에도 과민반응을 보이고, 자주 분노에 찬 감정 폭발을 일으키며 기분도 자주 변한다. 이런 아이늘은 큰 그림을 보지 못하므로, 세부적인 사항에 집착하고 그것에 압도당한다.

실행기능의 발달

초등 고학년이 되면 교사들은 정리 및 조직화 능력과 계획 능력을 발달시킬 수 있도록 집중적인 노력을 쏟기 시작한다. 이 시기의 아이들은 특히 집에서나 학교에서나 물건을 잘 챙기고, 노트 필기를 깨끗이 하고, 항상 책상을 말끔히 정리하라는 지시를 받는다.

이 시기 교사들은 아이들이 일정을 지키며 인내심을 갖고 차근차근 단계를 밟아가야 하는 장기과제를 내주기 시작한다. 그리고 점차적으로 제약을 덜 두는 자유과제를 내어줌으로써 아이들이 스스로 메타인지와 융통성을 살려서 문제를 해결하고 가능한 다양한 방법들을 고려할 수 있도록 도와준다.

미국 국립정신건강센터의 연구에 의하면, 사춘기 이전 시기에 전두엽을 쓰지 않으면 기능을 잃게 된다고 한다. 계속 사용하는 신경은 살아남는 반면, 잘 쓰이지 않는 신경은 그 기능을 잃게 되는 것이다. 따라서 실행기능을 반복해서 자주 쓰는 것이 더욱 중요해진다.

실행기능을 적극적으로 활용하고 연습하는 아이들은 자기 조절력과 독립성을 키울 뿐만 아니라, 사춘기 후반 이후 성인이 되어서도 자신의 실행기능을 뒷받침해 줄 뇌를 발달시킬 수 있다.

초등 저학년 아이들은 과제 개시와 주의 집중력 기능에 어려움을 겪는 반면, 고학년 아이들은 시간 관리, 정리 및 조직화, 계획하기 및 우선순위 정하기 기능에서 어려움을 겪는다.

📖 실행기능을 키우는 6가지 부모 길잡이

아이들의 실행기능을 높이는 데는 부모의 역할이 효과적이고 중요하다. 가정에서 필요한 실행기능은 학교에서 필요한 실행기능만큼이나 많기 때문이다. 방 청소에서부터 감정 조절하기, 예고 없이 계획이 바뀌었을 때 적절히 대처하기, 물건 잘 챙기기 등도 실행기능과 관련이 있다. 특히 읽기와 쓰기의 경우 학교에서는 교사 한 명이 20~30명의 아이들에게 일일이 신경을 써줄 수 없는 것이 현실이다. 부모가 한두 명의 자녀를 신경쓰는 편이 훨씬 더 쉽다.

1. 규칙적인 생활을 하라.

아이들은 반복적인 것을 좋아하는 습성이 있다는 것을 이용하면, 취침 시간, 식사 시간 등의 일상생활에서 짜증을 내지 않고 잘 지낼 수 있도록 도울 수 있다. 일과를 최대한 규칙적으로 만들어 주면, 아이가 다음에 무슨 일이 일어날지를 예상할 수 있다. 또한 그 일과 속에서 자신이 스스로 할 수 있는 일이 있다면 더욱 즐거움을 느끼게 될 것이다. 읽기와 쓰기도 일과에 포함해서 규칙적으로 하면, 아이들은 책을 읽지 않겠다고 떼쓰는 대신 스스로 책을 읽을 시간이라고 말할 것이다.

2. 하루의 일과를 미리 정한 후 알려주자.

하루 일과에서 몇 가지 일정을 정한 후 알려주어, 아이들이 언제 무슨 일을 할지 파악하고 그 일들을 하루 일과로 받아들일 수 있도록 준비시키는 것이 좋다. 특히 식사 시간, 잠자리에 들 시간, 독서 및 숙제 시간 등과 같이 매일 같이 하는 활동들을 정해주는 것이 중요하다. 매일 특정 시간이나 특정 활동 시간을 정해놓는다면, 아이들은 적어도 그 시간에는 부모의 말을 들어야만 한다는 것을 이해하게 된다. 부모가 일정을 상의해서 미리 지정해 두면, 아이는 비교적 순순히 이를 받아들이게 되고 큰 저항 없이 따르게 된다. 선택을 할 때 아이들에게 약간의 결정권을 주는 것이 좋다. 예를 늘면 아이가 스스로 어떤 책을 읽을 것인지, 그리고 언제, 어떤 순서로 읽을 것인지 선택할 수 있는 기회를 주는 것이다.

3. 책이나 과제를 단계별로 나누어라.

어려운 책이나 과제는 세부적인 과제들로 쪼개어 주고, 과업에 대한 부담은
서서히 늘려가야 한다. 독서나 과제를 단계별로 나누어 명확히 하고 시각적
으로 따라갈 수 있는 단서를 제공해 준다. 예를 들어 아이들은 새로 접하거나
부담스러운 책을 읽는 일이 감당하기 벅차게 느껴질 수 있다. 그럴 경우 읽기
전에 그 책의 개요나 내용을 간략하게 설명해 주면, 책을 처음 읽을 때 가질
수 있는 부담을 예측하여 줄일 수 있다.

꼭 기억해야 할 것은, 실행기능은 독서나 과제를 해내기 위해 필요한 기
술이라는 점이다. 아이들이 스스로 원인과 결과를 느끼고, 그 일의 중요성과
왜 그런 방식으로 해야 하는지 등 주어진 상황에 대해 이해할 수 있도록 이끌
어 주어야 한다. 아이들은 주어진 상황에 대해 잘 이해할수록, 이런 정보들을
활용하여 스스로 그 일을 하기 위해 계획을 세우거나, 다른 사람이 지시한 과
정을 따를 수 있는 동기를 가지게 된다는 것을 기억하자.

4. 쉬운 것부터 시작하라.

아이들이 책을 좋아하게 하려면, 일단 책상에 앉는 것부터 시작해야 한다. 책
상이 불편하거나 익숙하지 않아 독서를 게을리하는 아이들도 있다. 우선 책
상과 의자가 아이의 체격에 잘 맞는지 살펴보아야 한다. 책상에 앉아 다리와
팔을 90도로 굽혔을 때, 발은 바닥에 닿고 어깨는 너무 올라가지 않는 자연
스러운 자세여야 한다.

처음부터 책상에 앉아 독서하는 것을 어려워한다면, 공상을 하든 만화책
을 읽든 책상 앞에 20분간 앉아 있는 습관부터 들여보자. 그림책이나 조립,

과학상자 등 좋아하는 것을 책상에 올려놓아 보자. 아이들이 책상에서도 즐거운 경험을 할 수 있게 하는 것이 중요하다.

그런데 일단 책을 읽으려고 책상에 앉았다가도, 어떤 책을 읽어야 할까 결정하는 데 시간이 많이 걸리면 의욕이 떨어진다. 그때는 결정 시간을 줄이는 의미에서 매일 아이가 읽고 싶은 책부터 시작하는 것이 좋다. 시작하는 책은 사고력이나 추론력이 필요한 어려운 책보다는 읽기 쉽고 흥미를 느낄 수 있으며 재미있는 책이 좋다.

5. 독서습관을 만들어라.

효율적인 독서습관을 형성하려면 아이들의 발달단계를 고려해야 한다.

아침에 일어나기, 이 닦기, 잠자리에 들기, 음식 골고루 먹기 같은 일상의 습관은 생존이나 건강과 관련되어 있기 때문에, 아주 어린 유아기, 학령기에도 뇌가 이러한 행동 패턴을 학습할 수 있다.

반면 시간 관리하기, 책 읽기, 노트 필기하기 등 공부와 관련된 습관은 초등 3~4학년 무렵부터 발달의 시기를 맞이한다. 이 시기부터 인지능력 및 이해능력, 미래에 대한 예측능력, 논리적으로 계획을 세우고 시간을 계산할 수 있는 능력이 발달하기 때문이다.

또한 초등 3~4학년 무렵에는 다른 아이들과 자신을 비교하며 '잘하고 싶다'는 학습동기도 발달하기 때문에 독서에 필요한 습관을 서서히 형성할 수 있다. 따라서 저학년부터 독서습관을 들이는 것이 중요하다.

처음에는 의지력이 약하더라도 점점 강하게 만들 수 있으므로 크게 신경 쓸 필요없다. 의지력은 아이들이 스스로 무슨 행동을 해야 할지 선택하고 행동하는 과정에서 천천히 성장한다. 부모는 아이가 하고 싶은 행동을 스스로 선택하고 행동할 수 있게 옆에서 도와주기만 하면 된다.

6. 메타인지를 키워라.

질문이 많은 아이들은 독서에 적극적으로 참여하고, 독서에 적극적인 아이들은 책을 능동적으로 읽는다. 이런 아이들은 자신이 읽은 내용 중에서 어느 부분이 이해가 되고 안 되는지를 분명하게 판단한다. 이렇게 자신이 무엇을 알고, 무엇을 모르는지 정확하게 아는 것을 '메타인지'라고 한다.

메타인지가 뛰어난 아이들은 책을 읽다 잘 모르는 부분이 있으면, 천천히 읽거나 앞 부분을 다시 한번 읽어본다. 책의 내용을 자기 나름대로 이해하기 위해 읽기 전략을 세우는 것이다. 책을 읽는 중심은 바로 나다. 그리고 책 읽기에 문제가 생겼을 때 해결할 수 있는 사람도 바로 나다.

우선 아이들은 자기의 읽기 능력 수준을 정확히 인지해야 한다. 그리고 자기의 문제점이 무엇인지 파악하고 해결할 방법을 찾아야 한다.

부모들이 흔히 저지르는 잘못 중 하나는 아이를 지나치게 많이 도와준다는 것이다. 이 경우 결국 아이가 그 일을 성공하더라도, 혼자서 그 과제를 해내는 능력을 기르는 데는 실패하게 된다.

부모들이 흔히 저지르는 또 다른 잘못은 아이에게 도움을 제대로 주지 않는 것이다. 이 경우 아이들은 결국 그 일을 실패하는 동시에, 혼자서 그 과제를 수행할 수 있는 능력도 기르지 못하게 된다.

읽기의 부진

읽기 초보자들의 두드러진 특징은 읽는 속도가 느리고, 문장이나 맥락을 통째로 이해하기보다는 낱말 하나하나에 초점이 맞춰져 있어 글 해독력이 낮다는 점이다. 듣기 능력에 비해 읽기 능력이 현저하게 떨어지므로 독서량을 늘리거나 수준 높은 책을 읽기 어렵다.

일반적으로 아이들은 문자를 깨칠 때 소리내어 읽기를 배운다. 아직 유창하게 읽는 것은 아니더라도 문자 읽기에 재미가 붙고 자신감이 생기면, 아이들은 소리내어 읽기를 좋아한다. 그러다가 읽기가 익숙해지면 소리를 내지 않고 눈으로만 본다.

그런데 우리 아이들은 소리내어 읽기가 익숙해지기도 전에, 음독을 멈추고 묵독을 하는 경우가 많다. 묵독에 비해 음독이 훨씬 힘들기 때문에, 오랜 시간 지속적으로 소리내어 읽기를 하는 아이들은 그리 많지 않다.

문제가 되는 것은 아이들이 정확하게 읽는지 확인되지 않은 상태에서 음독을 멈춘 경우이다. 읽을 때 오류가 많은 아이들이 묵독에 익숙해지면, 눈으로도 틀리게 읽는다.

아이들이 소리내어 읽을 때는 알맞은 속도로 읽는지, 맞춤법에 맞게 읽는지, 잘 띄어 읽는지, 글자를 빼먹고 읽지는 않는지, 더듬거리지는 않는지, 반복해서 틀리게 읽는 글자는 없는지를 평가할 수 있다. 즉, 아이가 유창하게 잘 읽고 있는지 알 수 있다. 아이가 잘못 읽는다면, 부모가 수정이나 교정을 해줄 수도 있다. 하지만 묵독을 할 때는 정확하게 읽는지 부모가 알 수가 없다.

초보 독서가에게 필요한 것은 글을 막힘없이 줄줄 읽는 유창성을 갖추는 것이다. 만약 글을 유창하게 읽지 못한다면 국어는 물론 다른 과목의 내용을 이해하는 데도 어려움을 겪게 된다.

읽기 유창성은 아이들이 읽는 것을 보고 충분히 알 수 있다. 아이가 책을 읽을 때 다음과 같은 현상을 보인다면, 읽기 유창성이 부족한 상태라고 할 수 있다.

🗒️ 아이가 읽기 유창성이 부족한 상태

☑ 한 글자 또는 한 낱말씩 읽는다.

☑ 단어나 구절의 끊어 읽기가 안 된다.

☑ 앞뒤 낱말의 순서를 바꿔 읽는다.

☑ 한 줄을 건너뛰고 읽는다.

☑ 익숙치 않은 글자는 빼고 읽는다.

☑ 조사를 자주 빼고 읽는다.

☑ 책에 없는 낱말을 만들어 읽거나 다른 낱말로 바꿔 읽는다.

☑ 쉼표와 온점, 물음표와 느낌표 등 구두점을 무시한다.

☑ 손가락으로 글자를 짚어야 읽는다.

☑ 묵독을 할 때 자연스럽지 못하고 입으로 중얼중얼하며 읽는다.

☑ 읽는 속도가 느리다.

☑ 읽고 나서 무엇을 읽었는지 글의 내용을 이해하지 못한다.

읽기 부진 아이의 뇌

독서는 아이들의 뇌에 생각할 시간을 만들어 줄 뿐만 아니라 감정의 뇌에도 중요한 역할을 한다. 초등학교 시절 독해력 발달에 중요한 영향을 미치는 것은 기억, 예측, 추론이지만, 아이들은 글을 읽으며 감정을 느끼고 감정이입을 통해 더욱 완벽한 독해를 하게 되고, 어서 빨리 책장을 넘기고 싶어진다.

독서는 아이들 뇌의 기존 구조 사이에서 회로와 연결을 재편성한다. 특히 패턴 인지와 같이 각 영역의 특화 능력을 최대한 활용할 수 있게 해준다. 또한 독서를 꾸준히 하면, 뇌의 새로운 회로들이 극도로 자동화되어 점점 더 많은 대뇌피질의 시간과 공간을 다른 프로세스, 즉 훨씬 더 복잡한 사고 프로세스에 쓸 수 있게 된다.

우리가 책을 읽을 때, 뇌의 시각센터에서부터 활성화가 시작된다. 우리가 말을 할 때와 마찬가지로, 책을 읽을 때도 뇌의 측두엽, 두정엽, 전두엽이 활성화되지만, 처음에 자극이 입력되는 곳은 귀가 아니라 눈이다.

글을 읽으려면, 우선 각각의 철자를 소리로 연결시켜야 하고, 이 소리들을 결합해 하나의 소리 덩어리로 구성할 수 있어야 한다. 뇌는 그 소리 덩어리가 어떤 의미를 지닌 단어라는 판단이 서면, 그 단어가 어떤 의미를 지니고 있는지 확인하고 싶어한다. 그리고 그 단어의 의미를 알게 되면, 문장 속에서 그 단어의 앞뒤에 위치한 다른 단어들의 의미를 새롭게 확인하게 된다.

아이들의 뇌에서 묵독을 위한 경로는 서서히 발달한다. 이 경로에는 각회라는 조직이 포함된다. 각회는 대뇌피질 뒤쪽에서 후두엽, 두정엽, 측두엽이 만나는 지점에 있다. 이것은 시각단어 인식체계와 나머지 언어처리 체계 사이의 다리 역할을 하기에 안성맞춤인 위치다. 게다가 각회는 구어 경로의 일부인 헤슐이랑(Heschl's gyrus)에 가까이 붙어 있다. 문자는 각회에서 해석되면서 소리로 전환된다. 이 소리를 '음소'라고 부른다.

그런데 아이들이 어렸을 때는 그저 음성언어를 듣고 말하기만 한다. 그래서 유치원과 초등 저학년 시절에 단어와 소리를 이용하는 놀이를 많이 한다.

글자를 보았을 때 자동으로 인식하는 일은 하루아침에 가능한 일이 아니다. 이와 관련된 신경회로는 문자와 단어에 수백 번 노출된 다음에야 만들어진다. 아기가 태어나자마자 엄마가 이야기를 들려주기 시작하면, 아기의 뇌 속에 그대로 저장된다. 이렇게 저장된 단어나 표현 등은 말을 하기 시작할 무렵, 그리고 학교에 들어가서 읽고 쓰기를 배울 때쯤, 아이들 자신도 모르게 서서히 나타난다.

아이들이 읽기를 하려면, 소리를 듣는 청각(음운론), 소리언어를 문자언어로 해독하는 뇌의 프로세스, 의미, 문법구조를 파악하는 과정(통사론), 문자의 형태를 파악하는 시각, 이를 기억하고 저장하기 위한 메커니즘, 가장 고차원적인 추론의 단계까지 거의 모든 뇌의 영역을 사용해야 한다.

독서는 다양한 정보원, 특히 시각 영역과 청각, 언어 및 개념 영역을 연결하고 열람할 수 있는 뇌의 능력에 의존한다. 이러한 통합은 각 부위와 그 연합 영역의 성숙도, 그리고 이 부위들의 연결, 통합하는 속도에 의존하는데, 그 속도는 다시 뉴런의 축색의 수초화에 따라 달라진다.

자연에서 가장 우수한 전도성 물질인 수초는 뉴런의 축색을 둘러싼 여러 겹의 지방질 피복으로 이루어져 있다. 축색 주위를 감싼 수초가 많을수록 뉴런이 전기신호를 빨리 전달할 수 있다.

수초는 뇌 부위마다 약간씩 다른 발달 스케줄에 의해 성장한다. 예를 들어 청각신경은 임신 6개월에 수초화되고, 시신경은 생후 6개월이 되어야 수초화된다. 사람은 5세가 되기 전에 감각 및 운동 부위가 모두 수초화되고 독립적으로 기능하게 된다. 하지만 각회처럼 시각, 언어 및 청각 정보를 빠른 속도로 통합하는 능력의 기반이 되는 주요 뇌 부위들은 대부분 5세가 지나도 완전히 수초화되지 않는다.

행동신경학자 노먼 게슈윈드(Norman Geschwind)는 대부분의 아이들이 학교에 들어갈 때까지, 다시 말해 5세에서 7세 사이에는 각회 부위가 충분히 수초화되지 않는다고 한다. 따라서 초등 저학년 아이들의 읽기 부진은 당연한 것이다.

그럼에도 불구하고 신경과학자들은 임상적으로 난독증 아이들의 뇌에서 읽기가 일어나는 과정을 정밀 촬영한 결과, 읽는 데 어려움이 있던 아이들도 체계적으로 가르치면 읽을 수 있다는 사실을 입증했다. 읽기를 체계적으로 가르치면, 뇌의 단어 식별 영역에서 수초화가 증가한다. 이는 아이들이 단어를 식별하는 과제를 하면서 그 단어와 관련된 두뇌 영역을 개발하고 활용했다는 뜻이다.

직접적이고 체계적인 지도를 통해 과학적으로 가르치면, 아이들은 정확하고 신속한 단어 해독자가 될 수 있다. 그와 동시에 읽을 때 '누가, 무엇을, 언제, 어디서, 왜'라는 질문에 답하면서 이해력이 높아지게 된다.

📖 읽기 부진 아이를 위한 6가지 부모 길잡이

초등 저학년 아이들이 스토리텔링 수학 문제를 풀 때, 문제를 이해하지 못하면 풀 수가 없다. 따라서 독서를 많이 하거나 국어를 잘하는 아이들이 수학도 잘하는 것이다. 초등 저학년 수학 문제는 문제만 이해한다면 다 풀 수 있는

문제이기 때문에, 국어를 못하는 아이들은 문제를 이해하지 못해 수학 성적
도 나쁠 수밖에 없다. 초등학교 때에는 국어를 잘하는 아이가 다른 과목에서
도 1등을 하는 이유가 그 때문이다.

1. 소리내어 읽기를 하라.

아이가 유창하게 읽지 못하고 오류가 잦다면, 당장 소리내어 읽기를 연습하
는 것이 좋다. 교사나 부모로부터 적절한 피드백을 받으며 매일 소리내어 읽
다 보면, 읽기 유창성이 머지않아 향상된다. 다만, 소리내어 읽을 때 부모가
평가를 하려고 들면, 아이가 긴장되어 읽기가 나아지지 않는다는 것을 꼭 기
억하자.

아이들은 정서적으로 안정된 상태에서 매일 함께 읽는 것만으로도 머지
않아 유창하게 읽게 된다. 또 한꺼번에 너무 많은 분량을 읽는 것보다 짧은
글을 매일 꾸준히 읽게 하는 것이 중요하다. 아이와 소리내어 읽기를 연습할
때는 다음에 설명할 사항에 유의하는 것이 좋다.

2. 읽기 유창성을 높이는 것이 우선이다.

읽기 유창성이란 글을 정확하게 적절한 속도로 읽는 능력이다. 단어 하나하
나에 에너지를 쏟지 않고도 문장이나 글을 듣기 좋은 발음으로 읽을 때 '유창
하게 읽는다'고 할 수 있다.

글을 유창하게 읽는 아이들은 눈에 들어온 단어가 자동적으로 뇌에서 인
식되므로, 전체 내용을 빠르게 이해할 수 있다. 글을 읽으면서 동시에 글의
의미를 이해할 수 있는 것이다. 반면 아직 문자 습득이 미숙한 아이들은 낱
글자 혹은 낱말 읽기에 집중하느라 내용을 잘 파악하지 못한다.

읽기 유창성은 이해력과 밀접한 관련이 있다. 유창하게 읽는 아이들은 글

의 내용에 집중하며 책을 읽을 수 있지만, 그렇지 못한 아이들은 개별 단어를 인식하느라 바빠서 글의 내용을 이해하기 어렵다.

3. 중심 생각 찾기를 하라.

중심 생각은 다음의 3가지 사고과정을 거쳐서 찾을 수 있다. 첫째, 어휘 수준 혹은 문단 수준에서 필수적인 요소로 중심 내용과 세부 내용을 확인한다. 둘째, 문단이 무엇에 관한 내용인지 자주 등장하는 핵심어를 확인하면서 언급되는 내용으로 중심 생각을 찾아낸다. 셋째, 세부 내용을 통해 중심 생각을 추론할 수도 있다. 아울러 텍스트의 내용을 자신의 맥락에 따라 선별하고 판단하는 것도 필요하다.

4. 상상력을 키워라.

상상이란 실제로 해보지 않은 일을 마음속으로 그려보는 것이다. 공룡 책을 본 아이가 타임머신을 타고 공룡 시대로 가서 티라노사우루스를 만나는 장면을 생각해내는 것이 바로 상상이다.

앤서니 브라운의 그림책 『고릴라』에서 주인공 한나는 동물원에 가서 진짜 고릴라를 보는 것이 소원이다. 하지만 바쁜 아빠 때문에 동물원에 가본 적이 없다. 그러던 어느 날 한나는 진짜 고릴라를 만나 밤새 여행을 떠난다.

어른들이 보기에는 말도 안 되는 일이지만, 독서는 아이들에게 공감의 장이 되고 상상의 나래를 펼치는 촉진제 역할을 한다. 이제 독서는 지식을 쌓기 위한 것이 아니라 창의력과 상상력을 위한 것이어야 한다.

5. 매일 같은 시간에 같은 분량을 읽어라.

아이들의 읽기 유창성을 키우기 위해 가장 효과적인 방법은 독서습관이다.

독서가 습관이 되려면, 같은 시간에 같은 장소에서 같은 분량을 읽는 것이 좋다. 독서가 습관이 되면 책 읽을 시간에 몸이 먼저 움직인다. 정한 시간에 정한 만큼 책을 읽으면, 아이 스스로 달력에 도장을 찍게 하거나 스티커를 붙이게 해보자. 독서량이 증가하는 것이 시각적으로 보이면, 그것이 동기가 되어 독서가 습관이 된다.

6. 학습만화를 읽는 것은 관리가 필요하다.

만화책을 읽는 것은 아이들로부터 떼어놓을 수 없는, 일상에서 누리는 즐거움 중의 하나다. 그런데 아이들이 만화책을 읽고 있을 때 뇌를 촬영해 보면, 전두연합 영역의 활동은 거의 보이지 않는다. 만화책은 그림이 차지하는 비율이 높기 때문에, 글줄로만 된 책을 읽을 때에 비해 상상력을 발휘하거나 혹은 이야기의 흐름을 예상하고 구성하는 심리적인 활동이 거의 필요없다. 따라서 아이들이 만화책을 읽는 것은 뇌를 활성화하기보다는, 뇌를 쉬게 하거나 긴장을 풀게 하는 데 효과적이라고 할 수 있다.

초등학교 입학 전에 교과와 연계된 책을 읽는다면, 교훈과 재미를 얻는 것은 물론 학습에 대한 이해도까지 높일 수 있다. 독서를 통해 익힌 지식이나 정보를 학교 교과를 통해 배우면, 아이들은 자신감이 붙는다. 단, 교과 연계 도서를 읽을 때는 아이들의 전반적인 이해력을 높이는 데 주안점을 두어야 한다.

철자 쓰기의
부진

철자 쓰기 동작은 자세(Posture), 필기구 잡는 법(Pencil), 종이의 위치(Position) 등 3가지 요소가 중요하게 작용한다. 이를 줄여서 '3P'라고도 한다. 철자 쓰기에 관여하는 뇌신경 기능은 시각 기억력, 손가락 운동 제어 기능, 그리고 글자-소리 대응 지식이 있다. 이 중에서 어느 한 부분이라도 제대로 기능하지 않으면 글자 쓰기에 어려움을 겪을 것이라는 점은 어렵지 않게 짐작할 수 있다.

  - 손가락을 특정한 순서로 신속히 움직이기
  - 동작 패턴 기억하기: 글자의 모양을 만드는 데 필요한 근육운동의 순서를 신속하고 정확하게 기억하기
  - 연필을 적절한 힘의 세기로 잡기
  - 연필이 글자의 어느 부분을 그리고 있는지 인식하기
  - 글자 시각화하기(머릿속에 글자 모양 떠올리기)

– 단기 시기억력

글자 쓰기 능력에 영향을 미치는 변인은 주로 아이들의 지각-운동 협응 능력이나 소근육 운동, 혹은 단기 시기억력임을 알 수 있다. 하지만 이것은 시각적으로 인식한 글자 모양을 자기가 다시 쓰는 경우에 해당한다. 특정 글자나 단어에 해당하는 소리를 듣고 이를 어법에 맞게 써야 할 때는 시각-운동 협응 능력이나 단기 시기억력 이외에 글자-소리 대응에 대한 유창성도 필요하다.

철자 쓰기 오류

아이들이 철자를 쓸 때 오류를 범하는 가장 큰 이유는 시간 부족을 들 수 있다. 국어 교과에 배정된 시간이 충분하다면, 학교 교육과정에서 맞춤법과 관련된 내용 또한 충분히 익힐 수 있다.

우리나라의 초등학교에서 국어 과목 시간은 저학년의 경우 전체 수업시간의 28%이고, 고학년의 경우 19%에 불과하다. 일본의 경우 저학년은 국어 과목 시간이 전체 수업시간의 36%, 고학년은 28%이며, 미국의 경우 저학년은 37%, 고학년은 32%이다. 이들 나라와 비교했을 때, 우리나라 초등 교육에서 국어의 비중이 부족하다는 것을 알 수 있다.

초등학교 수준에서 필요한 한글 글자 수는 1,500자 안팎이다. 그 가운데 1,200자가 넘는 글자가 초등 1~2학년 국어 교과서에 나온다. 그럼에도 불구하고 고학년으로 가면 문해력이 부진한 아이들이 많다. 이는 국어 학업 성취 뿐만 아니라 다른 교과의 학업 성취를 저해하는 요인이 된다.

아이들이 철자 쓰기 오류를 많이 일으키는 또 다른 이유에는 요즘 의사소통의 환경적인 측면도 문제가 된다. 최근 아이들이 스마트폰과 게임, 인터넷 소설 등에 길들여져 있다. 이런 곳에서 발견한 단어들을 다시 반복해서 쓰고 확장한다. 최근 몇 년 초등학생들 사이에서 유행하고 있는 '어쩔 티비, 어쩔

냉장고, 어쩔 전자렌지' 같은 말이 그 예이다. 아이들은 이런 신조어를 모르면 시대에 뒤떨어진 것으로 취급받기 때문에 맞춤법에 맞지 않는 글들이 넘쳐나고 있다.

철자 쓰기 부진의 요인

받아쓰기 능력이 또래에 비해 심각하게 낮다면 다음과 같은 원인이 작용했을 수 있다.

첫째, 부모나 교사가 불러주는 소리를 정확히 인식하지 못했을 수 있다. 아이가 비슷하게 들리는 소리를 서로 혼동하거나 주의가 산만하거나 청력 부족 등으로 인하여 정확하게 청각적으로 지각하지 못한 경우일 수 있다.

둘째, 단기 청기억력이 매우 낮을 가능성이 있다. 예를 들어 '소나무'라는 단어를 불러주었음에도, 곧바로 그 단어 소리를 잊어버리고 '소'나 '소나'까지만 기억하는 경우이다.

셋째, 부모나 교사가 들려주는 소리에 해당하는 글자를 뇌에서 빠르고 정확하게 인출하지 못하기 때문일 수 있다. 이는 글자-소리 대응 학습이 불완전하게 이루어졌거나, 음운 인식 기능 자체에 문제가 있어서 특정 글자에 해당하는 소리 혹은 그 반대로 특정 소리에 대응하는 글자가 뇌 속에서 일정 수준 이상의 정확성과 빠르기로 연계되어 있지 않은 경우이다.

철자 쓰기 부진 아이들을 지도할 때에는 이러한 원인들 중 어느 것이 가장 크게 영향을 미치는지를 파악해서 맞춤형으로 지도해야 한다.

📖 철자 쓰기 부진 아이를 위한 6가지 부모 길잡이

한 연구에서 쓰기에 어려움을 가진 학습 부진 아이들을 대상으로 한 음소 인식 훈련이 받아쓰기 및 쓰기 유창성에 미치는 효과를 알아보았다. 그 결과, 음소 인식 훈련은 학습 부진 아이들의 받아쓰기 및 쓰기 유창성을 높이는 데 효과적이었으며, 받아쓰기 오류 유형도 변화된 것으로 나타났다.

따라서 쓰기 부진 아이들의 철자 쓰기 능력을 높이기 위해서는 음소 인식 훈련, 맞춤법의 체계적 지도, 어휘 목록의 선택, 쓰기 동기부여 등이 중요하다. 특히 부모의 시범이 중요한데, 하나의 감각만이 아니라 시각·청각·운동 감각·촉각 등 다감각을 활용하고, 일상생활에서 꾸준히 다양한 연습을 할 기회를 주어야 한다.

1. 음운 인식 훈련을 충분히 지속적으로 강도 높게 시킨다.

자소-음소 대응 연습과 어법(맞춤법) 연습을 함께 하도록 하는 것이 좋다. 왜냐하면 한글의 경우에도 경음화, 구개음화, 자음접변 등 자소와 음소가 불규칙적으로 대응하는 경우가 더러 있기 때문이다.

2. 소리, 모양, 활동, 촉각 등 다감각적 훈련이 효과적이다.

예컨대 '귀'라는 글자를 다감각적 요소를 이용하여 쓰는 방법을 익힌다면, '귀'에 해당하는 소리를 듣고, '귀'에 해당하는 글자 모양을 보고 듣고 만지게 한다. 명사의 경우 그림 카드를 보여주거나 음절을 연상할 수 있는 놀이를 통해 낱말의 형태를 연습하게 한다.

3. 의미를 탐색하라.

총체적 언어 접근법을 병행하여 단순히 글자를 쓰는 방법을 감각적으로 익힐 뿐만 아니라 그 글자의 의미를 탐색하고 활용하는 활동을 하게 한다. 예를 들어 '귀'라는 글자를 익힐 때, '귀'에 관한 경험이나 '귀'를 다룬 문학작품 등을 활용하여 '귀'의 의미와 사람들이 '귀'라는 단어를 활용하는 방식 등을 같이 익히도록 한다.

4. 시범을 통해 모방하도록 하자.

부모가 철자를 쓰는 모범적인 행동을 명료하게 시범을 보인 후, 아이에게 이를 모방하도록 한다. 글씨를 쓸 때, 동기부여를 위해 동작과 게임 요소를 더하거나 다양한 활동 등을 결합시키는 것도 좋은 방법이다. 아울러 자신의 생활이나 경험과 관련 있는 단어를 써보게 한다.

5. 점진적 지원 감소 원리를 적용하라.

아이가 글자 쓰기를 익힐 때, '부모 시범 → 안내된 연습 → 개별 연습 단계'로 해도 좋고, '모양틀 → 따라 쓰기 → 번호 순서→ 혼자 쓰기' 순서로 해도 된다. 또는 '모양 → 글자 → 단어 → 문장 쓰기' 순으로 진행할 수도 있다. 아울러 '단순 획 → 복잡 철자, 정확성 → 유창성' 등의 단계로 복잡성과 난이도를 높여갈 수도 있다.

6. 반복 연습이 중요하다.

한번 익힌 글자에 대해서도 여러 번에 걸쳐 연습을 하는 것이 좋다. 아이가 익히기 어려워했거나 난이도가 높은 글자는 집중적으로 연습하게 한다. 쓰기 어려웠거나 새로 배운 글자는 100% 가깝게 맞출 때까지 지속적으로 반복 연습하도록 한다. 적은 수의 단어를 오랫동안 자주 연습시키는 것이 중요하다. 특히 오류를 범한 글자에 대해서는 최소한 6~7회 이상 집중적으로 연습을 시킨다.

작문의
부진

작문의 발달

초등학교 아이들의 쓰기 과정 결과물을 분석한 연구결과에 따르면, 초등
3~4학년은 나열적 쓰기 단계, 5~6학년은 소통적 쓰기 단계로 분류할 수 있
다. 3~4학년 아이들은 글을 쓸 때 자기 중심적으로 자신이 가진 생각이나 정
보를 나열하는 반면, 5~6학년이 되면 읽는 사람을 고려하고 의식하며 글을
쓴다는 특징이 있다. 특히 글쓰기 발달이 두드러진 성장을 보이는 시점으로
초등 4학년과 6학년을 꼽고 있다.

초등 4~5학년은 한 편의 글은 일정한 구조를 가져야 한다는 것, 내용들
이 주제를 중심으로 관련성을 가져야 하며 의미상 완결되어야 한다는 것 등
과 같이 텍스트가 갖추어야 할 것, 즉 텍스트성에 대한 인식이 정착되는 단계
이다.

6학년은 '정의'나 '문제해결'의 방식을 두드러지게 사용하는 등, 인지능력의 발달을 바탕으로 주로 내용의 생성 방식에서 두드러진 발전을 보인다. 즉, 초등 4학년은 글의 형식적인 면에서 크게 성장하고, 초등 6학년은 내용의 질에서 도약이 이루어진다고 할 수 있겠다.

작문 부진의 요인

작문은 철자 쓰기보다 훨씬 복잡하고 고등의 사고 기능을 필요로 한다. 작문이 부진한 아이들의 특징은 대략 다음과 같다.

첫째, 글을 쓸 때 계획하여 쓰기보다는 즉흥적으로 떠오르는 낱말이나 생각 중심으로 쓴다. 그러다 보니 내용 간 조직이나 구조가 매끄럽지 못하고 연결성이 부족하다.

둘째, 글을 통해 말하고자 하는 바가 뚜렷하지 않거나 여러 메시지가 혼합되어 있다.

셋째, 문장이 짧고, 특정 단어를 반복적으로 사용하는 경향이 있다.

넷째, 자신이 글을 어떻게 쓰고 있는지, 어떤 부분을 고쳐야 하는지 등에 대한 인식이 부족하다.

문제는 글을 쓸 때 이러한 어려움이나 약점은 대체로 성인기까지 이어진다는 것이다.

작문 부진 아이들은 설명글이나 서사글에 비해 설득글을 쓰는 능력이 상대적으로 낮다. 또한 글쓰기의 하위 영역 중에서 내용 선정 및 조직 능력이 가장 낮다. 아울러 어휘력이 높은 아이일수록 글쓰기 점수가 높았다. 따라서 글쓰기 능력은 매우 복잡하고 고차원적인 하위 기능을 필요로 하기 때문에 장기간 지속적으로 강도 높은 지도가 필요하다.

1. 문제상황을 머릿속에 떠올려라.

먼저 부모가 아이에게 무언가 고쳤으면 하는 문제상황을 머릿속으로 떠올려보라고 한다. 예를 들어 학교에서의 문제상황을 떠올리면, 아이들은 청소가 잘되지 않는 문제, 도서관에서 너무 떠드는 문제, 지각하는 경우 등 자신의 경험이나 주변에서 생겼던 문제에 대해 생각을 쏟아내게 될 것이다. 이러한 생각들을 자유롭게 마인드맵 같은 가지 그림으로 그려보게 할 수 있다.

　글을 쓰려고 할 때, 무작정 내용을 떠올리는 것은 때로는 생각을 정리하는 데 방해가 될 수도 있다. 따라서 마인드맵 같은 가지 그림을 그린 자신의 손을 떠올리면서 내용을 구분해 보고, 같은 내용끼리 묶어보는 과정에서 쓸 내용에 대한 선정이 자연스럽게 되기도 한다.

2. 중심 생각을 정리하라.

아이들은 여러 가지 문제를 떠올린 후에 의견을 쓰려고 해도, 정작 자신의 주장이 무엇인지 확실하게 알지 못하는 경우가 많다. 이때 아이들에게 자신이 떠올린 문제상황 중에서 왜 그런 생각을 했는지, 그렇게 하면 좋은 점이 무엇인지, 또는 다른 사람에게 피해가 되는 점이 무엇인지를 생각해 보고, 그것을 이유로 들어 자신의 주장을 한 문장으로 정리해 보라고 하는 것이 좋다.

　무작정 문장을 쓰는 것은 무척 어려운 일이지만, 핵심적인 낱말이나 생각을 나열한 후 문단별로 중심을 정리하게 하면 글쓰기를 한결 수월하게 생각하는 경우가 많다.

3. 관련 지식을 검색하라.

아이들이 쓰는 문장이나 문단의 길이가 너무 짧은 경우는 대체로 관련 지식이 부족하기 때문이다. 이런 경우 글을 쓰기 전이나 쓰는 과정에서 필요한 정보를 언제든지 참조할 수 있도록 여건을 조성해 주는 것이 좋다.

가장 편리하면서도 손쉬운 방법은 스마트폰이나 노트북, 패드 등을 이용하여 인터넷을 검색하도록 하는 것이다. 학급문고나 도서관 자료, 기타 관련 잡지 등을 활용하게 할 수도 있다. 그런가 하면 자신이 쓰고자 하는 주제와 관련하여, 글쓰기 전이나 중간에 또래, 부모, 기타 주변 사람들과 충분히 이야기를 해보게 하는 것도 좋은 방법이다. 때로는 주변 사람들을 인터뷰한 견해를 글쓰기 소재로 활용할 수도 있다.

4. 과정으로 접근하라.

작문의 각 과정별로 꼭 필요한 활동이나 기능을 익히도록 '과정 접근법'을 권해보는 것도 좋은 방법이다. 대체로 작문은 '자료나 글감 준비하기 → 계획하기 → 초고 작성하기 → 수정하기 → 편집하기 → 결과물 발표하기' 등의 단계로 진행된다. 각 과정별로 모범적인 작문 활동이나 기능을 추출하여 이를 아이들로 하여금 익히도록 한다.

과정 접근법에서는 작문 과정이 순차적이고 일방향적인 것이 아니라, 필요에 따라 수시로 각 과정을 오가는 상호작용적인 측면이 있다. 이때 작문은 아이의 머릿속에서 나오는 아이디어를 글로 옮기는 혼자만의 활동이 아니다. 서로 의견을 교환하고 입으로 하는 구두표현도 효과적일 수 있다. 아이들은 작문 과정에 능동적으로 참여함으로써 자기주도적인 아이디어를 만들고 문장을 조직화할 수 있다.

5. 어휘력을 높여라.

빈약한 어휘력은 단조롭고 평이한 작문의 가장 큰 원인 중 하나이다. 부모가 가능한 다양하면서도 수준 높은 단어를 사용하는 시범을 명료하게 보여주면 좋다. 아이도 그와 같이 작문을 하고 싶다는 욕구를 불러일으켜야 한다.

예컨대 아이들에게 매우 친숙한 그림책이나 글 중에서 수준이 높고 다양한 어휘를 구사한 부분을 찾아서 어떤 면에서 단어 사용이 잘되었는지를 알려준다. 그런 다음 단어 사용 측면에서 모범적이고 수준이 높은 글과 그렇지 않은 글을 비교해서 보여준다. 아이들이 단어 사용에 대한 감각을 기르고 그렇게 하고자 하는 욕구를 갖게 한다.

6. 문장을 수정하는 습관을 들이자.

문장이나 문단 사이의 연결을 매끄럽게 하는 일은 매우 고등적인 사고 기능을 필요로 한다. 왜냐하면 앞 문장이나 문단의 내용을 생각하면서, 동시에 이어질 문장이나 문단을 써야 하는데, 이는 작문 부진 아이들이 가장 어려움을 겪는 작업기억이기 때문이다.

아이들이 문장이나 문단 사이의 연결을 잘하도록 만들려면 작업기억의 부족함을 보완해 주어야 한다. 방법 중 하나는 지도, 도표, 그림, 그래픽 등을 사용하여 이야기 내용의 관계나 문단 사이의 연결을 미리 그려서 시각화하는 것이다. 또 다른 방법은 연결이 잘된 글을 많이 경험해 보게 하는 것이다. 즉, 부모가 논리적으로 연결이 잘된 글과 그렇지 않은 글을 비교, 분석하면서 구체적으로 어디가 잘되었고, 혹은 그렇지 않은지를 구체적으로 지적해주면 도움이 된다.

. . .

6장

난독증

난독증은 학습 부진과 무엇이 다를까?

책을 읽자고 하면 기겁을 하기니, 글씨도 엉망이고

글도 못 쓰는 난독증 아이를 돕는 방법은 무엇일까?

독서 부진과
난독증은 다르다

난독증 아이는 다른 뇌를 가지고 있을까

요즘 독서 부진 아이들이 많아졌다. 보통은 글을 주의 깊게 읽지 않거나 독해력이 부족하기 때문에 일어난다. 우리나라 독서 부진 아이들의 30%가 난독증 때문이라는 통계도 있다.

아인슈타인은 위대한 창의력을 발휘했던 과학자지만, 어렸을 때 난독증을 앓았던 것으로 알려져 있다. 아인슈타인은 어린 시절에 언어발달이 늦은 편이었다. 그의 여동생이 쓴 글을 보면, 당시 가족 모두는 그가 '말하기'를 배우는 것이 불가능할 것 같아 몹시 염려했다고 한다. 아인슈타인은 한 편지에서 자신의 어린 시절을 다음과 같이 묘사하고 있다.

"나는 학생으로서 그렇게 뛰어나지도 않았고, 그렇게 못하지도 않았다. 나의 주요 약점은 기억력이 좋지 않았다는 것이며, 특히 단어와 글 내용에 대한 기억력이 좋지 않았다."

아인슈타인은 철자에 서툴고 어려워했다. 심지어 그리스어 교사는 그에게 "넌 절대로 아무것도 이룰 수 없을 거야."라고까지 했다고 한다.

아인슈타인과 난독증의 뇌는 어떤 연관이 있을까? 난독증을 겪는 뛰어난 사람들에 대한 기능적 자기공명영상(fMRI) 연구나 유전자 연구로 인해 난독증 아이들의 강점이 밝혀지고 있다.

일반적인 아이들은 좌뇌의 후두부와 전두부 사이에서 가장 강력하고 자동적인 연결이 일어난다. 반면에 난독증 아이들은 가장 강력한 연결이 좌뇌 후두-측두 영역과 우뇌 전두영역 사이에서 일어난다. 더구나 일반적인 아이들이 독서를 하고 음운론적 정보를 처리할 때 이용하는 좌뇌 각회부가, 난독증 아이들에서는 좌뇌의 다른 언어 부위와 기능상 단절을 보인다.

난독증 뇌는 시각 연합 영역과 후두-측두 부분에서부터 우뇌의 각회, 상변연회 및 측두부에 이르기까지 일관되게 좌뇌보다 우뇌 구조를 더 많이 사용한다. 난독증 아이들의 전두부는 양뇌를 모두 사용하지만, 전두부가 활성화되기까지 시간이 지연된다.

난독증 아이들은 우뇌의 독서 회로를 사용하기 때문에 철자 및 음운론적,

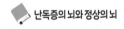 **난독증의 뇌와 정상의 뇌**　　　　　　　출처: Sally Shaywitz, Overcoming Dyslexia, 2003

정상의 뇌　　　**난독증의 뇌**

의미론적, 통사적 프로세스와 추론 프로세스를 보고 듣고 인출하고 통합하는 데 걸리는 속도가 훨씬 느릴 뿐만 아니라 이 모든 일을 수행하는 데 시간적인 정확성이 부족하다. 일반적인 아이들은 베르니케 영역이 포함된 측두엽의 삼각형 영역이 우뇌보다 좌뇌에서 더 넓게 분포한다. 그러나 난독증의 아이들에서는 이러한 비대칭 양상이 나타나지 않고, 양쪽 반구가 대칭적이었다.

아이들이 글자를 읽을 수 있는 까닭은 글자를 구성하는 음소를 파악할 수 있기 때문이다. 예를 들어 '문'이라는 말을 들으면 즉시 ㅁ, ㅜ, ㄴ 3개의 음소로 구성되어 있음을 안다. 또 '문'이라고 쓰인 글자를 보면 이를 3개의 음소(ㅁ, ㅜ, ㄴ)로 나누고 이를 기반으로 뇌의 기본 코드인 음성으로 바꿔 그 의미를 떠올릴 수 있다.

그런데 난독증 아이들은 '문'이라는 말을 음성으로 들어도 3개의 음소로 구분할 수 없으며, 눈으로 '문' 자를 보아도 이 글자가 3개의 음소로 구성되어 있음을 잘 모른다. 이를 '음운론적 취약성'이라 하는데, 이것이 난독증 아이들이 글씨를 읽기 힘든 근본 원인이다.

난독증에 대한 오해

난독증과 정상 사이에는 뚜렷한 기준이 없다. 통계적으로 하위 10% 수준에 해당하면 경미한 난독증이 있는 것으로 본다. 연구자들은 하위 3.5%를 치료가 꼭 필요한 대상으로 보고 있다.

또한 난독증과 지능 사이에는 상관관계가 없다. 난독증이 있는 아이들은 평균 혹은 그 이상의 지능을 갖고 있다. 그래서 난독증을 극복하거나, 여전히 난독증을 앓고 있는 사람들 중에서도 사회적으로 성공한 사람들이 많다.

난독증은 단순히 글자나 숫자를 바꾸어 이해하는 현상이 아니다. 난독증은 주로 음소 인식과 언어 정보처리에 영향을 주는 언어 문제이다. 이것은 주어진 동작을 수행하기 위해 비교적 작은 근육을 사용하는 운동인 소근운동 기능과 같은 다른 기능에도 영향을 준다.

난독증 아이들은 공통적인 약점이 있다. 예를 들면 맞춤법이 늘 힘들다. 그러나 설명만 잘해주면 난독증이 있는 아이들도 맞춤법을 잘 쓸 수 있으며, 특히 컴퓨터의 맞춤법 점검 프로그램을 이용하면 맞춤법 걱정을 하지 않아도 된다. 또한 외국어를 배우는 것이 힘들 수 있다. 학교에 따라서는 난독증이 있는 아이들에게 필수과목인 언어를 면제해 주는 곳도 있다. 시험을 치는 상황과 같이 시간 제한을 두는 경우를 특히 어려워한다.

난독증을 가진 아이들은 주요한 강점을 가진 경우도 종종 있다. 훌륭한 창의적인 사고력, 막대한 양의 정보 속에서 패턴을 발견하는 능력, 도전적이고 흥미로운 과제에 집중하는 능력, 그리고 예술적이거나 음악적인 재능 등이 여기에 포함된다.

또한 공간적 능력이 뛰어나 기계를 다루는 능력이 빼어나다. 무엇인가 고쳐야 한다면, 매뉴얼을 읽지도 않고 매우 잘 고친다. 정말 필요한 상황에는 매뉴얼을 찾아보기도 하지만, 마치 퍼즐을 맞추는 것처럼 자신만의 방법으로 이것저것을 잘 고친다.

아울러 난독증 아이들은 자신이 흥미를 느끼는 과제에 오랫동안 집중하는 능력이 있다. 서로 관계가 없는 것처럼 보이는 데이터에서 패턴을 인식하는 능력이 있으며 개념을 이해하는 능력이 있다.

난독증 아이의 학습양식

난독증 아이들에게 IQ 검사를 해보면, 언어를 기초로 하는 하위 테스트에서는 실행능력이 떨어지는 경우가 많다. 일련의 숫자를 반복하게 하는 숫자 외우기와 같은 의미가 없는 테스트에서는 더욱 그렇다. 이러한 하위 테스트는 기계적이고 단기적인 청각 기억력을 기반으로 만들어지는데, 이는 난독증 아이들에게는 약점에 해당한다.

일반적으로 난독증 아이들은 낮은 언어성 지능(Verbal IQ) 점수와 높은 동작성 지능(Performance IQ) 점수의 차이로 진단할 수 있다고 생각할 수도 있지만, 난독증 아이들 중에는 시각적 운동 기술에 약점이 있는 경우가 있어 이두 점수가 모두 낮을 수 있어 일률적으로 말할 수 없다. 신시아 스토우(Cynthia Stowe)에 의하면, 일반적으로 난독증 아이들은 다음에 소개하는 웩슬러 지능 검사(WISC)의 하위 테스트에서 약점을 보인다.

- 정보(Information): 세상에 대한 사실적인 정보를 기억해내고 이를 다시 언급하도록 한다.
- 연산(Arithmetic): 응용 문제를 풀고 암산하게 한다.
- 숫자 외우기(Digit Span): 일련의 숫자를 반복하게 한다.
- 코딩(Coding): 코드 서식에 기하학적 모양을 재빨리 재현하게 한다.

읽기를 잘하려면 청각 정보처리 능력, 정보처리 속도, 어휘 능력 및 단기 기억력이 좋아야 한다. 이들 지능 하위 테스트는 난독증 아이들의 읽기 능력을 정확히 예측할 수 있게 해준다. 따라서 다음과 같은 구체적인 징후가 있으면 난독증을 의심할 수 있다.

난독증이 의심되는 징후

☑ 듣기 이해력과 읽기 이해력 사이에 폭넓은 편차가 있다.

☑ 난센스 단어(Nonsense Words, 의미 없는 단어)보다 진짜 단어(Real Words)에 대한 뛰어난 해독 능력을 보인다.

☑ 읽기가 느리고 읽는 것을 고통스러워한다.

☑ 글자 순서 해독(Decoding)에서 잦은 실수를 한다.

☑ 독해력이 개선되더라도 해독 능력에 어려움이 지속되며, 읽기 약점보다 철자 약점이 훨씬 더 심각하다.

☑ 수학과 읽기 능력 사이의 편차가 크다. 난독증이 있는 아이들은 계산 능력 때문에 수학에서도 문제가 있는 경우도 종종 있다. 그러나 수학에 뛰어난 재능이 있는 난독증 아이들도 있다.

📖 난독증 아이를 위한 6가지 부모 길잡이

1. 아이를 참여시켜라

난독증 아이들은 각기 다르기 때문에 한 가지 교육 프로그램으로 교육할 수는 없다. 자신의 스타일에 따라 자기의 강점을 키우면서 공부할 필요가 있다. 난독증 아이들의 교육이 개인 맞춤이 될 수밖에 없는 이유이다. 따라서 교육 계획의 모든 부분을 아이와 의논하는 것이 좋다.

난독증 아이들의 경우, 작은 정보를 커다란 문맥 안에 놓으면 쉽게 배운다. 재미있고 직접 참여했을 때 집중을 잘하는 경향이 있다. 아이에게 성취하고자 하는 것을 설명하고, 아이가 원하는 것을 묻는 것이 좋다. 어떤 공부를 하게 될지 바로 말해주고 그 이유를 설명한다.

또한 아이에게 교육과정에서 자신이 하고 있는 것에 대한 느낌을 물어본다. 공부의 어느 부분이 어려우며, 어느 부분이 쉬운지, 어떤 활동이 학습에 도움이 많이 되는지, 아이들은 학습 프로그램의 세세한 내용에 대해 많은 정보를 제공할 수 있다.

2. 다중감각으로 공부하라.

대부분의 전통적인 학습 지도는 언어적 양식에 많이 의존한다. 교사가 정보를 제공하는 동안 아이들은 수동적으로 앉아 있다. 가끔 토론도 한다. 그러다가 아이들은 주제에 관해 읽고 보고서를 쓰거나 시험을 친다.

난독증 아이들은 이보다 훨씬 더 활동적이고 상호 작용적인 방법으로 학습하기를 원한다. 이들에게는 물건을 만지고 자료를 듣거나 보고, 배운 것을 요약하는 등의 다중감각 교육이 필요하다.

3. 기계적인 암기보다 논리 사용법을 가르쳐라.

난독증 아이들의 약점 중 하나는 큰 의미가 없는 것들을 단순히 암기하는 것이다. 따라서 난독증 아이들에게 언어교육을 할 때에는 인지능력을 활용하는 것이 바람직하다.

이를테면 단어를 익히게 할 때, 기억력에만 의존하는 대신 맞는 철자를 알아내는 철자 규칙을 익히게 한다. 수많은 단어를 일일이 외우는 대신 패턴을 배우는 것이다. 난독증 아이들은 패턴이나 원칙을 중심으로 생각하는 경향이 있으므로 단순히 단어를 암기하는 것을 힘들어한다.

4. 끊임없이 반복하여 연습하고 복습하라.

아이들에게 가르친 내용을 강화하기 위해서는 많은 기회를 제공해야 한다. 난독증 아이들의 언어교육에서는 특히 그렇다. 난독증 아이들은 자신이 배운 내용을 검토하고 연습하는 것이 필요하다. 공부를 시작할 때 바로 전에 배운 내용을 복습하는 것이 좋으며, 특히 배운 내용을 다양한 방법으로 경험하고 강화하는 것이 중요하다. 주제에 대해 부모와 이야기하고, 이에 관해 글을 쓰거나 그림을 그리거나 역할놀이를 해도 좋다.

5. 자료는 작은 단위로 순차적으로 제공하라.

난독증 아이들에게는 적은 것이 더 좋다. 한번에 많은 자료를 제공하면 일반적으로 과잉반응을 하거나 무관심해진다. 그러면 아이에게 아무것도 기억에 남지 않는다. 자료를 조금씩 제공하면서 아이가 편하게 느끼는지 확인하고 나서, 다음 자료를 제시하는 것이 좋다. 자료를 제공할 때에도 처음부터 시작하며 천천히 진행한다.

집을 지을 때에는 기초가 아주 중요하다. 그래서 부모들은 아이들의 지식에 결함이 있는지 확인할 필요가 있다. 기초가 탄탄하면 큰 힘을 들이지 않고 학습할 수 있다. 난독증 아이들에게도 공부 자료를 순차적 단계로 접했을 때 학습이 가장 효율적으로, 그리고 가장 빠르게 진행된다는 것을 알려주는 것이 좋다.

6. 아이가 시간과 공간을 정리하는 것을 도와줘라.

난독증 아이들은 시간과 공간을 정리하는 것에 어려움을 느낀다. 아이가 시간과 공간을 정리할 수 있도록 도와주면 문제를 피할 수 있을 뿐만 아니라, 정리하는 기술을 습득하는 것이 수월해지며, 세부적인 사항을 제자리에 놓음으로써 전체적인 내용을 파악하는 데에 도움이 된다.

이를테면 아이에게 무엇을 공부하게 될지 미리 말해주면 학습 환경이 예측 가능하고 안전하게 느껴지기 때문에 좋다. 아울러 공부방 안의 물건이나 종이는 모두 제자리에 있어야 한다. 정리하는 훈련도 중요하지만, 산만하게 만드는 물건이 없어야 한다.

좌뇌와 우뇌의 분산이
난독증의 뇌를 만든다

토머스 에디슨, 레오나르도 다빈치, 알버트 아인슈타인 역시 난독증을 겪었다고 전해지는 유명한 사람들이다.

에디슨은 유년기에 글을 제대로 읽지 못하는 데다가 몸까지 허약해 정규교육을 받지 못했다. 그럼에도 불구하고 미국 특허청으로부터 누구보다 많은 특허권을 획득했으며 놀라운 발명품들을 창조해냈다.

레오나르도 다빈치는 역사상 최고로 다재다능한 발명가이자 화가, 조각가, 음악가, 엔지니어, 과학자였다. 손대는 일마다 기상천외한 재능을 발휘한 그였지만, 역시 난독증을 앓았다고 전해진다. 이러한 진단은 주로 그가 남긴 기괴하고 방대한 자필 원고에 근거한 것이다. 반전된 '거울 글씨', 즉 오른쪽에서 왼쪽으로 씌어진 다빈치의 원고들은 오자, 통사론적 실수, 이상한 언어적 오류들로 가득하다.

아인슈타인은 세 살이 될 때까지 말을 거의 하지 못했으며, 학교에 다니게 되면서는 외국어와 같이 단어 인출을 필요로 하는 과목에서 전부 낙제를 했다. 특히 단어와 문장에 대한 기억력이 아주 나빴다. 심지어 이론적인 사고를 할 때, 언어는 아무 역할도 하지 못하며, 정도의 차이는 있지만 생각이 선명한 이미지의 형태로 떠오른다고 밝히기까지 했다.

난독증을 겪은 예술가로는 로댕 같은 조각가와 앤디 워홀, 피카소 같은 화가들이 있으며, 배우로는 톰 크루즈, 성룡, 우피 골드버그, 조니 뎁 등이 있다.

난독증 이야기의 줄거리는 세상 어디서나 별로 차이가 없다. 총명한 한 남자아이가 생기발랄하고 열정적인 모습으로 학교에 입학한다. 그 아이는 다른 아이들처럼 글을 배우려고 열심히 공부한다. 하지만 다른 아이들과 달리 쉽사리 요령을 터득하지 못하는 것처럼 보인다.

아이의 부모는 좀더 열심히 공부하라고 말한다. 교사는 "잠재력을 제대로 연마하지 않는다."고 말한다. '느린 아이' 혹은 '학습 부진아'라고 다른 아이들이 놀리는 소리가 들린다. 아이는 앞으로 훌륭한 사람이 되지 못할 것이라는 뜻임을 알아챈다. 그 아이는 학교에 입학했을 때 활기 넘쳤던 모습과는 완전히 딴판이 되어 학교를 졸업한다.

난독증의 원인

독서만을 위한 특별한 유전자나 생물학적 구조란 존재하지 않는다. 대신에 독서를 하기 위해서는 뇌에서 다른 일에 사용되도록 유전적으로 프로그램되고 설계된 기존의 부위들을 연결해 새로운 회로를 만드는 방법을 배워야 한다. 뇌 안에 독서의 기능을 하는 독서중추 같은 것이 없으므로, 난독증을 단순히 독서중추에 결함이 생겨서 나타난 질병이라고 말할 수는 없다.

난독증이 발생하는 데는 잠재적 기본 원인이 몇 가지 있다.

첫째, 언어 또는 시각의 기저 구조에 발달성 장애가 발생한 경우이다. 이 장애는 아마도 유전적인 것으로 생각된다.

둘째, 특화된 작업 그룹 내에서 표상을 인출하지 못하거나, 회로가 구조들 사이에 연결되지 못하거나, 또는 두 가지 모두에 의해 읽기의 자동화가 구현되는 데 문제가 생긴 경우이다.

셋째, 읽기 구조들 사이에서 회로가 연결되지 못하게 가로막는 방해물이 존재하는 경우도 있다.

넷째, 특정 문자체계에서 기존에 사용되는 회로와는 전혀 다른 회로가 재편성되는 경우이다. 비교적 특정 문자체계에만 고유하게 나타나는 것도 있다.

난독증의 뇌

1. 거울 쓰기의 뇌

언어는 뇌의 좌측 측두엽에 특화되어 있는데, 난독증 아이들의 우측 하측두 피질에 의한 읽기 참여 시도는 문제를 불러올 수 있다. 단어와 문자가 불균형하게 적재되기 때문이다.

읽기에서 거울 이미지를 구별하는 능력은 이를테면 b와 d 또는 AM과 MA를 구별하는 데 중요하다. 결과적으로 뇌는 왼쪽과 오른쪽의 모습을 똑같다고 감지하려는 성향을 억제해야 하는데, 이러한 억제가 이루어지지 않는 거울 이미지 착란은 문자와 단어의 인지를 방해할 수도 있고, 어떤 경우에는 초기 읽기 장애에 관여할 수도 있다.

난독증은 흔히 좌우를 혼동할 뿐만 아니라 거울 이미지를 구별하는 데 어려움이 있다. 아마도 이런 이유 때문에 난독증이 있는 아이들은 보통 대부분의 아이들이 잃어버린 거울 쓰기 능력을 갖고 있을 것이다.

2. 언어중추의 좌뇌와 우뇌 분산

프랭크 벨루티노(Frank Vellutino)는 연구에서 시각 반전이 흔히 일어나는 글자의 상 몇 개를 난독증 아이들에게 보여주고, 글자를 그리거나 발음을 해보라고 했다. 아이들은 글자를 아주 정확하게 그려냈지만, 글자의 이름을 물어볼 때마다 잘못된 대답을 했다. 난독증에서 고장의 원인은 이미지의 문제가 아니라 언어적인 문제라는 사실을 확인한 것이다.

실제로 난독증에 대한 음운론적 설명은 아이들의 독서교육과 치료에 지대하게 공헌하고 영향을 미쳤다. 난독증 아이들에게 음소 인지와 문자소 대 음소의 대응관계를 체계적이고 명시적으로 가르치는 교육이 다른 교육방법보다 훨씬 더 성공적인 치료법이라는 것이 밝혀졌다. 이는 음소 인지 및 명시적인 해독 교육이 난독증 치료에 핵심이라는 사실을 반증한다.

음운론적 관점에서 본다면, 뇌의 우측 하측두피질은 초기 난독증의 원인이 된다. 한 연구자가 영어를 읽을 수 있는 6세 이상의 아이들에게 단어들을 보여주었다. 처음 읽기를 시작한 아이들의 경우, 단어를 읽는 동안에 뇌의 좌측과 우측 하측두피질이 모두 활성화되었다. 이런 균형은 16세 무렵 하측두피질의 활성화가 주로 좌측으로 옮겨갈 때까지 서서히 약화된다. 6세에서 10세 사이의 아이들은 뇌의 우측에서 폭넓게 다양한 활성화를 보여주었다.

뇌의 우측 활성화와 읽기 검사 점수는 부정적인 상관관계가 있었다. 다시 말하면 우측 하측두피질의 활성화가 부진한 아이들이 읽기를 더 잘해냈다.

3. 유창성의 부족

난독증의 뇌에서 중요한 이슈는 유창성의 문제이다. 뇌의 읽기 프로세스 속도가 충분히 따르지 못하여 읽기의 자동화가 이루어지지 않는다는 것이다.

청각정보를 처리하는 속도에 관한 연구에서도 난독증을 겪는 사람들은 일반 사람들과 차이를 보였다. 두 프로세스 모두 기본적 탐지 수준에서는 난독증을 가진 사람들과 일반인들의 차이가 거의 없었다. 다시 말해서 난독증 아이들도 시각적 자극이 나타나거나 소리가 나면 그것을 금방 지각한다. 하지만 난독증을 가진 일부 아이들과 언어 기능에 손상을 입은 많은 아이들은 두 개의 시각적 이미지와 마찬가지로, 두 개의 짧고 분리된 청각적 음색을 처리할 때 정상적인 아이들보다 더 긴 시간이 필요했다.

이는 난독증 아이들이 단어보다 작은 단위인 음소와 음절을 구별하는 데 문제가 있음을 보여준다. 영국, 프랑스, 핀란드의 난독증 아이들을 대상으로 한 케임브리지대학의 연구에 의하면, 그들은 평상시 말을 할 때 리듬에 둔감하다. 말의 리듬은 단어 안에 있는 음성들이 강세와 운율 박자 패턴에 따라 변화하는 양상에 의해 일부 결정된다. 따라서 이것이 음소 표상의 문제로 이어지고 나아가 난독증을 유발할 수 있다.

난독증에서 운동 프로세스의 속도가 다르다는 점은 대단히 흥미롭다. 보스턴의 정신건강의학과 의사 피터 울프(Peter Wolf)는 아이들이 메트로놈의 리듬 패턴에 맞춰서 뭔가를 두드리는 모습을 관찰한 결과, 행위의 각 부분을 모두 모아 일시적으로 가지런한 전체 집합을 만들어야 하는 경우, 난독증 아이

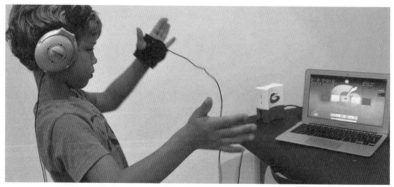

출처: norcalbrain.com

들은 운동 영역에서 자동성 문제가 발생한다고 주장한다. 즉, 난독증 아이들은 시각이든 청각이든 가장 기본적인 감각 프로세싱 수준이 아니라, 구성요소들을 정확하고 빠른 속도로 연결하는 과제를 수행할 때 운동에 기능상 결함이 발생한다는 것이다.

따라서 많은 난독증 아이들의 경우에서 뇌가 독서발달의 최고 단계에 결코 도달하지 못한다. 프로세스의 맨 앞단에서 일어나야 하는 부품 연결에 시간을 너무 많이 잡아먹기 때문이다. 난독증을 겪는 많은 아이들은 사실상 활자들의 중간에서 생각을 할 수 있는 시간적 여유가 없다.

4. 문자의 종류에 의한 차이

뇌에 대한 기능적 자기공명영상 연구에 의하면, 영어를 학습하는 아이들과 달리, 중국어를 학습하는 아이들은 읽기를 할 때 두정피질에서의 활동이 아주 적게 증가했다. 그 대신 좌측 중간 전두피질에 중심을 둔 영역에서 광범위한 활성화가 나타났다. 이 영역은 등쪽이 측면의 전전두피질과 강하게 겹쳐지며, 작업기억에 사용된다. 또한 전운동피질에서 활동이 나타났는데, 이는 한자를 쓸 때 발생하는 움직임처럼 소근육운동이 실행되는 동안에 활성화할 가능성이 높다. 이러한 결과를 보면, 글자 표기의 활발한 상기(想起)와 연습은 중국어 읽기 학습에서 가장 중요하다.

난독증이 있는 아이들이 영어를 배우는 것을 보면, 마치 하나의 상징인 것처럼 완전한 단어를 직접 체계적이고 반복적으로 모방하면서 익힌다. 모방은 언어의 지도화를 도와서 단어가 시각적으로 드러날 수 있게 지원하는 운동회로를 활성화한다. 반면에 표의문자인 한자를 사용하는 중국 아이들은 읽기를 할 때 전두피질을 기반으로 하는데, 이는 곁보기에 힘들어 보이지만, 읽기 장애를 극복하는 데 도움이 되며, 상세한 쓰기를 통한 학습이 난독증 극복에 효과가 있다.

그리스어 알파벳 외에 완벽한 문자체계를 하나 더 꼽는다면, 세종대왕이 15세기에 창제한 한글을 들 수 있다. 세종대왕은 누구든지 쉽게 글을 배울 수 있도록 구어를 단순하면서도 논리적인 형태로 옮겨놓은 고도의 규칙성을 가진 알파벳을 설계했다. 심지어 세종대왕의 한글 매뉴얼을 작성한 학자가 "슬기로운 사람은 하루아침에 다 배울 수 있고, 어리석은 이라도 열흘이면 깨우칠 수 있다."라고 설명할 정도였다. 더 많은 백성들이 글을 읽고 쓰게 하겠다는 세종대왕의 한글 창제 목표는 성공적이었다. 한글은 몇 가지 중요한 언어학적 특성으로 볼 때 배우기가 매우 쉽다.

첫째, 한국어 구어는 단순 음절과 음소로 이루어져 있기 때문에 글자 하나가 곧 음절이 된다. 한글에서는 2~4개의 문자화된 음소가 사각의 틀 안에서 합쳐지고, 그렇게 합쳐진 글자들은 좌우, 상하 어느 방향으로든 배열되고 읽힐 수 있다. 이렇듯 음절이 시각화되기 때문에, 아이들은 글을 읽을 때 좀더 쉽고 좀더 큰 언어의 단위를 배우게 된다.

둘째, 멜버른대학의 김지선과 크리스 데이비스(Chris Davis)의 지적처럼, 한글은 10개의 기본 모음과 14개의 자음으로 이루어져 있는데, 모음이냐 자음이냐에 따라 형태가 차별화된다.

셋째, 한글의 자음 문자는 조음되는 발음기관에 대한 정보가 들어 있기 때문에 아이들에게 특히 큰 도움이 된다.

넷째, 영어와 달리 한글은 문자와 음성이 매우 투명한 대응관계를 이룬다. 훈민정음 창제 당시에는 상징(문자)과 말소리 사이에 거의 완벽한 대응관계가 성립했으나, 구어가 진화함에 따라 영어에서와 마찬가지로 일부 단어와 철자의 구어와의 연관관계가 줄어드는 일이 생겨났다. 결과적으로 이러한 특성이 멋지게 결합된 한글은 무엇보다 글을 처음 배우는 이들이 매우 쉽게 학습할 수 있는 문자체계이다.

📖 난독증 6가지 부모 길잡이

1. 먼저 평가를 받아보자.

읽기를 배우는 것은 경이로운 일이지만, 수많은 이유로 인해 잘못될 수 있다. 만약 특별하고 명백한 이유가 없는데 아이가 읽기를 배우지 못하는 것 같으면, 독서 전문가와 의사의 평가를 받아보는 것이 매우 중요하다.

2. 난독증은 처음에는 못 알아볼 수 있으므로 관찰이 중요하다.

난독증은 딱히 하나의 형태가 있는 것이 아니다. 그것은 다양한 읽기 발달 장애가 연속체를 이루는 것으로, 독서의 다양한 구성요소와 해당 언어의 문자체계에 따라 달라진다. 따라서 독서 능력에 문제가 있는 아이들은 다양한 장애가 나타날 수 있으며 실제로도 그렇다. 그 가운데 일부는 아주 미묘해서 초등학교 입학 후 한참 뒤에서야 유창성과 독해력에서 문제를 일으킨다.

3. 이중언어 환경을 잘 관리하라.

심한 난독증을 가진 유아들은 언어적으로 어휘력 부족이 결정적인 원인이다. 학교에 들어와서 영어를 배우는 아이들은 외국어 학습에 기초한 난독증을 보일 수 있다. 그들은 영어 음소를 다른 사람들과 동일한 방법으로 처리하지 않는다.

4. 독해력에 관여하는 여러 요소를 종합적으로 지료해야 한다.

난독증 아이들에 대한 치료는 맞춤법, 음운론에서부터 어휘력, 형태론에 이르기까지 읽기에 기여하는 구성요소 각각의 발달과 그것들의 연결, 유창성, 그리고 그것들이 통합되어 독해력을 형성하는 것 모두를 다루어야 한다.

5. 난독증은 아이의 기질이나 성격, 훈육이나 교육 때문에 일어나는 것이 아니다.

어떤 유형에 속하든, 난독증을 겪는 아이들은 멍청하거나 고집이 너무 세지는 않다. 잠재력을 연마하지 않는 것도 아니다. 난독증 아이 자신을 포함해 너무 많은 사람들이 이런 식으로 오해한다. 부모와 교사는 반드시 어떤 식으로든 읽기에 문제가 있는 아이들이 즉각적으로 집중적인 치료를 받을 수 있도록 최선의 노력을 다해야 한다.

6. 아이의 어려움을 공감해주고 자존감을 키워줘라.

부모들은 아이가 난독증으로 고생하는 것이 어떤 것인지 절대로 이해할 수 없다. 이 분야의 전문가이거나, 설사 자녀가 난독증이더라도, 난독증으로 고생하는 아이들의 어려움을 잘 모른다. 난독증 아이들은 유년 시절 내내 창피를 당하고 매일같이 수업시간 등에 좌절을 경험할 수 있다. 따라서 부모들은 아이의 어려움을 공감을 해주고, 아이의 자존감에 관심을 기울여야 한다.

책을 읽자고 하면 기겁하는
아이를 어떻게 도울까

인지기능에는 시공간 능력, 시각적 주의력, 청각적 주의력, 기억력 등이 포함된다. 난독증 아이들도 약간 부족한 인지기능이 있다.

첫째, 난독증 아이들은 방향과 위치의 혼란을 자주 겪는다. 동서남북의 방향이나 오른쪽과 왼쪽, 위아래의 구분이 필요한 상황에서 어려움을 겪는다. 예를 들어 "왼손을 올려봐."라고 했을 때 어느 손을 올려야 할지 몰라서 머뭇거리고, 동서남북의 방향을 정하는 데에서도 혼란스러워한다. 또 '오른쪽에서 네 번째'처럼 정확한 위치를 파악하는 데도 어려움을 느낀다.

둘째, 난독증 아이들은 순서에 대한 이해가 부족하다. 순서에 대한 이해는 학습에서 중요한데, 설혹 순서를 이해하는 난독증 아이라도 그것을 잘 기억해내지 못한다. 학습과정에서 시간에 따른 상황의 변화늘 모어주는 그림카드들을 순서에 맞게 배열하고 나서 설명하면 알지만, 그림카드들을 섞어

놓고 다시 순서에 맞게 배열하라고 하면 어려워한다.

셋째, 난독증 아이들은 대상을 순차적, 분석적으로 살펴보는 힘이 부족하다. 글을 읽을 때에도 한 글자 한 글자 읽지 못하고, 조사 등을 자주 건너뛰고 읽곤 한다. 시각적 탐색이 정밀하지 못하여 독서에 어려움을 겪는 것이다. 예를 들어 시험에서 문제가 "다음 중 _____가 아닌 것을 골라라."였는데, "다음 중 _____인 것을 골라라."로 읽을 수도 있다. 시각적 탐색을 자세하게 못하는 것이다.

넷째, 난독증 아이들은 동시처리적 정보처리에 어려움을 겪는다. 정보를 동시에 처리하려면 자신의 정신적 에너지를 여러 대상으로 나누어 사용해야 하는데, 난독증 아이들은 동시에 여러 대상에 정신적 에너지를 할당하는 일이 어렵다. 따라서 동영상을 보면서 종이접기를 따라하는 것이 힘들다. 동시처리를 잘하지 못하는 아이들은 생각하는 속도도 비교적 느리다. 느리다고 꼼꼼하게 처리하는 것도 아니다. 꼼꼼하지도 않으면서 생각하는 속도가 느린 것이 문제이다.

난독증의 치료

난독증은 저절로 낫지 않는다. 어릴 때 난독증인 아이 4명 중 3명은 고등학생이 되어도 읽기에 어려움을 겪는다. 읽기 능력은 학업 성취도와도 관계가 크기 때문에 가능한 빠른 치료가 필요하다.

난독증이 있는 아이들 중에는 시각적 사고능력이 뛰어나고, 독창적인 통찰력을 가진 아이가 많다. 글자를 읽기 힘든 만큼 다른 방식으로 기억하고 생각하기 때문이다. 이런 장점에도 불구하고 난독증을 방치하면, 아이에게 큰 고통이며, 학업에 대한 흥미를 완전히 잃어버릴 수 있다. 난독증은 초등 지학년부터 치료를 시작해야 효과가 크며, 만약 치료하지 않으면 학업 성취도의 차이를 줄일 수 없다.

난독증 치료는 소리글자를 구성하는 음소 하나하나의 음가를 반복적으로 학습하는 것으로부터 시작한다. 그리고 '빨리 읽기', '빠른 이름 대기 훈련' 등으로 점점 그 속도를 높인다. 꾸준히 치료하면 1~2년 내에 많은 개선이 있다.

초등학교 시기에는 배우는 내용이 많지 않고 수준도 높지 않아, 글을 이해하지 못하더라도 흥미를 유발하는 다양한 도구나 영상을 이용할 수 있다. 또한 아이가 이해할 때까지 부모가 반복해서 설명해 줄 수 있다.

그러나 중고등학교에 올라가면 공부 양이 급격히 늘어난다. '개요, 주제, 제재'와 같이 단어들이 한자어나 그 분야의 전문용어로 바뀌니 공부하기가 어렵다. 초등학교 시기처럼 누군가에게 하나하나 도움을 받을 수도 없으니 결국 아이 스스로 읽고 이해해야 한다. 그 연습은 충분한 독서를 통해서 가능해진다.

📖 읽기가 두려운 아이를 위한 6가지 부모 길잡이

1. 소리내어 읽어 두려움을 극복하라.

읽기를 잘하려면 우선 읽기에 대한 욕구가 있어야 한다. 실패에 대한 아픈 경험이 있는 아이들 중에는 읽기를 두려워하는 아이들이 있다. 이러한 두려움을 극복하는 것을 도우려면, 먼저 큰 소리로 읽게 하는 것이 좋다. 아이들에게 강요하지 말고 재미있고 흥미로운 책으로 시작하자.

2. 아이에 맞는 적절한 책을 골라라.

아이들이 볼 수 있는 책은 많이 있으므로, 나이에 맞는 쉬운 그림책을 고르는 것이 중요하다. 가볍게 재미로 읽을 수 있는 책을 고르되, 텍스트가 너무 많지 않은 것으로 선택한다. 아이의 마음에 드는 디자인의 그림책이 좋다.

책을 고를 때는 아이에게 부담을 주기보다는 그냥 책을 열고 보는 정도의 마음가짐이 필요하다. 난독증 아이들은 대체로 손으로 만져볼 수 있는 사물에 관심을 나타낸다. 그러므로 책의 물리적인 특성과 친숙해지도록 유도하자. 그리고 책 내용도 예측 가능하고 정리된 구조를 가지고 있는 것이 좋다. 제목이 나오는 페이지, 감사의 말씀이 나오는 페이지, 저작권이 나오는 페이지를 읽게 하고 그림을 살펴볼 기회를 주는 것이 좋다.

3. 글자를 정확하게 소리내게 하자.

글자는 정확하게 큰 소리로 읽게 해야 한다. 아이가 더듬거리면서 읽을 때는 천천히 시범을 보이고 따라 읽게 한다. 글자와 소리가 서로 연결되는 관계를 이해하는 음운 인식력의 부족은 난독증에서 중요한 원인이다.

아이가 글자의 이름 대부분을 숙지하면 이제 자음 소리를 익힌다. 자음을 모음보다 먼저 공부하는 이유는 모음 소리는 난독증 아이들이 청각으로 구분하기가 쉽지 않기 때문이다. 글자를 개별적으로 분명하게, 그리고 일관성 있게 발음해 주는 것이 기본이다. 그리고 첫 번째 자음 소리가 이 글자와 일치하는 물건을 보여준다. 이를테면 첫 자음이 'ㄱ'인 '가위, 가방, 거울' 같은 단어카드를 보여주는 것이다. 아이에게 방에서 'ㄱ' 소리로 시작하는 물건을 찾게 하는 것도 방법이다.

난독증 아이들은 글자의 소리와 같이 의미 없는 소리 단위를 기억하는 것이 안 되는 경우가 많다. 그렇기 때문에 의미 있는 물건이나 단어와 이러한 소리 단위를 연계해 주는 것이 아주 중요한 것이다.

4. 추가적으로 청지각 훈련이 필요한 경우도 있다.

어떤 아이에게는 글자의 소리를 배우는 것이 매우 어렵다. 난독증 아이들은 다중감각 방법으로 글자 학습을 하더라도 금방 잊어버리거나 혼동한다. 또한 모음 소리의 미세한 차이를 청각적으로 분별하는 것이 잘 안 된다. 음소 인식에 심각한 문제가 있기 때문에, 단어 속에 소리가 몇 개가 들어 있는지, 그리고 그 순서가 어떻게 되는지를 분간하지 못한다. 이러한 아이들을 위해서는 특수교육이 필요하다. 글자의 소리와 그 소리를 낼 때 입 안에서 일어나는 촉각-운동감각을 연관시키는 청각 훈련 프로그램이다.

청각적 변별력이 부족한 아이들은 반드시 특수교육을 받아야 한다. 아이가 정상적인 속도로 소리를 배우지 못하거나, 특히 모음 글자 소리의 미세한 차이를 분간하지 못한다면 청지각 훈련이 필요하다.

5. 묵독으로 독서를 즐겨라.

난독증 아이들의 독해력을 증강시키려면 상당한 연습이 필요하다. 단지 읽는 것만으로도 독해력은 어느 정도 향상된다. 따라서 아이가 그냥 조용히 앉아서 읽는 그 자체가 아주 귀중하다.

아이와 부모가 함께 별도로 시간을 내어 독서를 즐기자. 아이가 혼자서 읽을 수 있는 수준에 도달하지 못한 경우에는 글이 없는 그림책이나 사진첩을 보아도 무방하다. 편안한 분위기가 필요하며, 이런 분위기에서 아이는 읽고 있는 것을 이해하는 데에 전념하게 된다. 묵독이 끝나면 부모가 책 읽기 시범을 보이면서 읽은 것에 대한 토론을 하는 것도 좋다.

6. 유창성을 높이기 위한 쉬운 텍스트를 속독하라.

속독은 주요 아이디어를 인식하는 데 도움이 된다. 아이가 편하게 읽을 수 있는 수준보다 '훨씬 아래 수준의 텍스트'를 선택하자.

　이때 아이에게 '이 책을 네가 쉽게 읽을 수 있다는 것을 알지만, 이 책으로 연습하는 것이 장차 더 어려운 텍스트를 쉽게 읽을 수 있도록 도와준다'는 것을 설명하고 이해를 구하는 것이 좋다. 아이가 문단 하나를 읽게 하고, 읽기를 마치자마자 자기가 읽은 것에 대해 말하게 한다. 속도가 중요하다는 사실을 강조하고, 아이가 배운 중요한 내용에 대해서만 말해 달라고 하는 것이 좋다.

글씨도 엉망이고
글도 못 쓰는 아이는
어떻게 도울까

글자를 쓰거나, 문장 혹은 문단을 쓰는 일은 학습은 물론 일상적인 의사소통을 하는 데에도 매우 중요하다. 일기, 에세이, 보고서, 자기소개서뿐만 아니라 이메일과 SNS 글까지, 글자를 쓰거나 문단과 문장을 상대방이 읽기 편하게, 그리고 전달하고자 하는 바를 정확하게 표현하는 일은 무척 요긴하다. 하지만 글자나 글을 잘 쓰는 능력은 읽기와 마찬가지로 저절로 습득되거나 향상되지 않는다. 특히 일부 아이들은 다른 또래에 비해 글자나 문장, 문단 쓰기에 어려움이 크다. 특히 학습장애 아이들은 읽기뿐만 아니라 쓰기도 어려워한다.

난독증과 소근육운동
어떤 학교의 수학여행에서 일어난 일인데, 난독증 아이들이 절벽을 올라갔다. 그중 한 아이가 바위에 붙었는데 겁에 질려 움직이지 못하고 있었다. 친구들에게 도와달라고 외쳤다.

"나 꼼짝 못하겠어!"

"오른쪽에 손으로 잡을 데가 있어! 오른쪽으로 가!"

"어느 쪽이 오른쪽이야?"

이런 에피소드는 가능한 일로서 운동 기술이 어려운 난독증 아이에게 일어날 수 있다.

난독증 아이들에게 한 단어, 한 문단, 한 문장을 매끄럽게 쓰는 것은 상당한 도전이다. 그래서 난독증 아이들에게는 단어, 문단, 문장을 쓸 수 있도록 구조화된 쓰기 방법이 필요하다. 구체적인 패턴이 있는 단어, 문장 및 문단을 가르쳐 주면, 그 패턴이 난독증 아이들로 하여금 긴 글을 쓸 수 있도록 도울 수 있다. 이렇게 패턴을 많이 연습하면, 변화가 다양하지만 읽기 쉽고 구조가 아주 논리적인 글을 쓸 수 있게 된다.

구조화된 글자, 문장, 문단 쓰기 훈련을 하면 운동 기능을 포함한 여러 기능이 함께 개선된다. 생각보다 행동이 먼저 나오고 움직임이 많아서 지적을 받는 ADHD는 난독증 아이들에게 자주 동반된다. 구조화된 쓰기 연습을 하면, 아이들의 집중력이 호전되고 행동을 계획한 다음 표현하게 되어 학교에서 지적을 덜 받게 되며 ADHD 증상도 좋아진다. 소근육운동 기술에 문제가 있어 단추도 제대로 못 잠그고, 신발 끈도 못 매던 아이들이 이런 행동들을 잘해내게 된다. 4학년 되도록 줄넘기가 안 되던 아이가 몇 개월 만에 200개를 넘게 하기도 한다.

글자, 문장, 문단에 대한 본격적인 쓰기 훈련을 하기 전에, 다음의 사항을 따를 필요가 있다.

– 아이들의 특정 운동에 대한 약점을 모두 알아내어 이러한 부분이 필요

한 활동을 줄여준다.

- 아이가 잘하는 스포츠나 게임을 알아내어 이를 즐길 수 있는 기회를 많이 준다.
- 글자, 문장, 문단 쓰기에 필요한 내용을 차트로 만들어 집안에서 잘 보이는 장소에 붙여놓거나 아이의 노트에 끼워준다.
- 소근육운동 기술은 필기뿐만 아니라 컴퓨터를 사용할 때에도 필요하다. 필기뿐만 아니라 키보드 자세에 대한 교정도 해주는 것이 좋다.

📖 쓰기가 어려운 아이를 위한 6가지 부모 길잡이

1. 단어 쓰기부터 시작하라.

단어 쓰기를 시작하려면, 아이가 소리-기호 일치에 대한 지식이 있어야 한다. 이런 지식이 아직 충분하지 않으면 훈련을 별도로 해야 한다. 소리-기호 일치와 단어 쓰기에 대한 보완을 동시에 진행하는 것이 좋다.

이제 막 글쓰기를 시작하는 아이들은 필기 자체를 싫어하거나, 때로는 노골적으로 반발하기도 한다. 특히 과거에 실패한 경험이 많았던 아이들에게 문제가 된다. 그러나 가만히 분석해 보면, 단지 연필 잡는 것이 문제가 되는 경우도 있고, 철자를 어려워하는 경우도 있다. 부모는 아이가 어려워하는 부분이 무엇인지 파악해서 그 부분을 쉽게 할 수 있도록 배려해야 한다. 연필을 처음 잡는 순간부터 만만해야 하므로 쉬운 것부터 시작하는 것이 좋다.

2. 몸의 자세를 바로잡아라.

아이들은 활동적이고 늘 움직이는 습관이 있어서 자리에 앉아 있는 상태에서 움직이는 경향이 있다. 흔히 보는 자세는 책상 아래로 반쯤 늘어뜨려 앉은 자세이다.

처음에 할 일은 아이들의 몸자세를 교정하는 것이다. 우선 책상과 걸상이 쓰기에 알맞은 높이여야 한다. 아이들은 몸 크기가 다르기 때문에 쓰는 높이도 다르다. 팔꿈치가 굽어지고 양팔이 책상에 평행하게 놓이도록 앉아야 한다. 양발은 몸보다 앞쪽에 놓는 것이 바람직하다. 오른손잡이는 종이가 약 45도 왼쪽으로 기울어져 종이 모서리가 얼굴 앞에 놓여야 한다. 연필을 엄지손가락과 검지손가락으로 잡고, 가운뎃손가락에 연필을 올려놓는 방법을 시범으로 보여준다. 연필이 손에 잘 잡히도록 고안된 플라스틱 보조기구도 초기에는 도움이 된다.

3. 아이가 잘할 수 있게끔 아주 구체적으로 가르치자.

난독증 아이들은 다중감각으로 배울 때 잘하므로, 구체적인 물건을 책상 위에 놓고 "여기 이 물건의 이름을 적어보자."라고 해보자. 난독증 아이들은 이러한 구체적인 활동을 아무리 여러 번 되풀이해도 지루해하지 않는다. 물건을 다른 것으로 바꾸고, 아이로 하여금 해당하는 단어를 쓰게 한다.

단어 쓰기를 시작할 때는 큰 팔 근육으로 시작하는 것도 도움이 된다. 연필과 종이를 사용하지 않고 큰 팔 근육을 사용하면, 실제로 소근육이 글자를 형성하는 방법에 대한 운동기억을 발달시키는 데에 도움이 된다. '하늘에 쓰기(Sky Writing)'라는 방법은 부모가 글자의 크기를 최소 한 1미터가 되게 허공에 쓰고 나면, 아이가 이를 따라하면서 글자를 그리는 것이다. 이러한 활동을 여러 번 반복한 다음 이를 칠판이나 커다란 종이 위에 쓰게 한다.

4. 글쓰기는 '자신에 관한' 문장이나 문단에서부터 시작하자.

글쓰기 초기에는 자신에 관해 쓰는 것을 가장 쉽게 생각한다. "내가 좋아하는 음식"과 "내가 어른이 되면 하고 싶은 일들" 등과 같은 주제로 시작하는 것이 좋다. 한 단계 더 나아가 자신에 대한 주제를 목록으로 작성하여 그 목록을 주제로 글을 쓰는 것도 방법이다.

처음에는 적절한 유형의 문장과 문단을 만드는 시범을 보여준다. 목록의 주제로는 "이것이 내가 오늘 아침에 늦잠을 잔 이유이다."와 "내가 반장이 되면 이러한 일을 할 것이다." 등과 같은 것을 포함시킬 수 있다.

5. 아이와 주제를 토론한다.

주제를 많이 모아서 인덱스카드 하나에 하나씩 적는다. 그리고 "이것이 내가 운동하기를 좋아하는 이유이다."와 같은 주제 문장을 만드는 방법을 시범적으로 보여준다. 주제를 인덱스카드에 적고, 반대쪽에 주제 문장을 적는다.

상세 설명 문장을 만드는 것도 마찬가지이다. 우선 주제를 선택하고 주제 문장을 적는다. 그런 다음 상세 설명 문장을 브레인스토밍으로 찾아낸다. 이 단계에서는 각 문장을 다른 인덱스카드에 적으면 도움이 된다.

색깔로 부호화하는 것도 좋다. 예를 들면 주제 문장을 파란색으로, 상세 설명 문장을 초록색으로 쓴다. 이렇게 구분하면 아이들이 두 가지 유형의 문장을 쓰는 목적을 알기 쉬워진다.

6. 시범을 보인다.

문자 소리-기호 일치를 처음 배우는 경우, 아이들이 쓰기를 원하는 단어를 문자로 쓰는 시범을 보여준다. 이렇게 도와준다고 해서 아이들이 스스로 쓰는 능력을 지연시키지는 않는다. 아이들은 자신이 준비가 되면 언제나 독립적으로 쓰게 된다. 구두언어와 문자언어의 시범은 아이들에게 필요한 만큼 충분히 해주는 것이 좋다.

아이들 중에는 자신이 사용하기를 원하는 단어를 생각해내는 것이 잘 안 되는 경우가 있다. 이런 경우에는 부모가 단어를 제공해 주어도 좋다. 예를 들면 아이가 꽃 그림을 보고 있는데 아무 말도 하지 못하고 있으면, 부모가 "꽃 그림을 보고 있구나."라고 말해주는 것이다. 아이가 글자를 형성해갈 때 간단하고 구체적인 멘트를 미리 준비했다가 사용하는 것이 중요한 포인트가 될 것이다.

난독증 아이들이
학습이 안 되는 이유

난독증은 언어의 습득과 언어적 정보처리에 문제를 일으키는 신경학적 기반 장애로서, 종종 언어의 습득과 처리에 장애가 있는 가족력이 있다. 난독증의 심각성 정도는 다양하지만, 이는 읽기, 쓰기, 철자, 필기 및 때로는 산술에서 음운론적(phonological) 정보처리를 포함하는 수용적 언어 혹은 표현적 언어에서 어려움으로 나타난다.

난독증은 노력의 부족이나 감각기관의 손상이나 부적절한 지도방법, 환경적 기회나 어떠한 제한적 조건의 결과는 아니지만, 이들 요인과 동반되는 일이 많다. 비록 난독증이 평생 지속할지라도, 적시에 적절한 치료방법을 이용하면 성공적으로 개선되는 경우를 많이 볼 수 있다.

난독증은 선천적인 것으로, 성장하면서 없어지는 증상이 아니다. 읽기, 쓰기, 맞춤법, 수학 및 기타 교과목을 성공적으로 이수하기 위해서는 난독증 아이들에게 적합한 학습지도를 제공해야 한다. 학습지도의 과정에서 가장 걸림돌이 되는 것은 감각통합의 문제와 동기의 결여다.

감각통합의 문제

난독증 아이들은 근육 동작으로 자극을 너무 많이 받거나 너무 조금 받는 신경학적 문제가 있어 감각통합이 어렵다. 난독증 아이들 중에는 대근육운동 기술이 좋아 선천적으로 뛰어난 운동선수들도 있다. 그러나 이 부분에 문제가 있는 아이들에게 조직화된 스포츠는 힘들며, 자전거 타기나 친구들과 공받기 놀이조차 어렵다. 신시아 스토우에 의하면, 감각통합의 어려움은 다음과 같은 문제를 일으킬 수 있다.

- 운동근육의 협응: 여러 근육을 조화롭게 사용하는 것이 어렵다.
- 균형: 중력을 다루는 것이 어렵기 때문에 똑바로 서는 것이 잘 안 된다.
- 방향성: 왼쪽과 오른쪽을 구분하는 것이 안 된다.
- 순차적 과제 수행: 여러 단계가 있는 복잡한 운동 과제에 당면하면 무엇을 먼저 해야 할지를 모르며, 간단한 운동 과제도 순서대로 하는 것이 잘 안 된다.
- 신체의 공간적 위치에 대한 감각: 자신의 신체 주변에 있는 물건이나 사람과의 관계를 인식하는 것이 어렵다. 이러한 문제가 있는 아이는 둔해 보인다.
- 빈약한 근육의 탄력과 힘: 이러한 문제가 있는 아이가 운동 과제를 즐기지 못하는 경우에는 그 약점이 더 악화될 수 있으며, 이런 경우 운동 과제를 기피하는 경향이 있다.
- 신체의 중앙선을 건너기가 어렵다: 우리 몸에 중앙선이 그어져 있지는 않지만, 몸의 양쪽을 사용하려면 중앙에 선이 있는 것으로 상상해

야 한다. 동작 중에는 이러한 가상의 선을 중심으로 양쪽으로 움직여야 하는 동작들이 있다. 크레용으로 색칠을 할 때에 도화지 왼쪽에 있는 부분에 색칠을 하면서 오른쪽으로 이동하면서도 색칠을 할 수 있어야 한다.

- 촉각 방어(Tactile Defensiveness): 이는 터치에 대한 과민성이나 특정 질감을 터치하는 것에 대한 과민성을 의미한다. 사회생활에서 이는 상당한 어려움을 느끼게 한다. 왜냐하면 이러한 증상이 없는 아이들은 이러한 증상이 있는 아이들을 이해하기가 매우 어렵기 때문이다. 그로 인해 이러한 아이들은 자신의 과민성에 대해 부끄러워하며 이를 공개하는 것을 꺼린다.

  난독증 아이들 중에는 특정 음식에 대한 강한 거부감을 갖는 경우도 있다. 일반적으로 정신적인 장애가 원인이라고 생각하지 않으며, 촉각 방어라고 생각하는 것이 맞다. 음식을 입 안에서 씹을 때 받는 촉각이 강한 거부감을 주는 경우이다.

- 눈과 손의 협응: 칠판에 적힌 글이나 다른 종이에 있는 글을 베껴 쓰는 것 같이, 눈으로 본 것을 옮겨 적는 것이 어려울 수 있다. 몇몇 아이들은 원하는 대로 소근육을 사용하는 데에 문제가 없으나 속도가 매우 느리다. 이들에게 많은 양의 텍스트를 손으로 쓰는 것은 극도로 힘든 일이다.

- 편측성(Laterality): 편측성이란 왼쪽과 오른쪽을 분간하여 자동적으로 운동 근육 과제를 완성하는 기술을 말한다. 이 부분에 문제가 있는 아이들은 'b'와 'd'를 혼동한다.

- 운동근육 동작의 기억: 운동근육 동작의 기억력이 좋은 아이들은 운동 과제를 몇 번만 하면 비교적 자동적으로 해낼 수 있다. 그러나 이 부분

에 문제가 있는 아이들은 글자를 형성해야 하는 필기 동작이 어렵다. 이러한 문제가 있는 아이들을 위한 필기 프로그램에서는 큰 근육을 사용함으로써 작은 근육에 정보를 전달하며, 운동근육 기억을 자극하기 위해 반복적인 언어를 사용한다.

작업치료사들은 개별적인 치료를 할 수 있다. 이들은 아이가 물건을 어떻게 잡는지, 다시 말하자면 촉각 인식력이 있는지, 다양한 질감의 차이를 인식하는지 등을 알아낸다. 또한 아이가 진흙이나 동전을 손으로 조작할 수 있는지, 두 손을 함께 사용할 수 있는지, 가위나 연필 같은 도구를 사용할 수 있는지 등을 체크한다. 아이들 중에는 이러한 종류의 도움이 필요한 경우가 있다.

📖 감각통합을 도와주는 6가지 부모 길잡이

1. 종이책을 읽어라.

글을 읽어나갈 때, 왼쪽에서 오른쪽으로 안구가 부드럽게 움직이는 추적 안구 운동(Pursuit), 글줄의 끝에서 다음 줄의 앞으로 빨리 움직이는 급속 안구 운동(Saccades), 거리에 따라 안구 내의 렌즈 두께를 조절하는 조절 기능 등이 필요하다.

종이책을 읽을 때는 페이지의 위에서부터 아래로 한 줄씩, 왼쪽에서 오른쪽으로 읽어야 한다. 그런데 아이들이 컴퓨터나 스마트폰 같은 화면을 통해 읽을 때는 종이책과 달리 한 줄씩 빠트리는 단어 없이 왼쪽에서 오른쪽으로 읽는 것이 어렵다. 대개 화면을 통해 읽을 때는 한 화면에서 보이는 단어를 골라서 읽는 경향이 강하게 나타나서 'F' 자 형태로 읽거나 지그재그 형태로 읽기 때문에 핵심 단어만 읽는 경향이 있다.

종이책을 읽는 것이 안구 근육 운동에는 더 좋다. 컴퓨터 게임으로 모니터 화면에 움직이는 목표물을 보여주고, 눈동자를 움직여 목표물을 따라가게 하는 것도 안구 근육 운동 개선에 도움이 된다.

2. 손 글씨를 써라.

난독증 아이들은 이차원 공간에서 시각-운동 문제가 있는 경우가 많기 때문에 손 글씨 쓰기가 도움이 된다. 손 글씨를 쓸 때는 연필을 왼쪽에서 오른쪽으로 이동하는 것이 아주 자연스럽게 이루어진다. 또한 읽기에서도 왼쪽에서 오른쪽으로 가는 것이 자연스러워진다.

초기에는 줄 간격이 넓은 활동지를 사용하는 것이 좋다. 부모가 시범을 보여준 후 따라 써보게 한다. 어느 경우든 특정 글자를 어떻게 쓰는지, 어떤 순서로 쓰는지, 자세는 어떠해야 하는지를 자세하게 시범을 보이고, 이를 따라서 반복 연습을 하도록 한다. 보고 쓰기, 자유 쓰기 등 다양한 형태로 충분히 글자 쓰기를 연습하도록 하자.

3. 신체활동을 하자.

책상에 앉아 너무 많은 시간을 보내다 보면 부족해지기 쉬운 것이 신체활동이다. 어릴수록 운동을 많이 해야만 두뇌가 개발되므로, 아이들이 움직임을 통해서 새로운 운동기술을 습득하고, 운동을 통해 스트레스를 해소할 수 있도록 해야 한다. 특히 왼쪽-오른쪽, 손-발을 교차하면서 상체와 하체를 균형 잡히게 사용하는 운동이 두뇌 계발에 좋다.

4. 아이를 터치할 때는 조심해야 한다.

촉각 방어가 있는 아이의 경우 살짝 터치하는 것을 조심해야 한다. 특히 이에 민감한 아이의 경우 각별한 주의가 필요하다. 아이를 터치해야 할 경우에는 미리 양해를 구한 다음 팔을 천천히 올린다. 이러한 터치는 감내하기가 조금 쉽다.

5. 박자에 대한 인지력을 높이자.

난독증 아이들은 박자를 인지하는 능력이 많이 부족하다. 박자에 대한 인지가 안 되면 동작을 맞추어 시행하는 것이 처음부터 불가능하다. 이럴 때는 박자가 아주 뚜렷하게 들리는 음악, 타악기로만 연주된 리듬 음악을 들려주는 것이 좋다. 아이들에게 일정한 리듬의 박자를 들려주면서, 그 박자에 맞춰 정해진 동작을 하게 한다.

인터액티브 메트로놈이라는 훈련에서는 아이가 동작을 한번 할 때마다 센서를 통해 박자보다 빨랐는지, 늦었는지를 체크한다. 그리고 박자에 어긋난 시간을 측정해 실시간으로 그 측정치를 화면을 통해 알려줌으로써, 아이가 다음 동작을 할 때 박자에 좀더 정확히 맞추도록 돕는다.

6. 틀린 그림 찾기나 숨은그림찾기를 하자.

특정한 모양에서 빠진 곳을 찾는 놀이를 통해 시각 주의력을 길러나갈 수 있다. 틀린 그림 찾기도 시각 주의력을 키울 수 있는 좋은 놀이다. 퍼즐 맞추기도 좋은데, 50조각, 100조각 퍼즐을 하나 사서 함께 맞추다 보면 어느새 퍼즐에 몰두하고 있는 아이를 보게 될 것이다.

'단어 캔슬링(Canceling)'이라고 하여 시문이나 책의 한 페이지를 복사한 다음 'ㄹ' 자만 지워나가는 식의 놀이도 집중력 향상에 도움이 된다. 숨은그림찾기나 미로 찾기 놀이도 시각 주의력이 부족한 아이들에게 효과적이다.

동기 결여의 문제

난독증에서 낮은 학업성적은 대인관계에도 영향을 미친다. 학습문제 말고도 또래와 어울릴 때나 교사의 지시와 가르침을 습득하고 수행할 때도 어려움이 있다.

물론 사회적 기술과 학업성적 간에는 인과론적 관계를 가정하기 어렵다. 낮은 학업성적이 또래관계에 부정적인 영향을 미칠 수도 있고, 반대로 원활하지 않은 또래와의 관계가 학업에 지장을 줄 수도 있다. 또한 난독증 아이의 부모나 가족이 경제적 여건이 풍족하지 않아 생업에 종사하느라 가정에서 제대로 학업지도를 못해 줄 수도 있다. 사회적, 정서적 안정에 필수적인 돌봄과 정서적 지원을 충분히 제공해야 난독증 아이도 열의를 가지고 치료를 받을 수 있다.

최근 연구에서 퍼즐을 제대로 완성하지 못하면 벌을 준다고 위협하는 방식으로 동기를 부여하는 실험을 했다. 피험자들은 처벌을 피하기 위해 퍼즐을 훌륭히 완성했지만, 그 경험은 부정적인 기억으로 남았다. 위협은 금전적 보상과 비슷하게 작용해서 퍼즐 완성을 독려하는 역할을 했지만, 그 자체로 즐거워서 하고 싶다는 마음은 사라졌다.

"만일 사람들이 그렇지 않아도 자존심에 상처가 난 나를 가여운 환자라고 낙인찍었다면, 내 자존심은 더욱 무너졌으리라. 그랬다면 그동안 소홀히 했던 것을 뒤늦게라도 만회하고, 새로운 길로 나서기 위해 다잡았던 학교로 돌아갈 힘과 용기를 깡그리 잃어버렸을 것이다."

부모들은 감각통합의 문제가 있는 아이들의 처지를 이해하고 무작정 밀어붙이지 않아야 한다. 부모의 의사가 아닌, 자신의 의사로 하고 싶은 것을 생각하고 맘껏 하는 아이들은 활기찬 하루하루를 보낸다. 능력도 자신감도 의욕도 갖춰진다. 이런 아이늘은 선 생애에 질쳐 '자신이 히고 싶은 것'을 게속해서 적극적으로 해나가게 된다.

주체성은 '이렇게 하고 싶다', '이렇게 해야지'라는 의욕이 있기 때문에 생겨난다. 엄마가 자신의 가치관을 우선시해서 '이렇게 시켜야지'라고 아무리 애를 써봤자 주체성은 길러지지 않는다. 시간을 잊을 만큼 뭔가에 몰입한다는 것은 그 아이가 정말 좋아서 하고 있다는 증거다. 자주적이고 주체적으로 하고 싶은 것에 빠져 있는 시간이야말로 진짜 의욕의 시간이다.

📖 학습동기를 높이는 6가지 부모 길잡이

1. 아이의 자존감을 키워주자.

부모는 아이가 자신의 감정이나 걱정되는 것들에 대해 자유롭게 말할 수 있는 기회를 만들어 주어야 한다. 또한 아이의 강점에 집중할 필요가 있다. 약점을 도와주는 것도 중요하지만, 아이가 잘하는 것을 스스로 경험할 수 있는 기회를 주는 것도 중요하다. 이런 경험을 통해 아이들의 자존감은 향상된다. 아이가 잘하는 것이 있으면 반드시 이에 대해 언급해 주고, 노력한 것도, 성취한 것도 함께 칭찬해 주자.

2. 구체적이고 적절한 지침을 제공하라.

난독증 아이들의 행동은 비생산적인 것이 많지만, 부모가 구체적이고 적절한 지침을 제공하면 비생산적인 행동이 그 강도나 빈도 면에서 감소한다. 구체적이고 적절한 지침을 통해 아이들이 실질적인 성공을 달성하는 경험을 할수 있도록 기회를 만들어 주자. 이런 경험은 긍정적 행동 관리의 초석이 된다.

아무리 작은 성공이라도 달성하면, 아이들에게는 특별한 경험이 되어 긍정적인 자존감이 생겨난다. 또한 난독증에도 불구하고 학습하고 과제를 마칠 수 있다는 자신감이 생긴다.

3. 규칙을 정해 일관성 있게 유지하자.

간단한 규칙을 몇 가지 정하는 것이 도움이 된다. 이러한 규칙을 정할 때에는 아이가 참여할 수 있으면 더욱 좋다. 아이에 따라서는 이러한 규칙을 노트에 적게 하거나 큰 종이에 적어서 방에 걸어놓으면 도움이 될 것이다. 일관성은 아이들에게 안정감을 준다. 일관성이 없으면 혼란을 가져와 충동적이거나 기타 부정적인 행동을 낳게 된다.

4. 긍정적인 피드백을 하라.

부모가 해야 할 가장 중요한 것은 희망적이고 긍정적인 부분에 집중하는 것이다. 난독증 아이들은 여러 가지 어려움에 닥쳐 있다. 이러한 어려움을 나열해 놓고 보면, 이 모든 것들이 힘들고 감당하기 어려운 것처럼 보인다.

그러나 알고 보면 그렇지만도 않다. 난독증인 아이들은 대체로 불굴의 의지와 창의력과 같은 많은 장점이 있는 사람들이다. 아이와 대화를 할 때, 아이에게 말할 수 있는 기회를 충분히 주자. 그리고 부모가 관찰하고 있는 바나 느낌을 말해주자. 특히 아이의 긍정적인 행동과 학업성적이 나아지는 것 등 긍정적인 피드백을 해주면 도움이 된다.

5. 적절한 행동에 칭찬하라.

칭찬하고, 칭찬하고, 칭찬하라. 진정한 노력과 실질적인 성취에 대해 칭찬을 해주자. 간략하게 칭찬을 하되, 자주 칭찬하는 것이 효과적이다. 부모가 관찰한 바에 대해 칭찬한다.

예를 들면 "너는 정말 대단한 아이야."라고만 하면 칭찬하는 효과가 많이 떨어진다. 구체적으로 "네가 연필을 동생에게 빌려주는 모습이 정말 훌륭하다."라고 말하는 것이 효과적이다. 아이가 잘하고 있는 것에 대해 공개적으로 칭찬하면, 아이는 그러한 행동을 되풀이할 가능성이 높다. 아무리 간단하고 간헐적인 것이라도, 부모가 긍정적인 것을 발견해내는 것이 중요하다.

6. 방을 잘 정리하고 구조화하자.

방을 잘 정리하고 구조화하는 것은 물리적인 공간과 시간과 관련된다. 아이의 방을 잘 정리하고 구조화해 주면, 아이는 자신이 돌봄을 받고 있다는 느낌을 가지게 된다. 대부분의 아이들은 자신이 존중받고 있다는 사실을 알면 편안해진다.

아울러 아이가 방을 너무 어지르고 안 치우는 것 같은 부정적인 행위에 대해서는 결과를 예측할 수 있게 해주는 것이 좋다. 몸짓이나 말을 이용한 경고 시스템을 정하고, 아이가 부정적인 행동을 할 때 사용하면 효과적이다. 그래도 중단하지 않으면 엄한 자세로 이에 대한 결과를 말해준다.

읽기와 쓰기를
모두 향상시키려면

책을 읽어줄까, 글자를 가르칠까

좋은교사운동이 2015년 전국 영유아 사교육 실태를 조사한 결과, 학부모 대부분이 아이가 3세(84.5%), 4세(89.7%)에 한글 공부를 시작한다고 답했다. 이유는 '당연한 것 같아서'(31%), '학교에서 제대로 가르치지 않아서'(25%), '다른 아이보다 뒤처질 것 같아서'(25%)였다. 이렇게 서둘러 시작하는 한글 교육은 아이들에게 어떤 영향이 있을까?

모니크 세네샬(Monique Sénéchal)은 유치원 때 부모가 책을 읽어주는 것이 초등 4학년이 될 때까지 아이들에게 어떤 영향을 미치는지 연구했다. 그는 가정에서 책을 읽어주고 글자를 가르치는 유형을 크게 4가지로 나누었다.

책을 읽어줄까, 글자를 가르칠까

 유치원 때

부모가 책을 적게 읽어주고, 글자를 따로 가르치지 않은 아이

저학년, 초등 4학년 어휘력, 유창성, 독해력 떨어짐

부모가 책을 적게 읽어주고, 글자를 많이 가르친 아이

저학년 때는 어휘력, 유창성, 독해력 우수

부모가 책을 많이 읽어주고, 글자를 많이 가르친 아이

저학년, 초등 4학년 어휘력, 유창성, 독해력 우수

부모가 책을 많이 읽어주고, 글자를 따로 가르치지 않은 아이

저학년 때 독해력 평균 이하, 초등 4학년 때 평균 수준까지 따라 옴, 이후 독해력 계속 상승

연구결과, 부모가 책을 적게 읽어주고, 글자를 가르치지 않은 아이들은 초등 저학년 때는 물론이고, 4학년 때에도 어휘력이 낮고 유창성과 독해력이 떨어졌다. 반대로 부모가 책을 많이 읽어주고, 글자를 많이 가르친 아이들은 초등 저학년 때부터 4학년 때까지 어휘력, 유창성, 독해력 모두 우수했다.

또한 가정에서 부모가 책은 적게 읽어줘도 학습지나 단어카드로 글자 공부를 빨리 시작한 아이들은 초반에 어휘력과 유창성, 독해력 모두 우수했다.

반면 부모가 책을 많이 읽어주고, 글자를 따로 가르치지 않은 아이들은 글자 해독이 어렵기 때문에 학습 초반에 매끄럽게 읽을 수 없고, 유창하게 읽지 못하니 독해력도 떨어졌다. 이 유형 아이들은 저학년 때 독해 수준이 평균 이하 수준이었다.

단기적 효과를 본다면, 부모가 책을 많이 읽어주고 글자를 적게 가르친

아이들이, 책을 적게 읽어주고 글자를 많이 가르친 아이에 비해 뒤처진다는 결과가 나온 것이다.

그런데 놀랍게도 장기적 효과는 달랐다.

유치원 때 부모가 책을 많이 읽어주고, 글자를 적게 가르친 아이들은 독해력이 점점 올라가 초등 4학년이 됐을 때는 평균 수준의 독해력에 도달했다. 그리고 나중에는 독해력이 평균을 넘어 더 상승했다. 이 아이들은 어릴 때부터 독서 경험을 쌓아왔기 때문에 혼자 책을 즐겨 읽으면서 뒤처졌던 어휘력, 독해력을 따라잡았던 것이다. 글자를 일찍 가르치는 것이 좋은 것만은 아니라는 뜻이다.

영국의 독서학자 우샤 고스와미(Usha Goswami)는 5세에 독서를 시작한 아이들과 7세에 독서를 시작한 아이들의 독서력을 비교했다. 그런데 놀랍게도 5세에 독서를 시작한 아이들보다 7세에 독서를 시작한 아이들이 독서력이 더 뛰어났다.

책을 읽을 때, 뇌는 거의 모든 영역을 가동한다. 글자 해독, 문장 해석, 종합, 그리고 판단을 해야 하기 때문이다. 그런데 정보처리와 통합에 필요한 뇌 영역이 발달하려면 시간이 걸린다.

앞에서도 말했듯, 뇌는 영역마다 뇌의 속도를 빠르게 하는 수초화의 시기가 다르다. 감각과 운동 정보를 처리하는 뇌 부위는 5세 이전에 성숙하지만, 독서에 필요한 시각·언어·청각 정보를 빠르게 통합하는 인지능력과 관련된 뇌 구조들은 5~7세에도 완전히 수초화되지 않는다.

따라서 뇌 과학적 관점에서는 일찍부터 글자를 가르치는 것이 효율적이지 않다. 독일, 영국, 이스라엘, 핀란드 등은 7세 이전 아이들에게는 글자를 가르치지 않는다. 적어도 7세까지는 놀이와 사랑이 무엇보다 중요하다고 생각하기 때문이다.

왜 아이가 독서를 못하는가?

인간의 뇌는 글자를 읽기 위해 설계되지 않았다. MIT의 뇌인지과학과 교수인 스티븐 핑커(Steven Pinker)는 언어의 기원이 100만 년 전까지 거슬러 올라가며, 구어(口語)는 선천적이라고 주장한다. 모국어를 입으로 말하고 귀로 들으며 소통하는 것은 본능적인 것이다. 반면 문자는 인간 세상에 나타난 지 5,000년밖에 안 된, 인간의 뇌에는 낯선 최신 발명품이다.

인류의 오래된 뇌가 문자를 이용하기 위해서는 이를 일일이 해독하는 과정을 거쳐야만 한다. 따라서 아이들이 문자 해독과 문자소 대 음소의 대응규칙을 배우지 못하면 읽을 수 없다. 경우에 따라서는 이러한 결함은 철자법과 글쓰기에도 이어진다. 따라서 읽지 못하는 아이들은 음운론적 과정과 유창성이라는 장애물을 극복하지 못하기 때문이다.

음운론적 장애를 가진 아이들은 전형적으로 문자 대 음성의 대응규칙과 해독 학습에 문제를 보인다. 유치원과 초등 1학년 때 음소 인지 측정을 통해 이런 아이들을 식별해낼 수 있다.

그리고 유창성에 문제가 있는 아이들은 어렸을 때 이름 붙이기 속도 장애를 보인다. 이런 아이들은 비록 속도가 느리기는 해도 해독 능력이 일정 수준에 오르기 때문에 난독증 진단이 늦어진다. 하지만 초등 고학년에 올라가거나 성인이 되어 그들의 독서 속도를 초과하는 양의 독서를 해야 할 경우 어려움을 겪게 된다. 음소 인지와 이름 붙이기 속도 장애를 동시에 가진 아이들은 처음부터 집중적인 치료가 필요하다.

그 외에도 실행기능과 관련된 난독증도 있다. 전두엽의 실행기능은 주의 및 기억의 조직과 독해를 모니터링하고, 소뇌의 후방 부위들은 타이밍과 언어 프로세스의 여러 측면 및 운동 연계와 관념화 사이의 연결에 개입한다. 어떤 아이들은 주의와 기억 같은 실행기능에 주요하게 문제가 있어서 난독증이

읽기의 피라미드

나타나고, 또 어떤 아이들은 독서와 주의에 동반성 문제가 있는 경우도 있다. 타이밍에 관련된 문제를 가진 아이들도 있다.

읽기를 피라미드에 비유해 보면, 피라미드의 최상층은 단어나 문장을 읽는 등의 기본적인 행동을 뒷받침해 주는 활동이다. 두 번째인 인지층은 기본적으로 지각, 개념, 언어, 주의, 운동 등 5가지 과정이 이루어진다. 이 과정들이 다양한 형태의 정보에 대해 영속적인 표상을 만들고 인출할 수 있기 때문에, 아이들이 글자와 음소들을 보고 듣는 데 전문가가 될 수 있으며, 또한 그것을 자동적으로 수행할 수 있는 것이다.

피라미드의 최하층은 유전자층이다. 이 유전자층이 뉴런에 프로그램을 공급해 주어야, 뉴런이 시각, 언어 등 기존에 형성되어 있던 과정들이 일어나도록 작업 그룹, 구조, 그리고 궁극적으로 회로를 형성할 수 있다.

아이의 뇌가 독서를 학습할 때마다 매번 피라미드의 각 층은 필요한 경로를 형성하는 방법을 새로이 배워야 한다. 따라서 독서는 모국어나 시력처럼 아이들에게 저절로 나타나지 않으며, 나이 어린 초보 독서가들의 경우 특히 연약해서 잘못될 가능성이 상존한다.

음운론적 과정

아이들의 음운론적 체계는 단어 안에 들어 있는 음성의 인지를 발달시키는 데 도움이 된다. 음성 인지는 문자와 음성 간 대응규칙을 배우는 데 도움이 되며, 독서를 좀더 쉽게 배우는 데 힘이 된다. 그리고 아이들의 독서량이 점점 늘어나면서 단어 안에 들어 있는 음소의 여러 가지 특징에 좀더 정밀하게 조율이 이루어지고 그로 인해 독서가 쉬워진다.

첫째, 아이들은 단어 안에 들어 있는 음소를 듣고 구별하고 분절하고 다루면서, 단어는 음소로 이루어져 있다는 사실을 알게 된다. 예를 들어 '공'이라는 말에는 3개의 변별적인 음소(/ㄱ/ㅗ/ㅇ/)가 들어 있다는 사실을 깨닫는다.

둘째, 아이들은 어휘가 늘어나면서 단어의 의미에 대한 이해가 커진다. 이것은 언어발달을 폭발적으로 향상시키는 역할을 한다.

셋째, 아이들은 언어 안에 있는 문법관계를 터득하면 그림책 속 언어의 문장을 이해할 수 있게 된다. 예를 들어 '고양이가 생쥐를 물었다.'라는 문장은 '생쥐가 고양이를 물었다.'라는 문장과는 단어의 순서가 다르기 때문에 의미가 다르다는 사실을 이해하게 된다.

넷째, 아이들은 의미의 최소 단위('강아지들'에서 '들'은 복수를 의미한다는 사실)를 알고 사용할 수 있게 되면, 문장과 이야기 속에 들어 있는 단어들의 종류와 문법적 용법을 이해하게 된다.

다섯째, 아이들은 자연스런 문맥 속에서 언어의 사회문화적 '규칙'을 인식하고 사용하게 되는데, 책에 묘사된 수많은 상황에서 단어가 어떤 식으로 사용되는지 알게 된다.

유창성

독서는 아이들의 뇌에서 후두엽(시각적 정보와 상상력 처리), 두정엽(문자를 단어로, 단어를 사고로 전환, 쓰기 기능을 증가시키고 독해를 도움)을 활성화할 뿐 아니라 측두엽과 협력하여 정보를 저장한다. 아이들이 책을 읽으면 뇌의 거의 모든 부분이 활성화되면서 협력하고, 서로 보완한다.

처음에는 누구나 책을 읽는 것이 어렵지만, 우리 뇌는 숙달되면 어려운 일을 쉽게 해낼 수 있다. 뇌의 가소성(可塑性, Neural Plasticity) 덕분에, 뇌는 자주 경험하는 일을 신경회로를 변형해 더 쉽고 빠르게 처리해낸다.

영국 런던은 길이 너무 복잡해서 택시 운전을 하려면 내비게이션 없이 수천 개가 넘는 길을 모두 외워야 했다. 학자들은 런던 택시 운전사들의 뇌에서 기억을 담당하는 해마 부위가 특별히 커진 것을 발견했다. 놀라운 점은 택시 운전을 그만두면 커졌던 해마가 원래 크기로 돌아간다는 것이다.

초보 독서가에게는 런던의 택시 기사가 수천 개의 길을 외우는 것만큼, 책을 읽는 것이 어렵다. 그러나 런던의 택시 기사들이 반복하면 결국 아무리 복잡해도 런던의 길을 모두 외워 버리듯이, 독서도 하면 할수록 유창해진다.

아이들의 뇌는 서서히 독서에 익숙해지면서 좌반구만 활성화하는 식으로 효율을 높인다. 유창한 독서가가 되면 독해과정이 거의 자동화된다. 그렇게 숙련된 독서가가 되면, 글을 읽을 때 약 0.6초 만에 인지, 언어, 감정 모두가 융합하면서 수십억 개 뉴런이 한번에 움직인다.

영국의 소설가 D. H. 로렌스(David Herbert Lawrence)는 "독서의 참다운 기쁨은 같은 책을 몇 번이고 다시 읽는 것"이라고 했다. 좋은 책을 몇 번이고 반복해서 읽는 동안, 아이들의 뇌는 책의 단어와 문장과 생각을 흡수해버린다. 책을 반복해서 읽으면 처음에는 보지 못한 것을 보게 된다. 처음에는 놓치고 지나간 어휘도 보이고, 문장도 보이고, 그림도 보인다. 이 과정에서 어휘가 늘어나고 좋은 문장을 알게 되고 언어 경험이 차곡차곡 쌓인다.

📖 독해력을 높이기 위한 6가지 부모 길잡이

지난 2008년 미국 보스턴대학 연구팀은 아이들에게 책을 읽어주면 인지력이 향상되고, 나중에는 학교에서도 뛰어난 학습능력을 보인다는 연구결과를 발표했다. 이는 미국 아이들의 읽고 쓰는 능력을 향상시키기 위한 리치 아웃 앤 리드(Reach Out and Read) 프로그램을 약 20년 가까이 시행한 결과 얻어진 것이다. 또한 아이들이 책을 읽는 과정에서 그림과 단어를 손으로 가리키고 페이지를 넘기면서 소근육운동이 발달하고, 부모와의 상호관계 애착도 좋아지게 된다. 언어능력이 발달하면서 아이들과 환경 사이의 상호작용도 크게 늘어난다. 독서를 많이 하는 아이들은 거기에서 습득한 언어와 정보 덕분에 사회적으로 혜택을 입게 된다.

1. 형광펜으로 텍스트에서 의미와 아이디어를 찾자.

난독증 아이들은 흔히 그림 지향적이기 때문에 이차원적인 자료를 제공하는 것이 도움이 된다. 주요 표제, 굵은 활자 및 기타 편집 디자인 스타일이 들어있는 비소설 텍스트의 한 페이지를 복사하고, 아이와 함께 형광펜으로 칠하면서 이것들이 무엇을 의미하는지 이야기를 해보자. 이 활동은 아이들이 주요 아이디어를 찾는 데 도움이 된다. 또는 텍스트의 한 페이지를 복사하고, 아이와 함께 주요 아이디어에 관해 이야기한 후, 이에 해당하는 문장에 형광펜으로 칠하는 식으로 해도 좋다.

2. 내가 아는 것을 그림으로 그리자.

아이들이 자신이 읽을 주제에 대해 '이미 알고 있는 것'을 그림으로 그리거나 콜라주(collage)를 만들어 보는 것도 좋다. 비소설 텍스트의 경우, 아이들이 중요한 개념을 설명할 내용을 선택해서 그림으로 표현하도록 한다. 소설 텍스트의 경우, 도화지를 반으로 접은 다음 이야기 속에서 순차적으로 일어나는 장면을 두 개 그리게 한다. 고학년 아이들의 경우에는 도화지에다 자기들이 알고 있는 지식에 대해 구절이나 문장을 쓰도록 한다.

3. 교과서를 읽는 경우, 단원 끝에 나오는 질문을 먼저 보자.

아이들 중에는 교과서에서 단원 끝에 나오는 질문을 미리 보는 것이 눈속임이라고 생각할 수도 있다. 하지만 그렇게 하면 오히려 텍스트에 집중하고 생각을 한다는 점에서 좋은 방법이다. 덧붙여, 아이들에게 텍스트를 읽은 후, 자기가 교과서에 있는 질문보다 더 좋다고 느껴지는 질문들을 만들어 적어보게 하면 더 효과적이다.

4. 독서에 대한 느낌 기록장을 만들자.

느낌 기록장은 아이들이 자신들의 읽기 과정에 대해 되짚어 보도록 한다. "나는 벌레에 관해 읽는 것을 좋아한다.", 혹은 "내가 읽고 있는 이야기에는 등장인물이 아주 많이 나온다. 그래서 나는 목록을 작성하여 이들을 추적하려고 한다." 등과 같은 내용을 적는다. 이러한 내용은 간단하고 쉬워야 한다. 아이들이 불편하게 생각하면 포기하는 것이 좋다.

5. 아이디어 목록을 작성하고 요약하자.

아이디어 목록을 만드는 예를 보자. 만약 새에 관한 책을 읽고 있다면, 먼저

날아다니는 동물의 목록을 만든다. 그리고 그 목록에 따라 비소설 텍스트에 나오는 문단을 하나 골라 요약한다. 그런 다음 자기보다 훨씬 어린 아이에게 여기에 나오는 정보에 대해 가르친다고 가상하면서 이를 요약해서 쓴다. 우선 내용을 설명하는 2~3개의 주요 문장을 쓰고, 마무리하는 요약 문장을 쓰는 식으로 하면 된다.

6. 등장인물이 되어 자신에게 편지를 써보게 하자.

먼저 아이에게 이야기에 나오는 등장인물 하나를 선택하게 한다. 그리고 아이가 그 등장인물이라고 가정하고, 자신에게 편지를 써보게 하자. 책에서 인상 깊었던 장면이나 책 전체에서 일어난 일에 대해서 쓰면 된다. 예를 들어 『걸리버 여행기』를 읽었다면, 아이가 걸리버가 되어 자신에게 편지를 써보는 것이다.

유대인의 집중교육이 알려주는 것

두 유형의 부모

한국의 부모들은 아이들에게 자유시간을 주기보다는, 이 학원에서 저 학원으로 실어나르고 정보를 얻기 위해 동분서주한다. 초등 아이들은 태권도, 수영을 하고 피아노 레슨을 받는다. 영어학원이나 수학학원은 기본이고 사고력이나 창의력 향상을 위한 학원에 다니기도 한다. 아이들의 잠재력, 학습력, 공부습관을 적극적으로 길러주려고 어마어마한 사교육비를 댄다.

반면에 이러한 교육열에 우려를 표하는 부모들은 아이가 자연적인 성장을 통해 스스로 성취하도록 하기도 한다. 아이를 돌봐야 할 책임은 지지만, 아이가 알아서 성장하고 스스로 잠재력을 펼 수 있도록 자율성을 준다. 입시 위주의 학교교육보다는 대안학교를 찾아, 아이가 스스로 하도록 내버려두어 자신의 시간을 더욱 창의적으로 사용하도록 유도하고 독립심을 키우고 인성교육을 중요시한다.

그러면 어떤 부모가 아이를 4차 산업혁명 시대에 맞는 미래의 인재로 더 잘 키울 수 있을까? 어느 교육방법에나 상난섬이 있다.

유대인들의 독서와 토론 교육

유대인 부모들은 아이가 36개월이 되었을 때 책에다 꿀을 묻힌 다음 핥게 하면서 "학문은 이 꿀처럼 달콤한 것이다."라고 가르친다. 학문을 함으로써 하느님이 창조하신 세계를 더 선하고 아름답게 가꿀 수 있다고 인식시키는 것이다. 유대인들은 일생동안 쉬지 않고 시간을 아껴서 진리를 발굴하고 인류에 공헌해야 한다는 것을 가슴속에 간직한다. 이것이 높은 이상을 가지고 성실하게 살아가는 유대인들을 배출하는 근간이 된다.

유대인 아이들에게 행해지는 비전을 가진 집중교육은 많은 장점이 있다. 집중교육을 받는 아이들은 매우 다양한 체험을 해볼 수 있다. 단체생활을 익히고 잘 짜인 사회구조 속에서 행동하고 관계를 맺는 법을 배운다. 성인들과 자유롭게 대화도 하고 필요할 때는 자기주장을 하기도 한다. 또한 자기가 좋아하는 것도 할 수 있고, 주어진 상황을 적극적으로 활용할 수 있는 능력도 키울 수 있다. 아울러 다른 아이들과 정보를 공유하고, 다른 사람의 관심을 유도하는 방법도 배우며, 사회적인 규칙을 알게 되어 거기에 맞추어 자신을 표현하기도 한다.

아이들이 자신이 놓인 상황에 대응하는 방식을 익히는 것은 매우 중요하다. 그것은 선천적인 것이 아니다. 어린 시절부터 부모와 대화를 통해 남을 설득하는 방법, 거절하는 방법, 격려하는 방법 등을 배우고 익혀야 한다. 이 과정에서 유대인들은 독서와 토론수업인 하부르타를 강조했다.

4차 산업혁명 시대를 위한 집중교육

초등 아이들이 4차 산업혁명 시대의 글로벌 인재가 되기 위해 집중교육을 받는다면, 문해력이 가장 중요하며 읽기와 쓰기가 기반이 되어야 한다. 그래야 아이들은 학습동기를 갖고 유지하는 법, 스트레스를 이겨내는 법, 목표와 계획 세우기, 읽기, 쓰기, 내용의 조직화, 핵심 찾기 등이 포함된 평생학습을 할수 있기 때문이다. 부디 이 책이 우리 아이들이 '읽기 뇌'와 '쓰기 뇌'를 만들어가는 데 작으나마 도움이 되었으면 한다.

김영훈 드림